Afrikanische Wehrsysteme und ihre Entwicklung zwischen 1990/91 und 2011

Untersuchung der Übertragbarkeit eurozentristischer Annahmen der Militärsoziologie auf die Wehrsysteme afrikanischer Staaten

Torsten Konopka

Afrikanische Wehrsysteme und ihre Entwicklung zwischen 1990/91 und 2011

Untersuchung der Übertragbarkeit eurozentristischer Annahmen der Militärsoziologie auf die Wehrsysteme afrikanischer Staaten

Torsten Konopka

2014

Carola Hartmann Miles-Verlag

CIP-Kurztitelaufnahme der Deutschen Nationalbibliothek

Torsten Konopka: Afrikanische Wehrsysteme und ihre Entwicklung zwischen 1990/91 und 2011. Untersuchung der Übertragbarkeit eurozentristischer Annahmen der Militärsoziologie auf die Wehrsysteme afrikanischer Staaten, Berlin 2014

ISBN 978-3-937885-84-1

© Carola Hartmann Miles - Verlag,
(www.miles-verlag.jimdo.com;
email: miles-verlag@t-online.de)
Herstellung: Books on Demand GmbH, Norderstedt

Alle Rechte, insbesondere das Recht der Vervielfältigung und Verbreitung sowie der Übersetzung, vorbehalten. Kein Teil des Werkes darf in irgendeiner Form (durch Fotokopie, Mikrofilm oder ein anderes Verfahren) ohne schriftliche Genehmigung des Verlages reproduziert oder unter Verwendung elektronischer Systeme gespeichert, verarbeitet, vervielfältigt oder verbreitet werden.

Printed in Germany

Inhaltsverzeichnis

	Abkürzungsverzeichnis	7
	Verzeichnis der Tabellen und Grafiken	10
	Vorwort	12
1	Einleitung	13
2	Methodik und Forschungsstand	16
3	Begriffsbestimmung: Wehrsysteme und ihre Entwicklungstrends	26
4	Streitkräfte in Afrika	31
5	Erklärte Variable: Freiwilligen- vs. Wehrpflichtarmeen	40
6	**Eurozentristische erklärende Variablen**	65
6.1	Armeegröße und regionale Verteilung 1990/91 bis 2011	67
6.2	Wirtschaftsleistung	89
6.3	Konflikte und Auslandseinsätze	96
6.4	Zwischenfazit	112
7	**Afrikanische erklärende Variablen**	114
7.1	Kolonialzeit	114
7.2	Landesgröße, Bevölkerung und Arbeitslosigkeit	124
7.3	Ethnische Fraktionalisierung	134

7.4	Putsche und Militärinterventionen	144
8	**Fazit und Schlussbetrachtung**	**154**
9	**Quellen- und Literaturverzeichnis**	**162**
	Anhang	**194**
	Index	**197**

Abkürzungsverzeichnis

ACIRC	African Capacity for Immediate Response to Crises
AI	Amnesty International
Anm.	Anmerkung
ASF	African Standby Force
Aufl.	Auflage
AMU	Arab Maghreb Union
AU	African Union/Afrikanische Union
BBC	British Broadcasting Corporation
Bd.	Band
BDF	Botswana Defence Force
BIP	Bruttoinlandsprodukt
CDS	Chief of Defence Staff
CIA	Central Intelligence Agency
CNDD-FDD	Conseil National Pour la Défense de la Démocratie– Forces pour la Défense de la Démocratie
CSI	Child Soldiers International
DCAF	Geneva Centre for the Democratic Control of Armed Forces
DDR	Disarmament, Demobilization and Reintegration
DRK	Demokratische Republik Kongo
DSP	Special Presidential Division
ECOMOG	ECOWAS Monitoring Group
ECOWAS	Economic Community of West African States

EPLF	Eritrean People's Liberation Front
EPRDF	Ethiopian Peoples' Revolutionary Democratic Front
EU	Europäische Union
EUSEC RD Congo	Europen Union security sector reform mission in the Democratic Republic of the Congo
FAR	Forces Armées Rwandaises
FAZ	Forces Armées Zaïroises
FPR/RPF	Front Patriotique Rwandais/ Rwandan Patriotic Front
FRELIMO	Frente de Libertação de Moçambique/ Mosambikanische Befreiungsfront
FRUD	Front pour la Restoration de l'Unité et de la Démocratie
GSWP	Gesetzliche Schweinwehrpflichten
Hrsg. / hrsg.	Herausgeber / herausgegeben
HRW	Human Rights Watch
HSBA	Human Security Baseline Assessment (HSBA) for Sudan and South Sudan
ICG	International Crisis Group
KAR	King's African Rifles
LRA	Lord's Resistance Army
MLPC	Mouvement de Libération du Peuple Centrafricain
MPLA	Movimento Popular de Libertação de Angola/ Volksbewegung zur Befreiung Angolas
NATO	North Atlantic Treaty Organization

NRM	National Resistance Movement
NYS	National Youth Service
ONUC	Opération des Nations Unies au Congo
PDF	Popular Defence Force
PGM	Pro-Government Militia
ISS	Institute for Security Studies
IISS	International Institute for Security Studies
Randnr.	Randnummer
RENAMO	Resistência Nacional Moçambicana/ Nationaler Widerstand Mosambiks
RUF	Revolutionary United Front
SADF	South Africa Defence Force
SANDF	South African National Defence Force
SSR	Security Sector Reform
SWAPO	South West African People's Organization
SZ	Süddeutsche Zeitung
UdSSR	Union der Sozialistischen Sowjetrepubliken
UNITA	União Nacional para a Independência Total de Angola/ Nationale Union für die völlige Unabhängigkeit Angolas
USA	United States of America/ Vereinigte Staaten von Amerika
USD	US-Dollar
VN	Vereinte Nationen
ZAR	Zentral Afrikanische Republik

Verzeichnis der Tabellen und Grafiken

Tabellen

Tabelle 1	Wehrpflicht- und Freiwilligenarmeen in Afrika bis zum Beginn des Jahres 2011	45
Tabelle 2	Wehrpflichtraten afrikanischer Streitkräfte	53
Tabelle 3	Aktive militärische Personalstärke 1990/91, 1999/00 und 2011	69
Tabelle 4	Power-Sharing-Agreements und Rebellenintegration	79
Tabelle 5	Wehrpflicht in Afrika nach Regionen	86
Tabelle 6	Durchschnitts Pro-Kopf-BIP 1990-2011	91
Tabelle 7	Für VN-Missionen abgestellte Truppen, August 1992 bis Juni 2011	103
Tabelle 8	Zeitliche Einführung der Wehrpflicht und Bürgerkriege	108
Tabelle 9	Zugehörigkeit zu Kolonialmächten seit 1918	116
Tabelle 10	Bevölkerung, Fläche und Arbeitslosenquote	128
Tabelle 11	Ethnische Fraktionalisierung in Afrika aufgeteilt nach Wehrsystemtypen	137
Tabelle 12	Militärische Interventionen von 1952 bis 2001/2013	149

Grafiken

Grafik 1	Durchschnittliche Armeegröße 2011 und durchschnittliche Veränderung nach Wehrsystemtyp	774
Grafik 2	Durchschnittliche Armeevergrößerung zwischen 1990/91 und 2011	880
Grafik 3	Regionalverteilung Streitkräftegröße und Militarisierungsgrad 2011	884
Grafik 4	Durchschnittliches BIP pro Einwohner und Wehrsystemtyp	993
Grafik 5	Durchschnittliche Truppenentsendungen an die VN, Aug. 1992 bis Juni 2011	1101
Grafik 6	Durchschnittliche Truppenentsendungen an die VN, August 1992 bis Juni 2011	1106
Grafik 7	Durchschnittliche Armeegröße 1990/91, abhängig vom französischen Militärbündnis	1121
Grafik 8	Durchschnittliche Staatsgröße und durchschnittliche Bevölkerungsgröße 2011	1127
Grafik 9	Ethnische Fraktionalisierung nach Wehrsystemtyp	1140
Grafik 10	Mittelwerte erfolgreicher Putsche (1952-2013) und Putschversuche (1952-2001)	1151

Vorwort

Ursprünglich handelte es sich bei dieser Arbeit um meine Masterarbeit, die im August 2013 an der Universität Potsdam angenommen wurde. Die vorliegende Fassung beinhaltet einige Veränderungen, die nach wiederholter Durchsicht angebracht erschienen. Zudem wurden Korrekturen und Anmerkungen meiner Betreuer aufgegriffen. Dies bedeutet jedoch nicht, dass die jetzige Version Anspruch auf Vollständigkeit und endgültige Korrektheit erhebt. Bei den vielen Unbekannten, Schätzungen und nicht offiziellen Angaben der jeweiligen afrikanischen Staaten im Bezug auf ihre nationalen Streitkräfte, soll diese Publikation vielmehr zu Kritik und weiteren Hinweisen anregen, auf denen spätere Analysen aufbauen können.

Ich möchte mich auf diesem Weg bei all denjenigen Menschen bedanken, die mich im Verlaufe dieses Projekts unterstützt und mir mit Rat und Tat zur Seite gestanden haben.

Dies sind zum einen meine beiden Betreuer, Dr. Heiko Biehl und Dr. Michael Pesek, die mich zur Umsetzung meiner Idee ermutigt und mich mit zahlreichen Hinweisen und Anregungen begleitet haben.

Zum anderen meine Mutter und mein Bruder, für ihre Hilfe bei der Korrektur, Julie R. und Philip D., ohne deren Übersetzungshilfe die empirische Befragung nicht möglich gewesen wäre, und Christina S. für ihre technische Beratung beim Layout.

Mein ganz besonderer Dank gilt meinem Vater, der mir nicht nur als geduldiger Korrektor, sondern auch durch sein immenses historisches und politisches Wissen über den afrikanischen Kontinent stets mit guten Ideen zur Seite stand und ohne den meine Leidenschaft für Afrika nicht entbrannt wäre.

Alle Fehler und Ungenauigkeiten sind einzig und alleine die Schuld des Autors.

1 Einleitung

Bevor die Regierung der Bundesrepublik Deutschland zum 1. Juli 2011 die seit mehr als 50 Jahren bestehende Wehrpflicht für junge Männer aussetzte, führten Politiker und zivilgesellschaftliche Vertreter eine rege Diskussion über das Pro und Contra dieser Rekrutierungsform.[1] Vielfach griffen die Redner dabei auf Forschungsannahmen aus der Militärsoziologie zurück, die sich seit jeher mit der Rekrutierungsweise von Soldaten[2] beschäftigt und die seit dem Ende der 1980er Jahre in Europa das Ende der Wehrpflicht vor allem aufgrund sicherheitspolitischer und gesellschaftlicher Veränderungen vorhergesagt hatte (Haltiner 1985: 35f). Neben der spezifischen Betrachtung von ökonomischen, sozialen und politischen Vor- und Nachteilen einer militärischen Rekrutierungsform, erforschen Militärsoziologen aber auch allgemein die Organisation internationaler Streitkräfte und analysieren, ob sich Rekruten freiwillig für den Dienst in einer Armee melden und freiwillig das Risiko eingehen, im Einsatz ihr Leben zu verlieren, oder ob Soldaten vom Staat[3] aufgrund ihrer staatsbürgerlichen Pflichten verpflichtet werden, für einen gewissen Zeitraum in der Armee zu dienen. Grob wird in der Militärsoziologie daher bei der Rekrutierungsart zwischen Wehrpflicht- und Freiwilligenarmeen unterschieden.

Für den europäischen Raum haben vor allem der Soziologe Karl Haltiner (Haltiner 1985; Haltiner 1999; Haltiner/Klein 2002; Haltiner 2003) und die Politikwissenschaftlerin Ines-Jacqueline Werkner (Werkner 2003; Werkner 2004; Werkner 2006; Werkner 2012) herausgearbeitet, dass sowohl gesellschaftliche als auch sicherheitspolitische Aspekte die Entscheidung beeinflussen, wie politische Staatsführungen eines Landes die Soldaten für ihre Armee rekrutieren lassen. Gerade vor dem Hintergrund der Beendigung des Kalten Krieges zeigen Haltiner/Werkner für Europa den Trend einer Um-

---

1 Vgl. u. a. Prüfert 2003: 93-100; Dinter 2004; Denkler 2010; Hanauer 2010; SZ 2010; APuZ 2011.
2 Unter dem Begriff Soldat sollen in dieser Arbeit sowohl Soldaten als auch Soldatinnen verstanden werden.
3 Die Begriffe Staat, Nation und Land sollen in dieser Arbeit synonym verwendet werden.

strukturierung von Wehrpflicht- auf Freiwilligenarmeen auf, in dessen Zuge eine stetige Personalreduzierung der Armeen, einhergehend mit einer steigenden Professionalisierung und Technisierung der Streitkräfte zu erkennen ist. Zudem wurde der Prozess von einer Aufgabenverschiebung der Streitkräfte begleitet, die nicht mehr als primäre „Verteidigungsarmeen", sondern als weltweit zum Einsatz kommende „Interventionsarmeen" in Missionen der Vereinten Nationen (VN) oder der NATO genutzt werden (vgl. Kümmel 2012: 119f). Für europäische Streitkräfte ist somit eine steigende Partizipation an Auslandseinsätzen zu erkennen, die von Afghanistan in Asien bis nach Mali und Somalia in Afrika reichen.

Obwohl die Militärsoziologie, wie auch andere wissenschaftliche Fachrichtungen, den Anspruch erhebt, interdisziplinär und in ihrer Argumentation überregional aufgestellt zu sein, beziehen sich sowohl die herausgearbeiteten Trends als auch die grundlegenden militärsoziologischen Annahmen über das Pro und Contra von Wehrpflichtstreitkräften, ausschließlich auf Europa und Nordamerika. Untersuchungen, ob die Forschungsergebnisse auch auf andere Kontinente übertragen werden können, wurden bislang nicht unternommen. So liegen beispielsweise bislang für den afrikanischen Kontinent kaum größere militärsoziologische Nachforschungen vor, schon gar nicht mit Bezug auf die Rekrutierungsformen. Dabei bietet Afrika nicht nur wegen der Grundgesamtheit von über 50 Staaten eine gute Ausgangsbasis, um die von Haltiner/Werkner getroffenen Thesen zu überprüfen bzw. neue, Afrika-spezifische Variablen aufzustellen, um das bisherige eurozentristische Bild der Militärsoziologie zu erweitern. Relevanz erfährt die Kenntnis und die Analyse der Geschichte, der Kultur und der Organisation afrikanischer Armeen durch die immer häufiger werdenden europäischen Militäroperationen in Afrika und einer stetig steigenden Kooperation zwischen europäischen und afrikanischen Streitkräften. Beispielsweise operieren seit Frühjahr 2013 afrikanische und europäische Streitkräfte im Kampf gegen islamistische Fundamentalisten im westafrikanischen Staat Mali. Während die französische Regierung mit ihrer Militärintervention die Führungsposition in diesem Konflikt einnahm,[4] tritt die Bundeswehr vor allem in der europäischen Ausbildungsmission für malische Soldaten in den Vordergrund.[5] Aus europäischer und im Besonderen aus deutscher Sicht stellt sich daher die Frage, mit welcher Kategorie von Armeen dort kooperiert wird. Sind dies kleine, professionelle, hoch gerüstete Freiwilligenarmeen wie die europäischen? Haben die afrikanischen Streitkräfte nach 1990/91 gar eine ähnliche Transformation erfahren wie die europäischen und die Wehrpflicht ausgesetzt und die Freiwilligenrekrutierung eingeführt sowie die Personalstärke kontinuierlich für die Professionalisierung ihrer Berufssoldaten reduziert? Existierten oder existieren in Afrika überhaupt überwiegend Wehrpflichtarmeen oder entwickelten sich afrikanische Streitkräfte gegenläufig zu europäischen? Diesen und weiteren Fragen soll im Folgenden deduktiv nachgegangen werden.

---

[4] In der am 11. Januar 2013 begonnenen Militärintervention „Serval" operierten bis zu 4.000 französische Soldaten auf malischem Boden (Scheen/Wiegel 2013).
[5] Bei der European Union Training Mission Mali (EUTM) ist die Bundeswehr mit 71 Soldaten der zweitgrößte Truppensteller hinter Frankreich (207 Soldaten) (ICG 2013b: 37, Fußnote 184).

2 Methodik und Forschungsstand

Um sich den in der Einleitung aufgeworfenen Fragen zu nähern, müssen zunächst die methodische Herangehensweise sowie der derzeitige Forschungsstand skizziert werden. Für die Übertragung der eurozentristischen Annahmen auf den afrikanischen Kontinent werden zu Beginn der Arbeit zunächst die für Europa geltenden Hauptthesen von Karl Haltiner und Ines-Jacqueline Werkner zusammengefasst und ein kurzer militärgeschichtlicher Abriss über den afrikanischen Kontinent gegeben. Im anschließenden Empirieteil sollen die von Haltiner/Werkner operationalisierten Grundannahmen mittels der vergleichenden Methode der Politikwissenschaft (vgl. Nohlen 2010) mit der Gesamtheit der Länder des afrikanischen Kontinents verglichen werden. Die vergleichende Methode dient dabei nicht nur zur Überprüfung der europäischen Thesen in Afrika, sondern auch um Gemeinsamkeiten und Unterschiede zwischen den afrikanischen Staaten aufzeigen zu können. Unter Afrika sollen dabei sowohl die sieben nordafrikanischen[6] als auch alle 42 Staaten Subsahara-Afrikas verstanden werden (vgl. United Nations 2011a: xiif), zu denen das International Institute for Strategic Studies (IISS) im Jahr 2011 Angaben zu den Streitkräften gemacht hat.[7] Das IISS erhebt seit 1959 mit Hilfe verschiedener Länderexperten die militärische Stärke aller Staaten der Welt und veröffentlicht diese in der jährlichen Publikation „The Military Balance". Obwohl einige Zahlen aufgrund fehlender Informationen geschätzt und laut Herausgeber mit Vorsicht zu behandeln sind (IISS 2011: 483f), gelten die Angaben des IISS in der Militärsoziologie als verlässlichste Datenquelle und können in dieser Arbeit als Primär-Datenbasis genutzt werden.

Dass der Untersuchungszeitraum vom Ende des Kalten Krieges 1990/91 bis zum Beginn des Jahres 2011 begrenzt wurde, liegt daran, dass die Auswirkungen des „Arabischen Frühlings" für die Armeen Nordafrikas und ihre Wehrsysteme noch ungewiss sind.

---

[6] Ägypten, Algerien, Libyen, Marokko, Mauretanien, Sudan und Tunesien.
[7] Aufgrund nicht existierender Streitkräfte, fehlender Angaben oder eines ungeklärten völkerrechtlichen Status als anerkanntes Land, bleiben die Komoren, Mauritius, São Tomé und Príncipe, Somaliland, Swasiland sowie die West-Sahara unberücksichtigt (vgl. IISS 2011).

Die 2011 erfolgten gesellschaftlichen Umwälzungen in Nordafrika führten nämlich nicht nur zum Sturz einzelner Machthaber, sondern in Libyen auch zum staatlichen Auflösungsprozess und zur Zerschlagung der ehemaligen Armee (vgl. u. a. ICG 2011; McQuinn 2012). Zudem setzte im Frühjahr 2011 mit dem Ende des Machtkonfliktes in Côte d'Ivoire eine Reformierung des Sicherheitssektors ein, die eine aktuellere Einschätzung des dortigen Wehrsystems unmöglich gemacht hat (vgl. u. a. HRW 2012; AI 2013).

Da aus militärsoziologischer Sicht die Rekrutierungsform einer Armee auf der „Mesoebene" angesiedelt ist, beschränkt sich die vorliegende Analyse weitgehend auf diese Perspektive und wird nur in Einzelfällen die „Mikroebene", also personenspezifische Handlungsstränge, tangieren (Kümmel 2012: 119).[8] Die größere Perspektive ist nötig, um die umfangreiche Fallanzahl untersuchen und ein möglichst breites Themenspektrum abdecken zu können, ohne sich in Details zu verlieren. Trotz unterschiedlicher kultureller und sozialer Hintergründe, bieten sich die afrikanischen Staaten dabei nicht nur aufgrund ihrer geographischen Lage als Untersuchungsobjekt für eine vergleichende Methode an. Bei der überwiegenden Mehrheit dieser Länder handelt es sich um Post-Kolonialstaaten, die sich durchschnittlich erst seit rund 50 Jahren im staatlichen Aufbauprozess befinden. Zudem sind die meisten Länder mit wenigen Ausnahmen sogenannte „Dritte-Welt" bzw. wirtschaftsschwache „Entwicklungsländer", die es zulässig machen, die geographisch als Afrika bezeichneten Länder für die Grundgesamtheit dieser Analyse zusammenzufassen.

Zentral für diese Arbeit wird die Frage sein, ob für den afrikanischen Kontinent im Zeitraum von 1990/91 bis 2011 Gemeinsamkeiten hinsichtlich politischer, ökonomischer oder soziokultureller Variablen und einem Wehrpflichtsystem existieren. Hierzu werden im Folgenden zunächst die Begrifflichkeiten Wehrpflicht- oder Freiwilligenarmee definiert, ehe die von Haltiner/Werkner stammenden europäischen Thesen operationalisiert werden. Anschließend wird beschrieben, welche Wehrsysteme die ausgewählten 49

---

[8] Zur genaueren Unterscheidung von Mirko-, Meso- und Makroebene siehe Schäfers 2013: 143f.

afrikanischen Länder zu Beginn des Jahres 2011 besaßen und untersucht, in wie weit die Annahmen von Haltiner/Werkner auf diese Staaten zutreffen. Dabei sollen Gemeinsamkeiten und Unterschiede aufgezeigt werden, die auf Gründe Für oder Wider die Wehrpflicht in afrikanischen Ländern schließen lassen.

Zur Datengewinnung aus dem Zeitraum von 1990/91 bis 2011 wurde ein mehrdimensionaler Ansatz verwendet. Den statistischen Berechnungen liegen die Zahlen des „Military Balance" vom IISS zugrunde, die mit den Angaben des „CIA World Factbook" sowie den 2008 und 2012 erschienenen Reporten „Coalition to Stop the Use of Child Soldiers" (später Child Soldiers International, CSI) ergänzt wurden. Zu beachten ist, dass bezüglich der Wehrsystemform teilweise abweichende Angaben zu den verschiedenen Ländern gemacht werden, sodass eine definitive Zuweisung mitunter erschwert wird. Es ist daher notwendig, die Daten in einer zweiten Phase mittels eines qualitativen Ansatzes durch die Sichtung der verfügbaren englischsprachigen Literatur, verschiedener Printmedien sowie Gesetzestexten oder Verfassungsartikeln zu erweitern. Zu beachten ist jedoch, dass die Literaturlage insgesamt sehr begrenzt ist. Es existiert keine Publikation, die die Wehrsysteme in Afrika in ihrer Gesamtheit und unter verschiedenen Gesichtspunkten untersucht. In der dritten Phase sollten daher die bisherigen Sekundärdaten durch eine offene Befragung in Form eines Fragebogens[9] an die jeweiligen Verteidigungsministerien bzw. durch Interviews mit den zuständigen Militärattachés oder Botschaftern verifiziert werden. Die Erhebung sollte dazu führen, neben einer „Außen-" auch eine „Innenansicht" der verschiedenen Armeen zu erlangen. Die offene Befragung wurde gewählt, um möglichst detailreiche Informationen über die jeweiligen Armeen zu erlangen. Im Gegensatz zu geschlossenen Fragen bietet diese Art der Datensammlung den Vorteil, dass ein Befragter in einem größeren Spektrum antworten kann und nicht auf eine bestimmte Argumentationslinie gelenkt wird (vgl. Behnke u. a. 2006: 233-239). Der Aufbau des Fragebogens und die Interviews orientierten sich an Ines-Jacqueline Werkners Erhebung für die Monographie „Wehrpflicht oder Freiwilligenarmee" (Werkner 2006:

---

[9] Siehe Anhang.

297-300). Der Fragebogen wurde in deutscher, englischer und französischer Sprache persönlich an alle in Berlin ansässigen afrikanischen Botschaften mit der Bitte um Beantwortung bzw. Weiterleitung an das zuständige Verteidigungsministerium übergeben. In vielen Fällen wurde das zuständige Ministerium zusätzlich noch einmal per E-Mail kontaktiert, sofern eine Kontaktadresse ausfindig gemacht werden konnte. Durch die Fragen 1 bis 4 des Fragebogens sollten Angaben zum Wehrsystem, zur Armeestärke sowie zur Organisation und zur Verwendung der Armee erhoben werden. Die Fragen 5 bis 8 zielten darauf ab, einen möglichen Wandel von Verteidigungs- zu Interventionsarmeen nachzuzeichnen. Zusätzlich sollte der Zusammenhang von außenpolitischen Einflüssen, wie das Ende des Kalten Krieges oder die Aufstellung der African Standby Force (ASF), auf die Wehrsysteme und die Armeestruktur erhoben werden. Eigentlich sollte diese Datensammlung durch die Befragung der zuständigen deutschen Militärattachés erweitert werden, um die „Innenansichten" der Armeen mit der Expertise eines außenstehenden Beobachters vergleichen zu können. Da das Auswärtige Amt aber eine breite Befragung untersagte, musste dieser Ansatz abgebrochen werden.[10]

Unabhängig von der fehlenden außenstehenden Expertise, gilt für die beantworteten Fragebögen und die persönlichen Interviews sowie für alle anderen Quellen, dass die Ergebnisse mit kritischer Vorsicht behandelt und gegengelesen werden müssen. Die Umstände und Gründe für gegebene Informationen sowie die Intention einer Quelle dürfen niemals außer Acht gelassen und nie leichtfertig übernommen werden. Das gleiche gilt für die Zeitungsartikel, da nach dem World Press Freedom Index von 2011/2012 lediglich acht der hier betrachteten afrikanischen Länder unter den 50 Staaten geführt werden, in denen weltweit eine freie und unabhängige Presseberichterstattung möglich war (Reporters Without Borders 2012).

Der Rücklauf der Fragebögen verlief allerdings wenig zufriedenstellend. Ausführliche Antworten übersandten nur die in Deutschland stationierten Militärattachés aus Burkina Faso, Namibia, Niger, Senegal und Südafrika. Der Botschafter von Djibouti war

---

[10] Schreiben des Auswärtigen Amtes vom 10. Juli 2012 (siehe Anhang).

zu einem persönlichen Gespräch bereit. Von den restlichen Ländern kam entweder eine kurze Absage oder, in den meisten Fällen, gar keine Antwort. Letzteres trifft vor allem auf Nordafrika und im Speziellen auf Ägypten zu, wobei selbst der deutsche Militärstab in der deutschen Botschaft in Kairo erklärte, keine oder nur unzureichende Antworten über die Organisation der ägyptischen Armee zu erhalten. So habe er auf eine Anfrage zur Gliederung des ägyptischen Sanitätswesens die Antwort erhalten: „[D]as ägyptische Sanitätswesen ist so aufgebaut, dass es jederzeit die sanitätsärztliche Versorgung der Streitkräfte sicherstellen kann."[11] Der mangelnde Rücklauf des Fragebogens ließ somit eine genauere Methodik zur Auswertung obsolet werden.

Dabei liegt die Auskunftsverweigerung vor allem daran, dass Angaben zur Größe oder zum Militär in vielen afrikanischen Ländern als Staatsgeheimnis angesehen werden. Am deutlichsten wurde dies 2010 beim Hochverratsprozess gegen den ehemaligen Generalstabschef (Chief of Defence Staff (CDS)) der gambischen Armee, Generalleutnant (Lieutenant General) Lang Tombong Tamba. Auf die Frage des Verteidigers, wie groß die Armee sei, antwortete Tamba „[W]hen I was appointed as the CDS I was sworn to an Oath of Secrecy, and there is no way that I can reveal state security secrets" (zitiert nach: Marenah 2010). Treffend formuliert daher der Politikwissenschaftler Abiodun:

> „Even in democratic African states, information about the security sector is rarely made public. This culture of secrecy [...] is based on the assumption that knowledge of defence expenditure can give an indication of a country's military preparedness" (Abiodun 2000: 37).

Wenn Angaben über die Größe oder das Budget von Armeen gemacht werden, sind diese zudem häufig gefälscht. Bei hohen Verteidigungsausgaben sollen hierdurch ein Wettrüsten von Nachbarstaaten verhindert oder innerstaatliche Proteste unterbunden werden. Zudem sollen internationale Geber, die ihre Hilfszahlungen oft unter Voraussetzung niedriger Verteidigungsausgaben leisten, mit ei-

---

[11] Antwortschreiben des MilAttStab in der deutschen Botschaft in Kairo, vom 7. Juli 2012.

nem geringen Verteidigungsbudget zufrieden gestellt werden (Omitoogun 2003: 67). Aufgrund der generell vagen Datenlage, die selbst bei der Bevölkerungsgröße oder dem Bruttoinlandsprodukt (BIP) vorliegt, wurde in dieser Analyse darauf verzichtet, multivariate statistische Berechnungen anzufertigen. Wenn in einem hoch entwickelten Land wie der Bundesrepublik Deutschland die Bevölkerung über 20 Jahre lang um 1,5 Millionen Einwohner zu hoch eingeschätzt wurde (Statistisches Bundesamt 2013), scheint es unseriös, in weniger bürokratisch strukturierten Staaten von exakteren Daten sprechen zu wollen. Jegliche statistischen Gemeinsamkeiten und Unterschiede wurden daher nur auf einer bivariaten Ebene berechnet und veranschaulicht (vgl. dazu Westle 2009).

Aufgrund der prekären Datenlage steckt der Forschungsstand für afrikanische Wehrsysteme noch in den Anfängen. Dagegen haben vor allem Haltiner (Haltiner 1985; Haltiner 1999; Haltiner/Klein 2002; Haltiner 2003) und Werkner (Werkner 2003; Werkner 2004; Werkner 2006; Werkner 2012) die Trends der Wehrsysteme in Europa, von Massen- und Wehrpflicht- zu professionellen Freiwilligen- und Einsatzarmeen, eindrucksvoll nachgezeichnet. Afrikanische Streitkräfte wurden zwar insbesondere von US-amerikanischen Wissenschaftlern während des Kalten Krieges untersucht, jedoch ging es bei ihnen meist um die technische Ausrüstung oder Professionalität der Armeen (u. a. Finer 1962; Foltz/Bienen 1985; Arlinghaus/Baker 1986) bzw. um ihre Entwicklungen aus den Kolonialarmeen und ihre politische Einmischung (u. a. Welch 1970a; Bienen 1978). Da die dort aufgestellten Thesen, afrikanische Armeen vergrößerten und modernisierten sich, zudem unter dem Einfluss des Kalten Krieges entstanden sind, ist eine Überprüfung dieser Aussagen zwingend erforderlich.

Einen Ansatz hierzu liefert die SWP-Studie „Militärische Kapazitäten und Fähigkeiten afrikanischer Staaten" von Arno Meinken. Die im deutschen Sprachraum einzigartige Untersuchung zeichnet die Ausrüstung und Fähigkeiten afrikanischer Streitkräfte zu Beginn des 21. Jahrhunderts nach und entwirft vier Kategorien hinsichtlich ihrer Effektivität (vgl. Meinken 2005). Gerade aufgrund der prekären Ausstattung im Bereich Logistik, Mobilität und Kommunikation könnten afrikanische Armeen aber kaum mit europäischen verglichen werden (vgl. auch: Barthel 2011: 81). Die „Wehrsysteme" werden bei Meinken zwar angesprochen, jedoch fehlen Untersuchungen und Gründe, wieso ein Land zur Wehrpflicht- oder Freiwilligenarmee tendiert. Die einzige internationale Studie, die sich explizit mit den Wehrsystemen im südlichen Afrika beschäftigt, stammt von Bjørn Møller (Møller 2003). Dieser skizziert vor allem die Armeen Angolas, Mosambiks, Südafrikas und Simbabwes. Ihn als Politologen beschäftigt vor allem die Frage, wie Armeen ihre Soldaten rekrutieren, da sich die Rekrutierungsform auf die Moral und die Loyalität der Truppen sowie die zivil-militärischen Beziehungen gegenüber den Regierungen und der Zivilgesellschaft auswirkt. Møller zeigt auf, dass die vier Armeen im südlichen Afrika nach Beendigung der dortigen Bürgerkriege verkleinert wurden. Dies sei allerdings gegenläufig zum restlichen Subsahara-Afrika, auch wenn beachtet werden müsse, dass „the general level of militarisation in all of Africa is 'almost absurdly low'" (Møller 2003: 19). Für das südliche Afrika gelte zudem „[j]ust as in Europe, changes had likewise occurred in the mode of recruitment, as countries had introduced or abandoned conscription—in some case combined with a reintegration of former insurgents" (Møller 2003: 20). Zu überprüfen gilt hier, ob die Aussage auch nach zehn Jahren noch Gültigkeit besitzt und ob die These auf den gesamten Kontinent angewendet werden kann. Ebenfalls ist zu untersuchen, weshalb ein Staat ein bestimmtes Wehrsystem wählt oder veränderte, da Møller auf diese Frage nicht eingeht.

Eine umfangreiche Darstellung, die sich explizit den Streitkräften in Afrika widmet, liefert der Sammelband „The Military and Militarism in Africa" (1998) von Eboe Hutchful und Abdoulaye Bathily. Die verschiedenen Länderstudien fokussieren aber vor allem ökonomische Komponenten, mit denen versucht wird einen Trend der stetigen afrikanischen „Militarisierung" von den 1970er Jahren bis in die 1990er Jahre nachzuzeichnen.

Eine sozialwissenschaftliche Entwicklungsanalyse afrikanischer Militärs liefert Herbert Howe in „Ambiguous Order" (2001). Howe greift die Frage auf, weshalb in Subsahara-Afrika Armeen kaum zur Sicherheit beitragen. Obwohl Howe einen umfangreichen Überblick über Armeen, ihre historischen Wurzeln, ihre Entwicklung, Fähigkeiten sowie die Interventionsbereitschaft der ehemaligen Kolonialländer gibt, lässt sich auch hier keine explizite Beschreibung der afrikanischen „Wehrsysteme" finden.

Besonders von der Interventionsbereitschaft ausgehend, beziehen sich die wenigen weiteren sozialwissenschaftlichen Ansätze meist auf das zivil-militärische Verhältnis und hinterfragen, in wie fern ein Zusammenhang zwischen afrikanischen Armeen und Staatssystemen existiert. Gut dokumentiert und analysiert sind vor allem die westafrikanischen Militärputsche.[12] Im Fokus steht hier meist die Frage, welche Rolle afrikanische Militärs zur Sicherheit ihres Landes und der Stabilität ihrer Regierung beitragen, wobei nicht davon gesprochen werden kann, dass afrikanische „Demokratien" stabiler seien oder es einen Zusammenhang zwischen dieser Regierungsform und einem Wehrpflicht- oder Freiwilligensystem gäbe. Jedoch ließen sich Trends erkennen, dass afrikanische Machthaber vor allem in den 1970er Jahren dazu tendierten, ethnisch homogene Armeen und zusätzlich paramilitärische Einheiten aufzubauen um ihre Position zu sichern (vgl. u. a. Assensoh/Alex-Assensoh 2002: 99-107). Diese Ansätze können daher wichtige Einblicke in die „Wehrsysteme" der Länder geben und entscheidend dazu beitragen, Gründe Für oder Wider eine Wehrpflicht- bzw. Freiwilligenarmee abzuleiten.

Das gleiche gilt für die historische Beschreibung der südafrikanischen Armeen sowie die Skizzierung der landestypischen zivil-militärischen Beziehungen. In diesem Bereich hat sich vor allem das südafrikanische Institute for Security Studies (ISS) hervorgetan (u. a. Williams u. a. 2002; Rupiya 2005). Zwar liefern diese Publikationen vor allem durch die Partizipation der Autoren in den jeweiligen afrikanischen Armeen wertvolle Einblicke in die Entwicklung der Streitkräfte, jedoch geht dies teilweise auf Kosten der wissenschaftlichen Nachprüfbarkeit, da oft persönliche Erfahrungen in die detaillierten Beschreibungen einfließen und nicht jede Stelle mit zusätzlichen Quellen belegt werden kann. Nichtsdestotrotz geben gerade die Beschreibungen der Armeen Angolas, Namibias, Südafrikas und Mosambiks Hinweise über deren Wandel. Alle vier Länder beende-

---

[12] Vgl. u. a. Welch 1970a; Decalo 1976; Assensoh/Alex-Assensoh 2002; McGowan 2003; McGowan 2006; Clark 2007; Collier/Hoeffler 2007; Basedau 2008; Lindemann 2011; Powell/Thyne 2011; Harkness 2012.

ten nach 1990/91 ihre Bürgerkriege und reformierten ihre Streitkräfte sowie den Staatsapparat.

Diese sogenannte „Security Sector Reform" (SSR), die nicht nur die Streitkräfte, sondern auch die Polizei, die Justiz oder den Straffvollzug betrifft, rückte zum Ende der 1990er Jahre durch die sogenannten „failed states" und die Restrukturierung ihres Sicherheitssektors verstärkt in den Fokus. Federführend ist hier das internationale Forschungsinstitut "Geneva Centre for the Democratic Control of Armed Forces (DCAF)" (u. a. Bryden u. a. 2008; Gaanderse/Valaske 2011). Der Neuaufbau der Armeen in Sierra Leone (u. a. Ero 2000; Ebo 2006; Gbla 2006) und Liberia (u. a. Malan 2008; ICG 2009a), die detailliert dokumentiert wurden, liefert dabei die präsisesten Informationen über die Zusammensetzung der neuen Streitkräfte. Gleiches gilt für die SSR in der Demokratischen Republik Kongo (DRK) (u. a. ICG 2006; Marriage 2007; AI 2007; Mobekk 2009). Die Region Sudan, Süd Sudan, Tschad und ZAR werden dagegen vor allem in den Publikationen vom Human Security Baseline Assessment (HSBA) for Sudan and South Sudan bzw. dem Small Arms Survey und deren Feldstudien behandelt. Letztere fokussieren zwar verstärkt die Fluktuation von Kleinwaffen, jedoch werden ebenso die Reform der nationalen Streitkräfte nach den jeweiligen Bürgerkriegen und Rebellionen berücksichtigt (vgl. Berman/Krause 2005; Young 2006; Berman/Lombard 2008; Rands 2010; Berman/Krause 2011; Nichols 2011). Alle genannten Publikationen liefern sowohl historische als auch tagespolitische Einblicke, die für das Verständnis der heutigen Armeen unerlässlich sind. Teilweise lassen sich hieraus Hinweise ableiten, die bei der Entscheidung Für oder Wider die Wehrpflicht Einfluss genommen haben könnten.

Da der afrikanische Kontinent, wie der Fall Mali zeigt, aus sicherheitspolitischen Gründen immer wieder in den Blickpunkt rückt und die Kooperation europäischer und afrikanischer Staaten immer häufiger wird, gewinnt die Beantwortung der oben aufgeworfenen Thesen und Fragen zur Transformation und Darstellung afrikanischer Streitkräfte an Relevanz. Dabei ist dem Verfasser bewusst, dass bei einem so umfassenden Ansatz und der Untersuchung von fast 50 Staaten kein Anspruch auf Vollständigkeit erhoben werden kann. Zudem ist keine generelle Pauschalisierung für alle Länder möglich. Was für den Senegal im Westen gilt, muss nicht für Djibouti im Osten, Ägypten im Norden oder Südafrika im Süden zutreffen. Ebenfalls darf nicht unberücksichtigt bleiben, dass die jeweiligen Reformen der Armeen eng mit politischen Entscheidungen einer jeweiligen Regierung zusammenhängen. Es sind nicht die „Länder", die entscheiden, sondern meist nur eine kleine Gruppe von Menschen, die von individuellen Interessen geleitet werden, die sich außenstehenden Betrachtern meist nicht völlig erschließen. Der Versuch, erstmals eine größere Studie über die Wehrsysteme afrikanischer Militärs anzufertigen und Trends und Thesen für die afrikanischen Streitkräfte vorzulegen, ließen die mögliche Kritik jedoch annehmbar erscheinen.

3 Begriffsbestimmung: Wehrsysteme und ihre Entwicklungstrends in Europa

Ehe die für Europa geltenden Thesen Karl Haltiners und Ines-Jaqueline Werkners zusammengefasst, mit den „Wehrsystemen" in Afrika verglichen und Gemeinsamkeiten oder Unterschiede hinsichtlich der herausgearbeiteten Zusammenhänge aufgezeigt werden können, bedarf es einer genauen Definition, was unter dem Begriff Wehrsystem zu verstehen ist.

Werkner unterteilt die „Wehrstruktur" einer Armee, die organisatorischen, rechtlichen und politischen Rahmenbedingungen von Streitkräften, in „Wehrsysteme" und „Wehrverfassung". Unter Letzterem sind alle Reglements hinsichtlich des Auftrages der Streitkräfte, der Befehlsstruktur, der Befugnisse des Staatsoberhauptes, der Regierung oder des Parlamentes bezüglich der Armee und weitere Aspekte der zivil-militärischen Kontrolle zusammengefasst (Werkner 2012: 179). Weil die Rekrutierungsart von Soldaten zum Bereich des „Wehrsystems" zählt, die in dieser Analyse im Fokus steht, kann der Bereich der Wehrverfassung im Folgenden vernachlässigt werden. „Wehrsysteme" sind primär definiert als die „Form der Rekrutierung, d. h. die Art und Weise der Gewinnung und Ergänzung des Personals für die Streitkräfte" (Werkner 2012: 180). Unter „Streitkräften"[13] soll hier die Definition von CSI gelten: „These generally refer to official government armed forces, including the army, navy and air force" (CSI 2008: 410). Es werden demnach primär nur offizielle Streitkräfte in ihrer Gesamtheit betrachtet, während Reserve- und paramilitärische Einheiten[14] oder nichtstaatliche Gewaltakteure bei der statistischen Berechnung größtenteils unberücksichtigt bleiben. Zwar sind sogenannte „Pro-government militias" (PGMs), u. a. die Popular Defence Forces (PDF) im Sudan oder

---

[13] Die Begriffe Streitkräfte und Armee sollen hier synonym verwendet werden.
[14] „Forces whose training, organization, equipment and control suggest they may be used to support or replace regular military forces" (IISS 2011: 485).

die „Interahamwe" und „Impuzamugambi" in Ruanda[15], in vielen afrikanischen Konflikten wichtige Gewaltakteure, die sich oft direkt am Kampf beteiligen (vgl. Howe 2001: 84ff; Alden u. a. 2011: 7f; Carey u. a. 2012), aufgrund der meist nicht dokumentierten Rekrutierung ihrer Mitglieder können für solche Einheiten aber nur noch ungenauere Angaben gemacht werden, als für die regulären afrikanischen Streitkräfte. Nur in Ausnahmefällen, wie im Sudan oder in Tansania, wird zur besseren Kategorisierung der staatlichen Wehrsysteme in Wehrpflicht- oder Freiwilligenarmeen der Dienst in paramilitärischen Einheiten als zusätzlicher Anhaltspunkt hinzugezogen.

Unberücksichtigt bleiben kann dagegen, dass Werkner zu Wehrsystemen weitere Aspekte wie innere Organisation, Ausbildung oder Ausrüstung zählt. Der Fokus der vorliegenden Analyse soll allein auf der Rekrutierungsform liegen. Diese differenziert Werkner in „Wehrpflichtsysteme", die „auf der gesetzlichen Verpflichtung der Angehörigen eines Staates, Wehrdienst zu leisten" basieren sowie in „Freiwilligensysteme", die „ihr Personal dagegen ausschließlich aus Freiwilligen, aus Zeit- und Berufssoldaten" rekrutieren (Werkner 2012: 181). Klein ergänzt, dass eine Wehrpflichtarmee „eine Streitmacht [ist], die sich überwiegend aus Wehrpflichtigen zusammensetzt, die bereits im Frieden zu einem Grundwehrdienst von längerer Dauer einberufen werden" (Klein 1999: 14). Wehrpflichtarmeen bestünden demnach aus „regulären" Staatsbürgern, die gesetzlich für eine bestimmte Dauer zum Wehrdienst verpflichtet werden. Bei Freiwilligenarmeen besteht dagegen keine Dienstverpflichtung. Ihre Soldaten stehen der Armee meist länger zur Verfügung und durch ihre längere Ausbildung erreichen diese Soldaten einen höheren Professionalisierungsgrad. In der Logik der Militärsoziologie seien freiwillige Soldaten daher ökonomisch sinnvoller und vor allem im Ausland effektiver einsetzbar (ebd.: 16).

Da die Wehrpflicht die erklärte Variable in dieser vergleichenden Analyse sein soll, werden die Unterschiede von Freiwilli-

---

[15] In Ruanda sollen die Anhänger dieser beiden berüchtigten Jugendmilizen gar zu den Hauptverantwortlichen für die Ermordung von über 800.000 Menschen gehören (vgl. u. a. Prunier 1998a: 165; Stearns 2011: 14f u. 27).

gensystemen hier nicht weiter beschrieben. Wehrpflichtsysteme lassen sich nach Werkner allerdings weiter zwischen „allgemeiner" und „selektiver Wehrpflicht" unterscheiden. Erstere läge vor, „wenn diese Verpflichtung grundsätzlich für alle (männlichen) Staatsangehörigen bestimmter Alterskohorten gilt". Bei Letzterer „werden nicht alle verfügbaren Wehrpflichtigen einberufen, da ihre Zahl den militärischen Bedarf übersteigen würde" (Werkner 2012: 181), bzw. nur bestimmte ethnische, religiöse oder politische Gruppen zum Wehrdienst verpflichtet sind (Klein 2004: 9). Allerdings ist zu berücksichtigen, dass keine reine Wehrpflichtarmee existieren kann. Ein gewisser Anteil, in Friedenszeiten meist das gesamte Offiziers- und Unteroffizierskorps, muss aus langjährig ausgebildeten und erfahrenen freiwilligen Zeit- und Berufssoldaten bestehen, um die Wehrpflichtigen zu instruieren (Klein 1999: 18).

Anhand dieser Definitionen lassen sich nach Haltiner/Werkner Trends für die europäischen Wehrsysteme seit dem Ende des Kalten Krieges ableiten. Laut Haltiner sind für Westeuropa ein „Ende der Massenarmeen" und ein „Trend hin zu Freiwilligenarmeen" zu erkennen (Werkner 2012: 190). Massenarmeen basierten dabei auf der Wehrpflicht und zeichneten sich durch eine hohe „Militärpartizipationsrate", d. h. einem hohen Anteil aktiver Soldaten und Reservisten an der Gesamtbevölkerung, einer hohen Wehrpflichtigenrate, also einem hohen Anteil von Wehrpflichtigen am Gesamtpersonalbestand der Armee, und einem geringen Anteil an Freiwilligen und Frauen aus. Zudem sei die Technisierung der Streitkräfte gering und die Teilstreitkraft des Heeres würde die Massenarmee deutlich dominieren (Haltiner 1999: 21; Haltiner 2003: 366). Für Europa gelte aber laut Haltiner, dass die Streitkräfte ihren „«Levée en masse»-Charakter zunehmend verlier[en], weil sich, in Angleichung an zivile Organisationsmuster, auch im Militär Industrialisierungs- und Professionalisierungstendenzen durchsetzen" (Haltiner 1985: 36). Diese Entwicklung wurde durch die Auflösung der Sowjetunion (UdSSR) verstärkt, da die UdSSR bis 1991 die Hauptbedrohung der westeuropäischen Staaten und der politische Legitimationsgrund für wehrpflichtige Massenarmeen war. Ohne die allgegenwärtige Bedrohung der Sowjetunion wandelte sich auch das Aufgabenspektrum der westeuropäischen Armeen von Verteidigungs- zu

Interventionsarmeen, was sich wiederum auf die Struktur und Organisation der Armeen auswirkte. Wie Werkner erläutert, stellen sich

> „[m]it der Fokussierung der europäischen Streitkräfte auf friedenssichernde und -schaffende Einsätze […] zum einen neue Anforderungen an eine moderne Ausrüstung, zum anderen erfordern sie aber auch eine höhere Professionalisierung der Soldaten" (Werkner 2006: 249f).

Zusammengefasst wurden in Europa die Wehrsysteme von Wehrpflicht- auf Freiwilligenarmee aufgrund des beendeten Ost-West-Konflikts und der neuen außenpolitischen Lage reformiert, die einen europäischen, zwischenstaatlichen Krieg unwahrscheinlich und somit den eigentlichen Verteidigungsauftrag der Armeen obsolet werden ließ (Klein 1999: 15).

Zu untersuchen gilt es daher, ob afrikanische Staaten ihre Wehrsysteme seit 1990/91 ähnlich wie die europäischen aus außenpolitischen Gründen von Wehr- auf Freiwilligenarmeen transformiert haben und ob sich der Umfang afrikanischer Streitkräfte seitdem reduzierte.

Desweiteren verweißt Werkner auf die miliärsoziologische Debatte, dass „Wehrpflichtarmeen die Rekrutierungsform armer Staaten und Freiwilligenstreitkräfte eher die Rekrutierungsform reicher Staaten seien" (Werkner 2012: 193). Sollte diese ökonomische Annahme für Afrika zutreffen, müsste eine Korrelation zwischen der Höhe des erwirtschafteten Pro-Kopf-Einkommens des Bruttoinlandsproduktes, das als wissenschaftlich anerkannter Indikator für „reiche" und „arme" Staaten gilt, und den Wehrsystemen ablesbar sein.

Als dritten Aspekt, der den Wandel von Wehrpflicht- zu Freiwilligenarmee wahrscheinlich machen würde, definiert Haltiner:

> „Statistisch gesehen sind Staaten, die in hohem Masse [sic! T.K.] sicherheits- und außenpolitisch in Europa integriert sind und sich gleichzeitig personalmässig [sic! T.K.] stark an friedenserhaltenden Auslandseinsätzen beteiligen, geradezu prädestiniert, früher oder später die Wehrpflicht auszusetzen" (Haltiner 1999: 26).

Es bestünde somit eine negative Korrelation zwischen der „Wehrpflichtrate" und der „Auslandseinsatzrate". Dies bedeutet, dass Länder, die ihre Soldaten vermehrt in internationalen Missionen einsetzen, prinzipiell eher zu einer Freiwilligenarmee tendierten (Werkner 2012: 192). In der Theorie der Militärsoziologie liegt dies vor allem daran, dass Wehrpflichtige für Auslandseinsätze als weniger geeignet gelten, da ihre begrenzte Ausbildungszeit weder die Bedienung komplexer technischer Waffensysteme noch eine ausreichende Vorbereitung auf die vielschichtigen Auslandsanforderungen umfasst (Klein 1999: 16; Dinter 2004: 122; ; Klein 2004: 23; vgl. auch Kommission „Gemeinsame Sicherheit und Zukunft der Bundeswehr" 2000: 62, Randnr. 88). Hinzu kommt die geringe politische Bereitschaft, Wehrpflichtige in Auslandseinsätze zu entsenden (vgl. u. a. Merkel 2003: 97), da die gesellschaftliche Akzeptanz in Europa bezüglich toter Wehrpflichtiger gering ist. Um rechtliche Schwierigkeiten und lange Erklärungen über den Sinn von toten Wehrpflichtigen zu vermeiden, würden fast ausschließlich freiwillige Berufs- und Zeitsoldaten in internationale Militäroperationen entsandt (Klein 2004: 14; Werkner 2006: 250).

Zu analysieren wird demnach sein, wie häufig afrikanische Staaten ihre Soldaten in internationale Einsätze abkommandieren und ob sich hieraus eine Korrelation zwischen der Anzahl der eingesetzten Soldaten und den Wehrsystemen ableiten lässt.

Obwohl Haltiner/Werkner noch weitere Indikatoren für den Wandel der europäischen Wehrsysteme ansprechen und unter anderem die Zu- bzw. Abnahme der Verteidigungsbudgets oder den Anteil weiblicher Soldaten in den Streitkräften untersuchen, kann dies aufgrund fehlender Daten nicht auf den afrikanischen Kontinent übertragen werden. Allerdings müssen im afrikanischen Kontext weitere Faktoren wie z.B. Militärputsche oder die Integration ehemaliger Rebellen mit in die Analyse aufgenommen werden, die im europäischen Kontext gar keine oder nur eine eher unbedeutende Rolle spielen.

4 Streitkräfte in Afrika

Auch wenn in dieser Arbeit versucht werden soll, das eurozentristische Wehrsystemmodell auf afrikanische Armeen zu übertragen, darf nicht vergessen werden, dass sich afrikanische Staaten und Streitkräfte von ihrem historischen Ursprung her wesentlich von europäischen unterscheiden. In Europa besaßen vor allem Wehrpflichtarmeen einen großen Anteil an der Etablierung der staatlichen Ordnung und der Festigung nationaler Regierungen. Für Charles Tilly ist die europäische Staatenbildung gar ein Prozess, der sich dadurch auszeichnet, dass durch militärische Mittel ein Gewaltmonopol über eine bestimmte Bevölkerung in einem bestimmten Territorium über äußere und innere Feinde erlangt werden soll (Tilly 1985: 181). Wie im Falle des Deutschen Reichs 1871, führten nicht selten siegreiche militärische Operationen direkt zur Nationalstaatenbildung (Mjøset/Holde 2002: 46).

Für die meisten afrikanischen Staaten ist dieser Prozess dagegen nicht zutreffend. Zum Einen gehen ihre heutigen territorialen Grenzen überwiegend auf die Grenzziehung europäischer Kolonisatoren zurück und wurden nicht durch afrikanische Nationalstaatsbewegungen oder erfolgreiche afrikanische Feldzüge festgelegt (Tetzlaff 1997: 131; Clapham 2001: 8f):

> „In Africa, as in some other places of the world, the modern nation-state is a more deeply imagined community than it was in Europe, simply because, with very few exceptions, there was no pre-colonial basis for such a construct. The imperial powers constructed territories called colonies. At independence, the nationalists reconstructed them into nation-states" (Chabal 1994: 46).

Zum Anderen erlangte außer Algerien, Marokko, Tunesien, den portugiesischen Kolonien, Simbabwe, Eritrea sowie jüngst Süd-Sudan die überwiegende Mehrheit aller afrikanischen Staaten ihre Unabhängigkeit ohne größere militärische Konflikte (vgl. Welch 1970b: 12; Larémont 2005: 6; Department of Peace and Conflict Research 2012):

> „Der postkoloniale Staat als Völkerrechtssubjekt mit klaren territorialen Grenzen ist ein historisches Kunstprodukt: er verdankt nicht einer innengesteuerten gesellschaftlichen Entwicklung (politische Hegemonialkämpfe, soziale Interes-

senkonflikte) sein Entstehen, sondern dem Willen kolonialer Mächte (mit Ausnahme von Äthiopien und Liberia)" (Tetzlaff 1997: 127).

Hieraus resultiert, dass die meisten heutigen afrikanischen Armeen keine langandauernde historische Tradition besitzen, da sie nur selten Instrument der Nationalstaatsbildung waren. Zwar ist die Annahme falsch, dass erst durch die Kolonisatoren militärische Strukturen nach Afrika kamen,[16] dennoch ist festzuhalten, dass der Ursprung der meisten Streitkräfte der unabhängigen afrikanischen Staaten eher in den Kolonialarmeen, denn in den vorkolonialen Formationen liegt.

Eine flächendeckende Etablierung von Streitkräften in Afrika erfolgte nämlich erst im Zuge der europäischen Kolonisierung. Hier rekrutierten z.B. das Deutsche Reich oder Großbritannien Einheimische für stehende militärische Kontingente, die von europäischen Offizieren geführt wurden.[17] In der britischen „Royal West African Frontier Force" dienten während des Zweiten Weltkriegs bis zu 200.000 Afrikaner aus Nigeria, Ghana (Gold Coast), Sierra Leone und Gambia (Killingray 1982: 83). In den meisten britischen Kolonien wurde dabei nach dem Prinzip des "divide et impera" rekrutiert (Parsons 1999: 5f u. 133ff; Mjøset/Holde 2002: 84f). Dabei präferierten die britischen Kolonialbeamten bei der Rekrutierung eine oder mehrere Ethnien, die als „martial tribes" angesehen wurden und im britischen Kalkül als am kriegstauglichsten galten (Killingray 1982: 84; Parsons 1999: 53-103, Howe 2001: 30).[18] Die Kolonialarmeen dienten zudem primär der Aufrechterhaltung und Durchsetzung der Herrschaftsordnung, denn dem Schutz der einheimischen Bevölkerung (Parsons 1999: 1f; Howe 2001: 30f).

---

[16] In Südostafrika gil z.B. Shaka Zulu als historischer Vorgänger im Bereich moderner militärischer Strukturen, der über eine gut ausgebildete stehende Armee verfügte (Assensoh/Alex-Assensoh 2002: 48f; Edgerton 2002: 23-32; vgl. auch: Welch 1975; Law 1976; Reid 2007).

[17] Vgl. für das Deutsche Reich u. a. Pesek 2005; Michels 2009; Bührer 2011und für Großbritannien u. a. Killingray 1982; Parsons 1999.

[18] Als Beispiel hierfür kann Tanganjika dienen, wo die Rekruten für das 6. Bataillon der King's African Rifles primär aus den Ethnien der Nyamwezi, Sukuma, Hehe, Yao und Ngoni rekrutiert wurden (Luanda 1998:179).

Eine weitere Besonderheit stellte Frankreich dar. Ihre „Tirailleurs Sénégalais" war die einzige Kolonialarmee, die ihre afrikanischen Soldaten von 1912 bis 1960 ununterbrochen durch eine universelle Wehrpflicht für Afrikaner rekrutierte (Echenberg 1991: 4). Im Unterschied zu den Kolonialarmeen des Deutschen Reiches und Großbritanniens, nutzten die Franzosen ihre „Tirailleurs Sénégalais" auch schon vor dem Zweiten Weltkrieg außerhalb ihrer afrikanischen Heimatgebiete und zur Unterwerfung anderer Territorien. Bei der Eroberung Marokkos stellten die „Tirailleurs Sénégalais" beispielsweise zwischen 9 und 15 Prozent der französischen Armee (ebd.: 27).

Trotz des verstärkten Einsatzes afrikanischer Soldaten während des Zweiten Weltkriegs, änderte sich an der Kommandostruktur sehr wenig. Bis zur Unabhängigkeit und in vielen Fällen auch danach, kommandierten weiterhin europäische Offiziere afrikanische Mannschaften. Als Ghana 1957 von Großbritannien seine Unabhängigkeit erlangte, umfasste das Offizierskorps 220 britische und nur 25 afrikanische Offiziere. Bis zum Januar 1960 stieg die Anzahl der britischen Offiziere sogar auf 230 an (Adekson 1976: 258). Ähnlich in Tanganjika, wo die neue Armee aus der alten Kolonialarmee der „King's African Rifles" (KAR) hervorging, in der alle Kommandoposten von 35 britischen Offizieren bzw. 25 britischen Unteroffizieren besetzt wurden (Luanda 2005: 298f). Belgien rekrutierte erst ab 1958 afrikanische Offiziere für ihre kongolesische Armee und erst ab 1959 afrikanische Offiziere in Ruanda (Howe 2001: 33). Diese Unterrepräsentation von afrikanischen Offizieren führte im Moment der Unabhängigkeit vielfach zu Spannungen. Als die belgischen Offiziere im unabhängigen Kongo selbst nach 1960 die Beförderung von Afrikanern in die höchsten Offiziersränge verweigerten, meuterten die kongolesischen Mannschaften. Erst als die ehemalige Kolonialmacht eigene Truppen zur Evakuierung ihrer Bürger entsandte, entließ der kongolesische Premierminister Patrice Lumumba über 1.000 europäische Offiziere und ersetzte diese durch Kongolesen (Ndikumana/Emizet 2005: 66; Robinson 2012: 476). Gutteridge resümierte daher:

> „Only in a few cases has the chain of evolution from colonial to national institution been broken or damaged. […] Generally, the Western type army has

survived in Africa, [...]. At the same time it cannot be denied that imperial policies with regard to recruitment and Africanization have determined to a considerable extent their composition and that has been a factor influencing status and attitudes" (Gutteridge 1969: 6f).

Jedoch besitzen nicht alle modernen afrikanischen Armeen ihren Ursprung in der Kolonialzeit. Ein Beispiel hierfür ist Botswana. Als das Land 1966 von Großbritannien in die Unabhängigkeit entlassen wurde, entschied sich das Parlament aufgrund fehlender finanzieller Möglichkeiten gegen die Aufstellung einer Armee. Erst durch wiederholte Grenzübergriffe der rhodesischen Streitkräfte sowie der Entdeckung von Diamanten, wurde 1977 eine Armee mit 600 Soldaten aufgebaut (Henk 2004; Sharp/Fisher 2005). Zwar konnte das Hoheitsgebiet trotz der zehnfachen Personalvergrößerung der „Botswana Defence Force" (BDF) in den folgenden zehn Jahren niemals gegen rhodesische bzw. südafrikanische Grenzverletzungen geschützt werden (Henk 2004: 87f), dennoch verweist das botswanische Verteidigungsministerium noch heute stolz darauf, dass die Armee unabhängig von einer bestehenden Kolonialarmee aufgebaut wurde und die BDF sowohl ihre eigene Infrastruktur als auch ihre eigene militärische Kultur entwickeln musste (Government of Botswana 2013). Ähnliches gilt für Gambia. Dort wurde erst 1981 nach einem missglückten Putschversuch eine Armee aufgebaut, weswegen vor allem die personelle Zusammensetzung des Unter- und Offizierskorps, anders als in vielen ehemaligen Kolonialarmeen, eine größere Diversität wiederspiegelte (Saine 1996: 101f).

Jedoch sind letztere Beispiele eher die Ausnahme. Obwohl die meisten Kolonialarmeen unter einem europäischen Offizierskorps primär zum Unterdrückungsorgan von Freiheitsbewegungen wurden (Matthies 1971: 11f; Howe 2001: 32), stellten sie nicht selten den Kern der neuen Streitkräfte der unabhängigen afrikanischen Staaten. Beispiele hierfür sind u. a. Nigeria (Osadolor 1997; Omitoogun/Oduntan 2006: 155) und Kenia, wobei die neue Armee Kenias aus dem kenianischen Bataillon der KAR hervorging, deren „Askaris" während der „Mau Mau Rebellion" (1952-1955) nur selten die Rebellen und primär die regulären britischen Truppen bei der Aufstandsbekämpfung unterstützt hatten (Parsons 1999: 211-214). Weil die Streitkräfte somit nur in wenigen Fällen die Unabhängigkeitsbewegung anschoben, verwundert es kaum, dass die Mehrheit der unabhängigen afrikanischen Staaten dem Militär zunächst wenig Aufmerksamkeit entgegenbrachte. Vielfach wurde die Armee nur „aus reinen Prestigegründen als nationale[s] Souveränitätssymbol beibehalten" (Matthies 1971: 12; vgl. auch Howe 2001: 35).

Die fehlende Bindung der Armee zur Gesellschaft und die meist starke Dominanz einer Ethnie innerhalb der Streitkräfte wirkten sich auch auf das Wehrsystem aus. Nur selten war eine dominierende Ethnie bereit, ihre militärische Machtposition durch die repräsentative Rekrutierung aller Bevölkerungsteile aufzugeben. Die Einführung der Wehrpflicht und der Aufbau eines nationalstaatlichen Gemeinschaftsgefühls schienen in vielen Staaten unvorstellbar:

> „Under such conditions, the relationship between conscription and citizenship became precarious at best. [...] [I]n developing countries, the isolation of the army from civil society has frequently blocked such social transformation, and in some cases the army has acted actively to repress social change rather than to promote it. Nor has military service in developing world very often served as means for the political co-optation of previously marginalized groups or for the extension of citizenship rights to those previously denied them" (Mjøset/Holde 2002: 85).

Trotz alledem etablierten sich auch in Afrika Wehrpflichtarmeen. In Ägypten geht eine solche Tradition bis zur Regentschaft von Muhammad Ali in den 1820er Jahren zurück (Barnett 1992: 60; Hashim 2011a: 64; Springborg 2013: 94). Ein Beispiel für die frühen 1960er Jahre ist Guinea. Dort wurde durch eine Art Wehrpflicht die „Integration des Militärs in das sozio-politische System" angestrebt. Die ehemalige Kolonialarmee wurde durch einen militärischen Wehr- und Nationaldienst zu einer sozialistischen Volksarmee umstrukturiert und in den Prozess des nationalen, sozialistischen Staatsaufbaus eingefügt (Matthies 1971: 12). Die 1958 gegründete Armee Guineas ist vor allem deswegen interessant, weil das Land jegliche Bindungen zur ehemaligen Kolonialmacht Frankreich aufkündigte. Weil die französische Armee vor ihrem Abzug die gesamte militärische Infrastruktur zerstörte, mussten die guineischen Streitkräfte durch Hilfe der Ostblockstaaten vollkommen neu aufgebaut werden (Bangoura 2011: 100). Die komplett ins Zivilleben integrierten Soldaten sollten dabei eine „army of citizen soldiers" bilden, die Seite an Seite mit der Bevölkerung lebt und ihre sozialistische Ideologie verbreitet (National Democratic Institute for International Affairs 1997: 4).

In den meisten übrigen Staaten bestand dagegen aus den bereits angesprochenen Gründen eine Distanziertheit zwischen dem gesellschaftlichen Aufbauprozess und der Armee (Welch 1970b: 4; Matthies 1971: 11f). Dies änderte sich erst im Laufe der 1960er Jahre, als viele Machthaber die Streitkräfte und paramilitärische Einheiten für die Manifestierung ihrer eigenen politischen Macht missbrauchten (Matthies 1971: 13). Prinzipiell erfüllten die Armeen somit die gleiche Aufgabe wie zur Kolonialzeiten: „many African governments build security forces, not primarily for national security but for the survival of regimes" (Ochoche 1998: 119). In diesem Zusammenhang bildeten sich wie im späteren Zaire oftmals Kleptokratien, in denen die homogene Ethnisierung der Streitkräfte gefördert wurde. Dies hatte zur Folge, dass die Armeen zunehmend in das politische Geschehen involviert wurden und nur zur Bereicherung einer kleinen Gruppe dienten (Mjøset/Holde 2002: 84f). Loyalität und ethnische Zugehörigkeit zur politischen Führung wurden für die Rekrutierung wichtiger als die militärische Effizienz. So blieb zur Verteidigung der weißen Minderheitsregierungen in Südafrika und Rhodesien (Simbabwe) die Mehrzahl der Offiziere Weiße. In Liberia und Sierra Leone wurden die Militärs dagegen primär aus der Ethnie des Präsidenten rekrutiert (vgl. Howe 2001: 35-38). Aufgrund der ethnischen bzw. clanspezifischen Zusammensetzungen ihrer Armee könnte daher strenggenommen weder für Uganda vor der Eroberung durch die Rebellen des „National Resistance Movement" (NRM) 1986 noch für Liberia vor der Ermordung des Präsidenten Samuel Doe 1990 oder für Somalia vor dem Sturz des Präsidenten Siad Barre 1991, von der Existenz einer wirklichen nationalen Armee gesprochen werden, die die Bevölkerung und die nationale Sicherheit des Staates verteidigt hätte (Ochoche 1998: 118f).

Eine der am stärksten ethnisch homogenisierten Armeen etablierte sich in Togo. Nachdem der erste togolesische Präsident 1963 bei einem Staatsstreich ermordet wurde, wuchsen die Streitkräfte kontinuierlich an. Die überwiegende Mehrheit der Soldaten stammte dabei aus dem Norden, vor allem aus der Ethnie der Kabiyé, dem Volk des zweiten Staatspräsidenten Gnassingbé Eyadéma. Zwei Drittel der 300 Offiziere sollen Kabiyé und 50 direkt aus Pya, dem Geburtsort Eyadémas, sein (Kohnert 2005: 4). Andere Angaben sprechen von rund 90 Prozent Kabiyé als Offiziere und 70 Prozent Kabiyé als Soldaten (Kandeh 2004: 156), obwohl diese ethnische Gruppe nur 25 Prozent der Bevölkerung ausmacht und die größte Ethnie, die Ewe, mit fast 50 Prozent der Bevölkerung, kaum im Militär präsent ist (ebd.: 167, Anm. 21).

Ähnliches galt für den Sudan. 1990 bestand das Offizierskorps der sudanesischen Armee ausschließlich aus muslimischen Arabern aus dem Norden des Landes (Howe 2001: 39). Obwohl in Burundi rund 85 Prozent der Bevölkerung der sozialen Gruppe der Hutu und nur 14 Prozent den Tutsi zugeschrieben werden, dominierten letztere nicht nur die Armee, sondern den gesamten Staatsapparat. Die führenden Militärs kamen bis Anfang der 2000er Jahre sogar überwiegend aus den südlichen Provinzen Bururi und Makamba (vgl. Ndikumana 1998; Ngaruko/Nkurunziza 2000; Daley 2007: 73).

Eine weitere wichtige Determinante für die Entwicklung afrikanischer Armeen wurde die finanzielle Militärhilfe der „West- und Ostblockstaaten" während des Kalten Krieges. Allein die Sowjetunion investierte zwischen 1981 und 1988 ca. 18,9 Milliarden US-Dollar (USD) in die Aufrüstung afrikanischer Staaten. Ähnlich agierten die USA, auch wenn diese Schätzungen zur Folge im gleichen Zeitraum lediglich unter einer Milliarde USD investiert haben soll (Howe 2001: 77). Obwohl die Entdeckung und Förderung von Erdöl in Algerien, Libyen und Nigeria die Militarisierung in Afrika förderte (Ochoche 1998: 107; für Libyen siehe Pollack 2002: 362), blieb und bleibt Afrika das am wenigsten militarisierte Gebiet der Welt. Aufgrund der geringen personellen Größe und der schlechten bzw. veralteten materiellen Ausstattung, entsprechen die meisten afrikanischen Streitkräfte keinesfalls den europäischen Standards (vgl. Ochoche 2008: 108f; Howe 2001: 58-61; Meinken 2005).

Die schlechte Ausrüstung lässt sich dadurch erklären, dass neben vielen der eigentlichen afrikanischen Armeen weitere paramilitärische Einheiten aufgebaut wurden, die einen Großteil der ausländischen Investitionen abgriffen. Viele afrikanische Machthaber etablierten zur eigenen Herrschaftsfestigung und zur Machtreduzierung des Militärs parallele Sicherheitskräfte, neben denen die regulären Streitkräfte meist den am schlechtesten ausgestatteten Teil des Sicherheitsapparates stellten (vgl. Howe 2001: 44f). Das wohl bekannteste Beispiel hierfür ist das ehemalige Zaire. Der Diktator Mobutu Sese Seko stützte sich vor allem auf seine neu formierte Prätorianergarde und die paramilitärische „Special Presidential Division" (DSP). Deren offiziel rund 15.000 Soldaten wurden überwiegend aus der Ngbandi-Ethnie Mobutus rekrutiert und standen direkt unter dem Kommando des Präsidenten (Metz 1996: 9; Ebenga/N'Landu 2005: 69; Reyntjens 2009: 108). Neben einer besseren Ausrüstung bekamen diese Spezialkräfte ihre Ausbildung in Israel, Ägypten und Nordkorea, während das Fallschirmjägerkorps von Frankreich und Israel ausgebildet und ausgerüstet wurde. Der Rest der 50.000 Soldaten umfassenden „Forces Armées Zairoise" (FAZ) blieb in desolatem Zustand und verkam zu einer „phantom army, with their officers and generals making their living from corruption and illegal practices" (Ebenga/N'Landu 2005: 69). Um die Loyalität der Kommandeure aufrechtzuerhalten, wurden die höchsten Offiziere regulär bezahlt. Die restlichen Soldaten blieben oft monatelang ohne Besoldung (ebd.: 73f; Reyntjens 2009: 108).

Der Neid auf andere paramilitärische Einheiten, gegenläufige macht- und wirtschaftspolitische Interessen sowie ethnische Differenzen zwischen der Militär- und Staatsführung, ließ vor allem in Westafrika Teile der Streitkräfte wiederholt durch Staatsstreiche in der Politik intervenieren. Im Zeitraum von 1955 bis 2004 ereigneten sich alleine in Westafrika 169 erfolgreiche oder gescheiterte militärische Interventionen aller Art (McGowan 2006: 235). Von den 49 zu betrachtenden Staaten haben gar 65 Prozent Erfahrungen mit mindestens einem Putsch und 44 Prozent mit mehreren Militärputschen gemacht (siehe Kapitel 7.4).

Obwohl sich viele afrikanische Streitkräfte somit gegenläufig zu den europäischen entwickelten, trat auch auf dem afrikanischen Kontinent eine gravierende Veränderung mit dem Ende des Kalten Krieges ein. Zum Einen wurde die Militärhilfe der Sowjetunion und der USA weitgehend eingestellt, zum Anderen koppelten die Staaten Westeuropas und Nordamerikas ihre weiteren Finanzhilfen an die

Einführung demokratischer Staatssysteme und an eine Regierungsführung der „Good Governance" (Howe 2001: 78; Luckham/Hutchful 2010: 30). Gleichzeitig beendeten 1993 der gescheiterte Peaceenforcement-Einsatz der USA und der VN in Somalia und 1994 das Desaster der VN und Frankreichs in Ruanda die große Interventionsbereitschaft der USA und ihrer westeuropäischen Partner in afrikanischen Konflikten.[19] Die neue Doktrin „African Solutions for African Problems", die besser ausgebildete und besser ausgerüstete afrikanische Streitkräfte verlangt und die sich vor allem in der 2002 gegründeten Afrikanischen Union (AU) und der zu etablierenden African Standby Force bzw. einer „African Capacity for Immediate Response to Crises" (ACIRC) wiederspiegelt, ist nur der sichtbarste Teil der aktuellen sicherheitspolitischen Reform afrikanischer Armeen (vgl. u. a. Franke 2006; Kinzel 2007; Cilliers 2008; Deresso 2010; Barthel 2011: 66-81; African Union 2013).

Zusammenfassend ergibt sich somit ein äußerst komplexes Entwicklungsbild afrikanischer Militärs, das von Land zu Land verschieden ist. Es ergibt sich jedoch die Frage, ob hinsichtlich der afrikanischen Wehrsysteme Gemeinsamkeiten und Zusammenhänge bestehen, um eine Aussage zu treffen, wieso und unter welchen Bedingungen ein afrikanisches Land im Jahr 2011 zur Wehrpflicht- oder zu einer Freiwilligenarmee tendiert. Neigen ärmere Länder eher zur Wehrpflicht, wie Werkner dies für Europa aufzeigt, oder spielt die Bereitschaft Soldaten in Auslandseinsätze zu schicken eine Rolle bei der Wahl des Wehrsystems? Bestand gar eine Korrelation zwischen den vormaligen Kolonialherren und den späteren Armeen und wirkte sich die militärische Präsenz der ehemaligen Kolonialherren über den Tag der Unabhängigkeit hinaus auf die Etablierung einer Wehrpflicht- oder Freiwilligenarmee aus? Diese Fragen sollen im Folgenden analysiert werden.

---

[19] Für die veränderte Rolle der USA und der VN siehe Bellamy u. a. 2004: 75-92; für die veränderte Rolle Frankreichs siehe Chafer 2002: 349ff; Utley 2002: 132f; Gregory 2000: 439ff.

5 Erklärte Variable: Freiwilligen- vs. Wehrpflichtarmeen

Um Karl Haltiners erste für Europa geltende These mit Afrika zu vergleichen, ob afrikanische Staaten seit 1990 ähnlich wie europäische ihr Wehrsystem in Freiwilligenarmeen umstrukturierten und ihre Streitkräfte verkleinerten, müssen die in Afrika zu Beginn des Jahres 2011 vorherrschenden Wehrsysteme und ihr möglicher Wandel seit 1990 dargestellt werden.

Als Unterscheidungsmerkmal von Wehrpflicht- und Freiwilligenarmeen und als metrische Variable für ihre multivariate Analyse, nutzen Haltiner/Werkner die Wehrpflichtrate der jeweiligen europäischen Streitkräfte. Die Wehrpflichtrate ergibt sich aus dem Anteil der Wehrpflichtigen am personellen Gesamtumfang einer Armee (Haltiner 1999: 22; Werkner 2003: 8). Haltiner/Werkner bezeichnen Armeen mit einem Wehrpflichtanteil von über 66 Prozent als „Hard-core"- Wehrpflichtstreitkräfte, Armeen mit einem Wehrpflichtanteil von 50 bis 66 Prozent als „Soft-core"- und Armeen mit einem Wehrpflichtanteil von unter 50 Prozent als Pseudo-Wehrpflichtstreitkräfte. Staaten mit aufgehobener oder ruhender Wehrpflicht gelten als Freiwilligenstreitkräfte (Haltiner 1999: 23f; Werkner 2003: 28).

Für den afrikanischen Kontinent kann dieser multivariate statistische Ansatz nicht übernommen werden. Zum Einen wissen afrikanische Militärs und Politiker oft selbst nicht, wie viele reguläre Soldaten in ihren Reihen stehen. Ein Beispiel bietet die kongolesische Armee. Bei den Friedensverhandlungen 2002 wurde davon ausgegangen, dass die „Forces Armées Congolais" (FAC) rund 120.000 Soldaten umfasste. Um verschiedene Rebellengruppen in die neue Armee integrieren zu können, wurde ein Budget für 240.000 Soldaten veranschlagt. Nach den erfolgreichen Verhandlungen und der beginnenden Rebellenintegration, gaben die kongolesischen Kommandeure jedoch an, insgesamt 340.000 Kombattanten bezahlen zu müssen (Prunier 2009: 306 u. 453, Anm. 118). Verschieden durchgeführte Erhebungen, u. a. von der europäischen EUSEC-Mission, ergaben allerdings, dass zwischen 30 und 55 Prozent der über 300.000 Soldaten fiktiv (AI 2006: 9) und die Anhebung der Sollstärke auf die individuelle Bereicherung korrupter Militärs zurückzuführen seien (Prunier 2009: 306). Dass sich das Problem dieser „ghost soldiers" nicht nur auf die DRK bezieht, zeigt ihr Nachbar Uganda. Laut einer unveröffentlichten Untersuchung des „High Command Committees" aus dem Jahr 2003, sollen in jeder Einheit „ghosts" vorhanden gewesen sein. Diese Karteileichen gingen auf das Jahr 1990 zurück, als mehrere tausend ruandische Tutsi, die zuvor in der ugandischen Armee dienten, desertierten. Korrupte Kommandeure hätten die Deserteure aber weiter auf der Soldliste gehalten und zwischen 1990 und 2003 für rund 24.000 „ghost soldiers" Lohn kassiert. Laut Komitee soll die Personalstärke am 8. Oktober 2003 daher nicht wie offiziell genannt 55.626, sondern durch den Abzug der „ghosts" nur rund 35.626 betragen haben (Nganda/Tumusiime 2005).

Eine weitere Ausnahme, bei der nur selten Daten über die Streitkräfte erhoben werden, sind kurzfristige Massenrekrutierungen im Kriegsfall. Als in Sierra Leone zwischen 1992 und 1996 die Armee von ca. 3.000 auf über 17.000 Soldaten aufgestockt wurde, notierte der ehemalige US-Botschafter Hirsch: „[N]o one knew how many soldiers there were, as many of them did not live in camps and there was no organized accounting or census system" (zitiert nach: Pham 2006: 93). Jegliche Aussagen über die Größe afrikanischer Armeen ist demnach kritisch zu hinterfragen.

Die meist nur geschätzte Größe der Gesamtstreitkräfte führt dazu, dass in den meisten Fällen auch keine Daten über den Anteil von Wehrpflichtigen vorhanden sind. Für das Jahr 1990/91 besitzt das IISS nur für Algerien, Ägypten, Angola, Guinea, Somalia, Apartheid-Südafrika, Tansania sowie Tunesien Angaben zu Wehrpflichtigen. Für Mosambik existiert nur ein geschätzter Anteil von 75 Prozent, weswegen hier nicht der prozentuale Wehrpflichtanteil, sondern der relative Anteil der Wehrpflichtigen am Gesamtpersonalbestand geschätzt werden muss. In den anderen 16 Staaten, die vom IISS in dieser Zeit als Wehrpflicht- bzw. selektive Wehrpflichtarmeen geführt werden, fehlen jegliche Informationen zur Wehrpflichtrate.

Aus Mangel an staatlicher Kontrolle in den peripheren Gebieten muss zudem angezweifelt werden, ob eine flächendeckende Durchsetzung der Wehrpflicht, vor allem in den Ländern Subsahara Afrikas, überhaupt möglich wäre. Laut Richard Muir besteht in vielen afrikanischen Staaten ein „lack of correspondence between the total (legal or *de jure*) territory of a sovereign state and the area which is effectively controlled by [the] government (*de facto* territory)" (zitiert nach: Lundin 2004: 22 [Hervorhebung im Original]). Ebenso Clapham, der davon spricht, dass

> „[i]f a map of Africa had to be drawn that indicated, not the colonial division indicated at the start of this contribution, but the level of control exercised by governments, much of the continent would again be designated as 'stateless'" (Clapham 2001: 16).

Die „Staatenlosigkeit" drückt sich vor allem darin aus, dass Rekruten häufig keine Ausweispapiere besitzen (Wessells 2002: 239). Dies geht vor allem auf die fehlende Geburtsregistrierung der Bevölkerung zurück. Im CSI Report von 2001 wird darauf verwiesen, dass in Angola nur fünf Prozent der Kinder über eine Geburtsurkunde verfügen (CSI 2001: 42). Auch in Äthiopien, Benin, Botswana, Guinea, Kenia, Lesotho, Madagaskar, Malawi, Mauretanien, Mosambik, Niger, Sambia, Somalia, Südafrika oder Tansania sei die Rekrutierung von unter 18 jährigen aufgrund fehlender Papiere nicht ausgeschlossen (vgl. CSI 2001; CSI 2004). Für eine wirkliche Durchsetzung der allgemeinen Wehrpflicht fehlt in vielen afrikanischen Staaten somit die bürokratische Grundlage. Oft gilt daher der Abschluss der weiterführenden Schule bzw. der Beginn eines Universitätsstudiums als Gradmesser für die Rekrutierung. Im Extremfall Eritrea geht dies soweit, dass seit 2003 alle zwölften Jahrgangsstufen des Landes im Militärausbildungslager „Sawa" zusammengelegt werden, um Wehrdienstverweigerungen vorzubeugen (Hughes 2004: 32f).

Aufgrund dieser strukturellen und logistischen Probleme sowie unterschiedlicher Angaben, wird bereits die Zuordnung mancher Länder zur Variablen einer allgemeinen bzw. selektiven Wehrpflicht- und einer Freiwilligenarmee erschwert. So besitzt Côte d'Ivoire laut IISS 2011 eine Freiwilligen-, nach Daten der CIA bzw. durch CSI eine selektive Wehrpflichtarmee. Ähnliches gilt für Tansania, dessen

Armee vom IISS als Wehrpflichtarmee, von der CIA und durch CSI als Freiwilligenarmee geführt wird.

Als Drittes kommt hinzu, dass aufgrund der geringen Armeegröße von meist nur wenigen tausend Soldaten, bei den meisten afrikanischen Streitkräften von keiner allgemeinen Wehrpflicht ausgegangen werden darf (vgl. Kapitel 6.1). Haltiners/Werkners Einteilung kann demnach weder Eins zu Eins auf Afrika übertragen und lediglich als Richtschnur verwendet werden, noch ist im afrikanischen Kontext der Terminus Wehrpflicht deckungsgleich mit dem europäischen Verständnis dieser Rekrutierungsform. Im Folgenden sollen daher keine Unterschiede zwischen allgemeiner und selektiver Wehrpflicht vorgenommen werden, auch wenn das IISS und die CIA diesen eurozentristischen Begriffen folgen. Zu differenzieren ist lediglich, ob in den letzten zwanzig Jahren Staatsbürger zur Ableistung eines Wehrdienstes eingezogen wurden, ob eine gesetzliche Wehrpflicht in diesem Zeitraum explizit revidiert wurde oder ob die Wehrpflicht nur de jure bzw. überhaupt nicht existiert.

Unter der ersten Kategorie „Verpflichtende Wehrdienstrekrutierung" sollen daher jene afrikanischen Armeen verstanden werden, die per Verfassung oder Gesetz eine verbindliche militärische Ausbildung für Teile ihrer Bevölkerung festgeschrieben und diese laut der vorhandenen Quellen im Zeitraum 1990/91 bis 2011 nachweislich umgesetzt haben, ohne dass eine gesetzliche Revidierung stattgefunden hat. Die Angaben des IISS, der CIA und von CSI werden dabei durch die Ergebnisse des ausgewerteten teilstandardisierten Fragebogens, NGO-Reporte, wissenschaftliche Aufsätze und lokale Zeitungsartikel verifiziert bzw. relativiert.

Zur Unterkategorie der Wehrpflichtarmeen, „Gesetzliche Scheinwehrpflichten", zählen Staaten, die die Wehrpflicht per Verfassung oder per Gesetz festgeschrieben haben, deren Rekrutierung seit den 1990er Jahren aber prinzipiell freiwillig sein soll. Im Gegensatz zu Haltiners/Werkners Kategorie „Pseudo-Wehrpflicht" handelt es sich bei dieser afrikanischen Einteilung um wirkliche Scheinwehrpflichtarmeen, die de facto aus Freiwilligen bestehen, obwohl de jure die Wehrpflicht existiert. Zur Unterscheidung wurde das deutsche Synonym „Schein" dem Begriff „Pseudo" vorgezogen.

Die dritte Kategorie, „Freiwilligenarmeen", bilden jene Staaten, die gesetzlich keine Wehrpflicht praktizieren, nachweislich schon immer nur Freiwillige rekrutieren oder seit den 1990er Jahren explizit eine gesetzliche Änderung ihres Wehrsystems zu einer Freiwilligenarmee vollzogen haben.

Der Sonderfall Somalia, der seit 1991 über keine staatlichen Streitkräfte mehr verfügt, wird aufgrund seiner Vergangenheit als Wehrpflichtstaat weiterhin aufgelistet. Jedoch wird die eigens hierfür angelegte Kategorie „Status unklar" nicht in der statistischen Berechnung berücksichtigt. Die Einteilung der restlichen Staaten in die jeweiligen Kategorien erfolgte aufgrund der Mehrheit der verfügbaren Informationen für eine der Rekrutierungsformen aus den vorhandenen Quellen.

Wie in Tabelle 1 angegeben bedeutet dies, dass aktuell 33 Staaten einen Paragraphen in ihrer Verfassung besitzen, der die Verteidigung der nationalen Souveränität und Integrität zur Pflicht eines jeden Staatsbürgers macht oder, der die Einführung eines obligatorischen Wehrdienstes fordert. Dass ein solcher juristischer Passus nicht zwangsläufig der vorherrschenden Rekrutierungsform entsprechen muss, zeigt das Beispiel der Bundesrepublik Deutschland. Obwohl hier seit 2011 die Wehrpflicht ausgesetzt worden ist, besteht der Artikel 12a des Grundgesetzes, der die mögliche Verpflichtung aller 18-jährigen deutschen Männer in die Armee legitimiert, auch nach der Reform des Wehrsystems unverändert fort (Grundgesetz für die Bundesrepublik Deutschland 2012). In jedem Falle sind daher neben der juristischen Grundlage weitere Informationen zur genaueren Kategorisierung erforderlich.

Tabelle 1: Wehrpflicht- und Freiwilligenarmeen in Afrika bis zum Beginn des Jahres 2011

	Land	The Military Balance 2011	CIA World Factbook (Stand 29.01.2012)	CSI. Global Report 2008 (min. Rekrutierungsalter)	Jahr der gesetzlichen Einführung/ Reform	Verfassung
			Verpflichtende Wehrdienstrekrutierung			
1	Ägypten	12 Monate - 3 Jahre	verbindliche Wehrpflicht für Männer, 12-36 Monate (2008)	18	seit 1955	Artikel 58
2	Algerien	18 Monate	verbindliche Wehrpflicht, 18 Monate (2006)	19	seit 1969	Artikel 61
3	Angola		verbindliche Wehrpflicht, 2 Jahre	20	1982?-1991; 1997-2002; seit 2002	Artikel 152
4	Benin	selektive Wehrpflicht, 18 Monate	Freiwilliger/ verpflichtender Wehrdienst; Wehrdienst als "tour of duty", 18 Monate (2011)	18 (neues Gesetz 2007, Bürger von 18-35, die Berufe von nationalem Interesse wählen)	1960?-?; seit 2007	Artikel 32
5	Côte d'Ivoire		Freiwilliger/ verpflichtender Wehrdienst für Männer/Frauen (2011)	18	seit 1961 sechs Monate für Männer über 21; 1995 ab 18 Jahre	Artikel 10
6	Eritrea	16 Monate	Freiwilliger/ verpflichtender Wehrdienst für Männer/Frauen; 16 Monate verbindliche Wehrpflicht (2006)	18	November 1991 Gesetz; erste Ausbildung Juli 1994	Artikel 25
7	Guinea	Wehrpflicht, 2 Jahre	freiwilliger Wehrdienst und Wehrpflicht, 18 Monate für 18-25 Jährige (2009)	18 (derzeit nicht umgesetzt)	seit 1958?; 25. Juni 1990 (Order No. 072/PRG/S GG/90)	Artikel 20
8	Kap Verde	selektive Wehrpflicht	selektive Wehrpflicht; 14 Monate (2006)	18	seit 1975?	Artikel 271
9	Libyen	selektive Wehrpflicht, 1-2 Jahre		17	seit 1978	keine Verfassung

	Land	The Military Balance 2011	CIA World Factbook (Stand 29.01.2012)	CSI. Global Report 2008 (min. Rekrutierungsalter)	Jahr der gesetzlichen Einführung/ Reform	Verfassung
10	Mosambik	Wehrpflicht, 2 Jahre	selektive Wehrpflicht; 2 Jahre verbindlich (2010)	19	seit 23. Mai 1978 (Law No. 4/78), Aussetzung 1992-1997	Artikel 267
11	Niger	selektive Wehrpflicht, 1-2 Jahre	freiwilliger/ verpflichtender Wehrdienst, 2 Jahre (2009)	keine gesetzlichen Angaben, derzeit nicht durchgesetzt	seit 16. März 1962	Artikel 28
12	Sudan	Wehrpflicht für Männer zwischen 18-30, 2 Jahre	Freiwilliger/ verpflichtender Wehrdienst für Männer/Frauen; 1-2 Jahre verbindlich (2011)	18	1972; neues Gesetz 1992 (durchgesetzt 1995)	Artikel 35
13	Tunesien	selektive Wehrpflicht, 12 Monate	Wehrpflicht, 1 Jahr (2011)	20	seit 1956, ab 1978 auch für Frauen verpflichtend	Artikel 15
	Gesetzliche Scheinwehrpflicht					
14	Äquatoriguinea		selektive Wehrpflicht, 2 Jahre (2011)	Nicht eingeführt (obwohl Verfassung Wehrpflicht festschreibt, wurde kein Gesetz erlassen.)		Artikel 16
15	Guinea-Bissau	selektive Wehrpflicht	selektive Wehrpflicht (2010)	18 (1983; Wehrpflicht für 18-25-jährige, seit der zweiten Hälfte der 1980er Jahren scheinbar nicht mehr umgesetzt)	1983-?	Artikel 19
16	Madagaskar	Wehrpflicht, 18 Monate	freiwilliger Wehrdienst für Männer, keine Wehrpflicht (2010)	keine Wehrpflicht	seit 6. März 1978 (Order No. 78-003)	Artikel 18
17	Mali		freiwilliger und verpflichtender Wehrdienst, 2 Jahre (2011)	18 (selektiv, de facto freiwillig)		Artikel 22

	Land	The Military Balance 2011	CIA World Factbook (Stand 29.01.2012)	CSI. Global Report 2003 (min. Rekrutierungsalter)	Jahr der gesetzlichen Einführung/ Reform	Verfassung
18	Mauretanien	Wehrpflicht amtlich zugelassen, 24 Monate	verbindliche Wehrpflicht für alle Männer, 2 Jahre (2011)	18 (unklar, ob jemals oder noch angewendet)	seit 29. Juni 1962 (Law No. 132/62)	Artikel 18
19	Senegal	selektive Wehrpflicht, 2 Jahre	freiwilliger Wehrdienst und selektive Wehrpflicht, 2 Jahre (2011)	20		
20	Tschad	Wehrpflicht amtlich zugelassen	verbindliche Wehrpflicht, 3 Jahre; Frauen 1 Jahr Militärdienst/Zivildienst (2004)	20	14. März 1989 (Act No. 51-1989)/ 1992 Ordinance No. 006/PR/92;	Artikel 51
21	Togo	selektive Wehrpflicht, 2 Jahre	selektive Wehrpflicht; 2 Jahre (2011)	18		Artikel 43
22	ZAR[a]	selektive Wehrpflicht 2 Jahre	selektive Wehrpflicht, 2 Jahre (2011)	18 (derzeit nicht durchgesetzt)		Artikel 16
Freiwilligenarmee						
23	Äthiopien		freiwilliger Wehrdienst, keine Wehrpflicht (bei Bedarf Wehrpflicht) (2011)	Wehrdienst nicht verpflichtend	1983-1991 (bei Bedarf Reaktivierung)	Artikel 18
24	Botswana		freiwilliger Wehrdienst (2001)	keine Wehrpflicht		
25	Burkina Faso		freiwilliger Wehrdienst (2011)	keine Wehrpflicht		Artikel 10
26	Burundi		freiwilliger Wehrdienst (2007)	keine Wehrpflicht	1996-2002 Militärdienst für Schulabsolventen vor Universität	
27	Djibouti		freiwilliger Wehrdienst, keine Wehrpflicht (2008)	keine Wehrpflicht		Artikel 17
28	Gabun		freiwilliger Wehrdienst, keine Wehrpflicht (2009)	keine Wehrpflicht		Artikel 1: 21
29	Gambia		freiwilliger Wehrdienst für Männer/Frauen, keine Wehrpflicht (2010)	keine Wehrpflicht		
30	Ghana		freiwilliger Wehrdienst, keine Wehrpflicht (2011)	keine Wehrpflicht		Artikel 41 (h)
31	Kamerun		freiwilliger Wehrdienst für Männer/Frauen, keine Wehrpflicht (2011)	keine Wehrpflicht		Präambel

	Land	The Military Balance 2011	CIA World Factbook (Stand 29.01.2012)	CSI. Global Report 2008 (min. Rekrutierungsalter)	Jahr der gesetzlichen Einführung/ Reform	Verfassung
32	Kenia		freiwilliger Wehrdienst, keine Wehrpflicht (2011)	keine Wehrpflicht		
33	DRK[b]		freiwilliger Wehrdienst (2009)	keine Wehrpflicht		Artikel 63
34	Lesotho		freiwilliger Wehrdienst, keine Wehrpflicht (2009)	keine Wehrpflicht		
35	Liberia		freiwilliger Wehrdienst, keine Wehrpflicht (2010)	keine Wehrpflicht	Zwangsrekrutierung Bürgerkrieg	
36	Malawi		freiwilliger Wehrdienst (2007)	keine Wehrpflicht		
37	Marokko[c]	Wehrpflicht amtlich zugelassen, 18 Monate (überwiegend Freiwillige)	freiwilliger Wehrdienst, keine Wehrpflicht (2011)	Wehrpflicht abgeschafft 2006	1966- 2006	Artikel 16
38	Namibia		freiwilliger Wehrdienst, keine Wehrpflicht (2010)	keine Wehrpflicht		
39	Nigeria		freiwilliger Wehrdienst (2007)	keine Wehrpflicht		
40	Republik Kongo		freiwilliger Wehrdienst (2011)	keine Wehrpflicht		Artikel 59?
41	Ruanda		freiwilliger Wehrdienst, keine Wehrpflicht (2011)	keine Wehrpflicht		Artikel 47
42	Sambia		freiwilliger Wehrdienst für Männer/Frauen, keine Wehrpflicht (2011)	keine Wehrpflicht		Artikel 22
43	Seychellen		freiwilliger Wehrdienst, keine Wehrpflicht (2010)	keine Wehrpflicht	1981-1993 National Youth Service	
44	Sierra Leone		freiwilliger Wehrdienst für Männer/Frauen, keine Wehrpflicht (2009)	keine Wehrpflicht	Zwangsrekrutierung Bürgerkrieg	
45	Simbabwe		Wehrpflicht (2010)/ keine Wehrpflicht (2012)	18 oder 16	seit 2003 National Youth Service für alle Schulabgänger	
46	Südafrika		freiwilliger Wehrdienst (2007)	keine Wehrpflicht	1957-1994, selektiv nur für Weiße	

	Land	The Military Balance 2011	CIA World Factbook (Stand 29.01.2012)	CSI. Global Report 2008 (min. Rekrutierungsalter)	Jahr der gesetzlichen Einführung/ Reform	Verfassung
47	Tansania	Wehrpflicht	freiwilliger Wehrdienst (2007)	keine Wehrpflicht	National Service von 1972-1994 verpflichtend für Absolventen der Sekundärschule; Wiedereinführung 2013	Artikel 28
48	Uganda		freiwilliger Wehrdienst als Berufspflicht, keine Wehrpflicht (2010)	keine Wehrpflicht		Artikel 17
	Status unklar					
49	Somalia		Transitional Federal Government seit 2005 mit Kinderrekrutierung (2010)	keine Informationen	seit 1964; seit 1991 ohne Armee	

Quelle: Eigene Darstellung

[a] ZAR = Zentralafrikanische Republik; [b] DRK = Demokratische Republik Kongo; [c] Bei den Berechnungen ist Marokko wegen der langandauernden Wehrpflichttradition wie eine Wehrpflichtarmee zu behandeln.

Definitiv angewendet und seit 1990/91 nicht gesetzlich abgeschafft, wurde ein verpflichtender Wehrdienst in dreizehn Ländern. In neun Staaten besteht die Wehrpflicht per Gesetz oder per Verfassung, jedoch weisen keine Quellen darauf hin, dass bei diesen gesetzlichen Scheinwehrpflichten derzeit Wehrpflichtige eingezogen würden. Mindestens dreizehn weitere Staaten verpflichten ihre Bürger per Verfassung, an der Verteidigung des Vaterlandes mitzuwirken, wenn dies erfordert wird. Keines dieser Länder (mit Ausnahme von Äthiopien, Marokko und Tansania) soll hiervon jedoch in den letzten 20 Jahren Gebrauch gemacht haben oder überhaupt über ein spezifisches Wehrdienstgesetz verfügen.

Anders verhält es sich dagegen in Benin. Hier wurde erst 2007 ein neues Wehrpflichtgesetz verabschiedet und mindestens drei Kohorten von wenigen hundert Wehrpflichtigen eingezogen (FN 2012; Kèkè 2011). Zuvor basierte der Wehrdienst auf einer gesetzlichen Grundlage von 1963 bzw. 1975, nach der jährlich zwischen 800 und 1.000 Wehrpflichtige zum 18 monatigen Dienst eingezogen wurden (CSI 2001: 73).

Eine definitive gesetzliche Revidierung eines verpflichtenden Wehrdienstes wurde nur in Äthiopien, Burundi, Marokko, den Seychellen, Südafrika und Tansania vorgenommen, auch wenn die äthiopische Verfassung weiterhin Formulierungen enthält, die die Umsetzung einer Wehrpflicht in besonderen Situationen weiterhin offen lässt.[20]

Da der Untersuchungszeitraum 2011 endet, ist es gerechtfertigt Tansania als Land mit ausgesetztem verbindlichem Wehrdienst zu führen. 1963 war in Tansania eine Art Wehrpflichtsystem eingeführt worden, das als „National Service" einen sechsmonatigen Militärdienst und einen 18 monatigen öffentliche Dienst für alle Universitäts- und Schulabgänger vorsah (Biene 1965; United Nations Commission on Human Rights 1997; Tungaraza 1998: 300). Anfang der 1970er Jahre wurde der zunächst freiwillige zweijährige Dienst für alle Absolventen der weiterführenden Schulen verbindlich und umfasste auf seinem Höhepunkt jährlich 6.000 bis 10.000 Rekruten. Hauptaufgaben der Wehrdienstleistenden war zwar die Produktion von Lebensmitteln oder Uniformen für die regulären Streitkräfte, da der Dienst aber seit 1974 direkt der Armee unterstellt war und alle Angehörigen eine paramilitärische Ausbildung durchliefen, kann dieser Dienst de facto als Reservearmee angesehen werden (Lupogo 2001: 81; Omari 2002: 98). Die Ableistung des „Jeshi la Kujenga Taifa" (National Service) sollte laut Präsident Julius Nyerere zudem zur Grundvoraussetzung für die Bewerbung als Berufssoldat werden (Luanda 2005: 301). Während Tansania laut Angaben des IISS mit rund 20.000 Wehrpflichtigen 1990/91 sogar als „Pseudo-Wehrpflicht"-Staat geführt werden kann, wurde der parallel zur Armee existierende Dienst aufgrund fehlender Finanzmittel zwischen 1994 und 2011 eingestellt. Seit 2010 diskutierten jedoch tansanische

---

[20] „4. [...] the phrase "forced or compulsory labour" shall not include: [...] b. In the case of conscientious objectors, any service exacted in lieu of compulsory military service; [...]" Constitution of the Federal Democratic Republic of Ethiopia 1994: Artikel 18 [Hervorhebung im Original]).

Politiker und Militärs über die Wiedereinführung (Balile 2012). Erstmals sollten im März 2013 wieder 5.000 Jugendliche zu diesem sechsmonatigen Dienst verpflichtet werden (Tanzania Daily News 2013). Da die Wiedereinführung somit außerhalb des zu betrachtenden Zeitraums liegt, wird Tansania in der statistischen Berechnung als Land mit Freiwilligenarmee geführt, das einen verpflichtenden Wehrdienst ausgesetzt hat.

Ebenfalls aus der Kategorie der Wehrpflichtarmeen gefallen ist Somalia. Dort wurde 1964 nach einem Grenzkrieg mit Äthiopien eine zweijähriges „national service programme" für alle Absolventen der weitergehenden Schule eingeführt, wobei ein Großteil der Ausbildung militärisch gewesen sein soll (Adam 1998: 366). Wenn auch unregelmäßig, wurde eine gesetzlich festgeschrieben Wehrpflicht seit Januar 1984 durchgesetzt (AI 1991: 19), da seit Anfang der 1980er Jahre bewaffnete Oppositionsbewegungen gegen das Regime Siad Barres kämpften (siehe u. a. Adam 1995; Krech 1996; Adam 1998; Compagnon 1998). Da Somalia mit dem Sturz des Präsidenten Siad Barre im Jahr 1991 de facto aufhörte als Staat zu existieren und lange Zeit über keine international anerkannte Regierung verfügte,[21] kann seitdem nicht mehr von einer staatlichen Armee gesprochen werden. Somalia muss daher in die Kategorie „Status unklar" aufgenommen werden und darf nicht in die statistische Berechnung einfließen. Zwar sind seit April 2010 rund 3.000 neue somalische Soldaten von europäischen und US-amerikanischen Instrukteuren ausgebildet worden (European Union 2013: 1), sodass Somalia wohl in naher Zukunft wieder über eine anerkannte Armee verfügen wird. Jegliche Aussagen über das Wehrsystem der geplanten 28.000 Soldaten starken Armee sind aber spekulativ (Abbas 2013), auch wenn die neue Armee wohl eher auf Freiwillige zurückgreifen wird.

Eine Wehrpflichtarmee die überhaupt keine Berücksichtigung finden soll, sind die ehemaligen Streitkräfte Rhodesiens. Zwar existierte hier seit den 1960er Jahren eine selektive Wehrpflicht für Weiße, „Indians" und „Coloureds" (White 2004: 105), jedoch hatte sich Rhodesien 1965 nur einseitig von Großbritannien gelöst (ebd.:

---

[21] Rotberg kategorisiert Somalia in seiner ausführlichen Analyse über gescheiterte Staaten als "collapsed state" (Rotberg 2004: 10f).

103). Weil der in Simbabwe umbenannte Staat erst 1980 offiziell in die Unabhängigkeit entlassen wurde (Martin/O'Meara 1995: xviiff Table 1), soll in dieser Untersuchung lediglich die Freiwilligenarmee Simbabwes gezählt werden.

Im Gegensatz zu diesen Sonderfällen, handelt es sich bei denjenigen Wehrpflichtarmeen, über die das IISS Angaben zum Anteil der Wehrpflichtigen besitzt, zum Großteil um „Soft-core"-Wehrpflichtarmeen mit einer Wehrpflichtrate von 50 bis 66 Prozent. Im Falle Tunesiens soll es gar zu einer Verschiebung von „Hard-core"- zu „Soft-core"- und in Libyen von „Soft-core"- zu Pseudo-Wehrpflichtarmeen gekommen sein. „Hard-core"-Wehrpflichtarmeen sollen dagegen mit der möglichen Ausnahme Ägyptens 2011 gar nicht existieren. Alle Angaben sind jedoch mit Vorsicht zu behandeln und lediglich geschätzt.

Prinzipiell hätte 1990 aber auch Äthiopien in die Kategorie „Hard-core" Wehrpflichtarmee fallen müssen, da alleine zwischen Januar und Juni 1990 über 100.000 Wehrpflichtige eingezogen worden sein sollen. Da nie offizielle Zahlen veröffentlicht wurden, handelt es sich auch hier nur um eine vage Schätzung, die keine Berechnung erlaubt (Africa Watch 1991: 290f). Dass dagegen zwischen 1990 und 2010 einige Länder aus der Auflistung verschwinden, bedeutet nicht zwangsläufig, dass die Wehrpflicht in den dortigen Staaten ausgesetzt oder gesetzlich abgeschafft worden ist.

Angola, das 1990 nach der Definition von Haltiner/Werkner als „Pseudo-Wehrpflicht" bezeichnet werden kann, ist weder 1999 noch 2010 gelistet. Zwar wurde 1991 die Wehrpflicht tatsächlich im Zuge des Friedensprozesses zwischen der regierenden „Movimento Popular de Libertação de Angola" (MPLA) und der Rebellengruppe „União Nacional para a Independência Total de Angola" (UNITA) ausgesetzt (HRW 1999), jedoch blieb die Wehrpflicht auch in der neuen Verfassung von 1991 verankert.[22] Als der Friedensvertrag 1992 von der UNITA-Führung aufgekündigt wurde und die Rebellen Ende der 1990er Jahre zur Großoffensive

---

[22] „1. The defense of the country shall be the right and the highest indeclinable duty of every citizen. 2. Military service shall be compulsory" (The Constitution of Angola 1991: Artikel 152).

ansetzten, stimmte das angolanische Parlament im November 1998 für die erneute Durchsetzung der Wehrpflicht. Ab Januar 1999 wurden alle zwischen dem 1. Januar 1979 und dem 31. Dezember 1981 geborenen männlichen Angolaner aufgerufen, sich für den Wehrdienst zu registrieren (HRW 1999).

Tabelle 2: Wehrpflichtraten afrikanischer Streitkräfte

Wehrpflichtrate 1990

Land	Wehrpflichtige	Streitkräfte gesamt	Wehrpflichtrate	Definition Haltiner/Werkner
Algerien	70.000	125.500	56%	"Soft-core"-Wehrpflicht
Ägypten	ca. 252.000	450.000	56%	-"-
Angola	24.000	ca.100.000	24%	Pseudo-Wehrpflicht
Guinea	ca. 7.500	9.700	77%	"Hard-core"-Wehrpflicht
Mosambik	ca. 54.000	ca. 72.000	ca. 75%	-"-
Somalia	ca. 30.000	64.500	46,5%	"Soft-core"-Wehrpflicht
Apartheidsüdafrika	50.000 Weiße	77.400	65%	-"-
Tansania	ca. 20.000	46.800	43%	Pseudo-Wehrpflicht
Tunesien	26.400	38.000	69%	"Hard-core"-Wehrpflicht

Quelle: Eigene Darstellung und Berechnung nach Angaben des Military Balance 1990-1991, S. 97-147 (gerundet).

Wehrpflichtrate 2000

Land	Wehrpflichtige	Streitkräfte gesamt	Wehrpflichtrate	Definition Haltiner/Werkner
Algerien	ca. 75.000	ca. 124.000	60%	"Soft-core"-Wehrpflicht
Ägypten	ca. 322.000	448.500	72%	"Hard-core"-Wehrpflicht
Eritrea	ca. 150.000-200.000	ca. 200.000-250.000	75%	-"-
Guinea	ca. 7.500	9.700	77%	-"-
Libyen	ca. 40.000	76.000	53%	"Soft-core"-Wehrpflicht
Marokko	ca. 100.000	198.500	50%	-"-
Sudan	20.000	104.500	19%	Pseudo-Wehrpflicht
Tunesien	ca. 23.400	ca. 35.000	67%	"Hard-core"-Wehrpflicht

Quelle: Eigene Darstellung und Berechnung nach Angaben des Military Balance 2000-2001, S. 127-157; S. 260-287 (gerundet).

Wehrpflichtrate 2011

Land	Wehrpflichtige	Streitkräfte gesamt	Wehrpflichtrate	Definition Haltiner/Werkner
Algerien	ca. 80.000	147.000	54%	"Soft-core"-Wehrpflicht
Ägypten	290.000-320.000	468.500	62%-68%	"Soft-" "Hard-core"-Wehrpflicht
Libyen	ca. 25.000	76.000	33%	Pseudo-Wehrpflicht
Marokko	100.000	198.500	51%	"Soft-core"-Wehrpflicht
Sudan	20.000	109.300	18%	Pseudo-Wehrpflicht
Tunesien	22.000	35.800	61%	"Soft-core"-Wehrpflicht

Quelle: Eigene Darstellung und Berechnung nach Angaben des Military Balance 2011, S. 293-342; S. 395-450 (gerundet).

Als verschiedene Medien die Wiedereinführung der Wehrpflicht kritisierten, wurden kurzzeitig über 20 Journalisten aufgrund von Verbrechen gegen die Sicherheit des Staates festgenommen (Hodges 2001: 86f). Letzteres verhinderte nicht, dass die Rekrutierungskampagne laut Regierungsangaben wenig erfolgreich verlief.

Obwohl 28.000 Rekruten angestrebt wurden (HRW 1999: Fußnote 162), registrierten sich bis Mai 1999 nur rund 20 Prozent der Wehrpflichtigen. Wie viele Wehrpflichtige eingezogen worden sind, ist nicht bekannt. Jedoch habe die Regierung laut HRW aufgrund der geringen Resonanz Jugendliche und Arbeitslose zwangsrekrutiert. Dabei hätten Polizeischwadronen potentielle Wehrpflichtige direkt aus ihren Schulen, von Marktplätzen und anderen öffentlichen Orten aufgegriffen (HRW 1999; Hodges 2001: 75). Da über derlei Maßnahmen keine statistischen Daten erhoben werden, ist es unmöglich, die Wehrpflichtrate für diesen Zeitraum zu messen, weshalb dem IISS keine weiteren Informationen über Angola vorliegen.

Die Anwendung der Zwangsrekrutierung ist darüber hinaus keineswegs auf Angola beschränkt. In Liberia und Sierra Leone, die mit dem Ende des Kalten Krieges in langandauernden Bürgerkriegen versanken,[23] erschwert diese Rekrutierungsmethode die klare Kategorisierung als „Freiwilligenarmee". Einerseits bestand zwar de facto während der Konflikte keine Wehrpflicht, auch wenn im liberiani-

---

[23] Für Liberia siehe u. a. Dunn 1999; Ellis 1999; Adebajo 2002: 43-78; für Sierra Leone siehe u. a. Richards 1996; Adebajo 2002: 79-110; Abdullah 2004; Gberie: 2005a; Keen 2005; Pham 2006.

schen „National Defence Law" von 1956 de jure ein allgemeiner Wehrdienst für alle fähigen männlichen Bürger von 16 bis 40 Jahre definiert wurde (Jaye 2008: 56-60). Allein aber die Tatsache, dass die liberianischen Rebellen unter Charles Taylor in nur sechs Monaten fast 90 Prozent des Landes besetzten (Pham 2006: 81), hätte eine staatlich durchgesetzte Wehrpflicht unmöglich gemacht. Andererseits zwangsrekrutierten sowohl Rebellen als auch Regierungstruppen vor allem Kinder (vgl. HRW 2004). Zwischen 1989 und 1997 sollen in Liberia 6.000 bis 15.000 Kinder in den verschiedensten Funktionen am Konflikt teilgenommen haben (ebd.: 8). Gleiches gilt für Sierra Leone, wo 1998 rund 25 Prozent aller Kämpfer Kinder unter 18 Jahren waren (Abdullah/Rashid 2004: 242). Zwar ist die Rekrutierung von Kindern keinesfalls ein afrikanisches Phänomen, da auch viele europäische Armeen den freiwilligen Eintritt in die Streitkräfte ab 17 Jahren erlauben (vgl. CSI 2008). Der teilweise „freiwillige" Eintritt von Minderjährigen in eine afrikanische Bürgerkriegspartei ist jedoch vielfach zu hinterfragen. In Liberia schlossen sich einige Minderjährige „freiwillig" einer der Konfliktparteien an, da ihre Schulen zerstört oder geschlossen wurden und sie keine pädagogische und finanzielle Alternative zum Krieg sahen. Andere versuchten durch die Kriegsteilnahme bei den Rebellen oder der Armee ihre Familienangehörigen und sich selber zu schützen oder die Ermordung von Familienmitgliedern zu rächen (HRW 2004: 12-17; Gberie 2005a: 77; Podder 2011). In wie weit hier von Freiwilligkeit gesprochen werden kann, ist mehr als fraglich. Hinzu kommt, dass die liberianischen Regierungstruppen unter Charles Taylor nach 1997 Kinder teilweise direkt aus Schulen oder auf offener Straße entführten (vgl. HRW 2004: 14-17). Für Richards gilt daher, dass „'abduction' may seem little different to […] other forms of conscription" (Richards 2002: 255).

Da in beiden Fällen aber keine rechtlich geregelte, systematische Rekrutierung von Wehrpflichtigen, sondern die Zwangsrekrutierung außerhalb des Gesetzes erfolgte, wird in keinem der Fälle von einer ehemaligen Wehrpflichtarmee gesprochen. Da sowohl Sierra Leone als auch Liberia seit dem Ende der Bürgerkriege neue nationale Armeen aufbauten und diese seit zehn Jahren ausschließlich aus Freiwilligen bestehen,[24] werden beide Länder in dieser Arbeit als Freiwilligenarmeen geführt.

Im Gegensatz zu Sierra Leone und Liberia besitzen neun weitere Länder eine gesetzliche Grundlage für die Wehrpflicht, ohne hiervon sichtbaren Gebrauch zu machen. Einer dieser Staaten ist Mauretanien, das laut CSI seit 1962 ein Gesetz besitzten soll (CSI 2008: 229), welches die aus Artikel 18 der Verfassung abzuleitende Wehrpflicht reglementiert (Constitution de la République Islamique de Mauritanie 2006). Jedoch ist unklar, ob dieses Gesetz jemals durchgesetzt wurde. Aufgrund verschiedener Militärputsche in den letzten 30 Jahren sowie Hinweisen, dass die Armee zwischen 1989 und 1991 in ihren Reihen ethnische Säuberungen gegenüber schwarzen, afrikanischen Mauretaniern durchgeführt haben soll (vgl. HRW/Africa 1994), scheint die Durchsetzung eines verpflichtenden Wehrdienstes eher fragwürdig. Ähnliches gilt auch für Madagaskar, dessen Verfassung den Militärdienst als „devoir d'honneur" andeutet (La Constitution de la République de Madagascar 2007: Article 18). Die seit 2001 instabile politische Lage, mit mehreren Putschversuchen und einem Beinahe-Bürgerkrieg, führte jedoch zur Spaltung der verschiedenen Armeeeinheiten. Zudem gelten die militärischen Kommandeure als eher an der Wahrung ihrer Privilegien interessiert, denn an der Aufrechterhaltung der politischen Ordnung (vgl. Cornwell 2003; Hauge 2011; Jütersonke/Kartas 2011). Die Kategorisierung als Scheinwehrpflicht ist daher für beide Fälle am sinnvollsten.

Durch die Beantwortung des für diese Arbeit entworfenen Fragebogens soll auch der Senegal in diese Kategorie fallen, obwohl das IISS angibt, dass ein undefinierter Großteil des Heeres aus Wehrpflichtigen bestehen soll. Laut Angaben der Militärabteilung der senegalesischen Botschaft in Berlin würden trotz bestehender gesetzlicher Wehrpflicht aber nur Freiwillige eingezogen, weshalb auch hier die Kategorisierung als Gesetzliche Scheinwehrpflicht gewählt wurde.[25]

---

[24] Für Sierra Leone u. a. Ero: 2000; Ebo 2006; Gbla 2006; für Liberia u. a. Malan 2008; ICG 2009a.

[25] Antwortschreiben der senegalesischen Militärabteilung in der Botschaft in Berlin, vom 2. April 2013.

Unterschiedliche Angaben lagen auch für Marokko vor, da das IISS Marokko als Wehrpflicht, die CIA und das CSI Marokko als Freiwilligensystem führten. Aus verschiedenen Nachrichtenartikeln geht jedoch hervor, dass der marokkanische König und das marokkanische Parlament Ende 2006 die seit 1966 (Décret royal n° 137-66 1966) bestehende Wehrpflicht abgeschafft haben, um möglichen Terroristen keine kostenlose Militärausbildung zu bieten (Guitta 2006; IOL News 2006; Panapress 2006b; Reuters 2006; Black 2007). Bei einer Dienstzeit von 18 Monaten kann Marokko aber frühestens seit Mitte 2008 ohne Wehrpflichtige ausgekommen sein, weswegen dieses Land bei der statistischen Berechnung in den meisten Fällen sowohl als Freiwilligen- als auch als Wehrpflichtstaat geführt werden muss. Allerdings zeigt dieser Fall, dass in afrikanischen Staaten im Gegensatz zu Europa primär innenpolitische Probleme zur Reform des Wehrsystems führen können.

So geschehen in Südafrika. Bis 1993 existierte im Apartheidregime eine Wehrpflicht für alle weißen Männer. Da die weiße Bevölkerung lediglich 15 Prozent der Bevölkerung ausmachte, bestand ein politisches Interesse, diese Minderheit zu „militarisieren", um die Vorherrschaft der weißen Regierungspartei gegenüber der schwarzen Mehrheit zu verteidigen (Howe 2001: 52). Ende der 1980er Jahre wurde die Wehrpflicht jedoch zur Belastung für die lokale Wirtschaft, da jährlich etwa 4.500 weiße Universitätsabsolventen das Land verließen, um dem Militärdienst zu entgehen. Die südafrikanischen Unternehmen forderten daher zunehmend die Aufhebung der Wehrpflicht und eine kleinere, profitablere Armee, um auf die gut ausgebildeten weißen Arbeitskräfte zurückgreifen zu können (Campbell 1998: 568ff, siehe auch Jaster 1985: 141). Seit 1983 formierten sich zudem weiße Jugendliche in der „End Conscription Campaign". Ihre Mitglieder wollten nicht länger dem Zwang der zweijährigen Wehrpflicht unterliegen und der aus ihrer Sicht ungerechtfertigten Apartheidpolitik dienen (vgl. Seegers 1996: 177; Ancer 2008; Nathan 2009). Hunderte weiße Jugendliche verweigerten daher in der zweiten Hälfte der 1980er Jahre ihren Dienstantritt und wurden zu mehrjährigen Freiheitsstrafen verurteilt (Ancer 2008; Unbekannter Autor 2009). Letztendlich trat die Abschaffung der Wehrpflicht mit dem Ende des Apartheidregimes im Zuge der neuen Verfassung 1994 in Kraft. Offiziell wurden für diese Entscheidung ökonomische und sozialpolitische Gründe angegeben (vgl. Departement on Defence 1996: Chapter 6, Randnr. 8). Aus dem „Defence Review" von 1998 lässt sich jedoch ableiten, dass vor allem soziale Gründe, die negative Erinnerung und die ablehnende Einstellung vieler Wehrpflichtiger sowie eines Großteils der Bevölkerung gegenüber dem einstigen selektiven Wehrpflichtsystem, zum Ende der Wehrpflicht führten (Department of Defence 1998: Chapter XI, Randnr. 100).

Die negativen Erfahrungen und eine ablehnende gesellschaftliche Einstellung gegenüber der Wehrpflicht, scheinen auch in Äthiopien zum Wandel des Wehrsystems geführt zu haben. Nachdem sich die Militärjunta „Derg" 1974 an die Macht geputscht hatte (Zewde 1998: 269ff; Zewde 2009: 23) und Äthiopien 1977/78 von Somalia angegriffen worden war, initiierte das Regime Massenrekrutierungen, um die Armee um 201 Prozent auf über 131.000 Soldaten bzw. 1978/79 auf über 206.000 anwachsen zu lassen (Weldemichael 2009: 1237). Als die Anzahl der Soldaten in Folge des Unabhängigkeitskampfes der „Eritrean People's Liberation Front" (EPLF) nicht mehr ausreichte, wurde ab 1983 eine gesetzliche universelle Wehrpflicht für äthiopische Bürger festgesetzt (Markakis 1988: 66) und die Armee auf geschätzte 455.000 Soldaten aufgestockt (vgl. Colletta u. a. 1996: 27). Viele Soldaten wurden dabei bereits in jungen Jahren aus armen Familien und ohne weitere Berufserfahrung rekrutiert (ebd.: 53), was noch heute im kollektiven Gedächtnis vieler Familien allgegenwärtig ist (vgl. Tronvoll 2009: 115-118). Die unpopuläre Wehrpflicht wird somit als ein Grund für das Ende der Militärherrschaft gesehen (Tareke 2004: 276). Trotz der offiziellen Abschaffung der Wehrpflicht, wurde im äthiopisch-eritreischen Krieg von 1998 bis 2000 von der Zwangsrekrutierung tausender Schulkinder berichtet (CSI 2001: 169ff). Während offiziell vor allem von der Rekrutierung von Freiwilligen gesprochen wurde (vgl. Tronvoll 2009: 107-111), sollen die eingezogenen Schulkinder Berichten zur Folge nicht aktiv an Kampfhandlungen teilgenommen, sondern als Träger die aktiven Soldaten unterstützt haben (ebd: 115f). Im Falle Äthiopiens soll daher weiter von einer Freiwilligenarmee gesprochen werden.

Im Gegensatz zu Südafrika und Äthiopien besaß Burundi nur eine sehr kurze Periode der Wehrpflicht. Aufgrund des dortigen Bürgerkrieges wurde im Dezember 1996 für Absolventen der weitergehenden Schulen ein verbindlicher Wehrdienst eingeführt und für mehrere tausend Wehrpflichtige Tutsi umgesetzt. Je nach Angaben dauerte dieser zunächst zwischen neun und zwölf Monaten, gefolgt von der Aufnahme in die Reserve (HRW 1998: 172; CSI 2001: 91ff; Ngaruko/Nkurunziza 2005: 54; Daley 2007: 95; Reyntjens 2009: 171). Grundlage für das Gesetz bildete die Verfassung von 1992. Nach Artikel 52 war es die Pflicht aller burundischen Staatsbürger an der Verteidigung der nationalen Souveränität und Integrität mitzuwirken (Constitution de Burundi 1992: Article 52). Mit der Unterzeichnung des „Arusha Peace and Reconciliation Agreements" vom August 2000 (Arusha Peace and Reconciliation Agreement for Burundi 2000: 63f, Artikel 14) und des „Forces Technical Agreements" vom Dezember 2002, stimmten jedoch die burundische Regierung und eine der größten Rebellengruppen, die CNDD-FDD[26], für die Aufstellung einer neuen Armee, die nur aus Ex-Kombattanten sowie aus Freiwilligen mit burundischer Staatsbürgerschaft bestehen sollte (Forces Technical Agreement (FTA) 2002: 3 Part I 2.4.2). Durch die Umsetzung der Verträge besitzt Burundi seit 2002 wieder eine Freiwilligenarmee (vgl. International Labour Organization 2011), was auch 2005 in der neuen Verfassung verankert wurde.[27]

Für die Seychellen, wo von 1981 bis 1993 ein einjähriger verpflichtender "National Youth Service"(NYS) mit paramilitärischer Ausbildung für Schüler existierte (Hederson 1982; CSI 2004: 95), dessen Absolvierung Grundlage für eine Regierungsbeschäftigung war (CSI 2001: 374), können zwar keine ähnlichen Gründe gefunden werden, weshalb die Regierung das Wehrsystem änderte. Aufgrund der Beispiele Äthiopiens und Südafrikas scheinen aber

---

[26] Conseil National Pour la Défense de la Démocratie – Forces pour la Défense de la Démocratie.

[27] „Les Corps de défense et de sécurité sont ouverts sans discrimination à tous les citoyens burundais désireux d'en faire partie. Leur organisation est basée sur le volontariat et le professionnalisme. […]" (Constitution de la République du Burundi 2005: Artikel 25).

eher innenpolitische, soziale Aspekte zum Wandel der Streitkräftestruktur geführt zu haben.

Innenpolitische Sicherheitsprobleme können dagegen aber auch zur Einführung eines Wehrdienstes führen, wie Côte d'Ivoire zeigt. Während das IISS Côte d'Ivoire seit Ende der 1990er Jahren dauerhaft als Freiwilligenarmee führt, scheint sowohl im Dezember 2001 (IRIN 2001) als auch 2006 die gesetzlich festgeschriebene Wehrpflicht[28] vom damaligen Präsidenten Laurent Gbagbo eingefordert worden zu sein. Laut eines Zeitungsartikels der Pan-African news agency Panapress habe Gbagbo im Mai 2006 erklärt, die Regierung werde die Wehrpflicht reaktivieren, um die Personalstärke der Armee aufgrund der militärischen Krise von September 2002 zu erhöhen: „Besides, we are going to restore the mandatory military service. We are going to draft young people and take effective control of our territory" (zitiert nach: Panapress 2006a). Zwar bleibt fraglich, in wie weit die Ankündigung umgesetzt wurde, da der Norden des Landes seit Ende 2002 unter der Kontrolle der Rebellengruppe „Forces Nouvelles" stand und sich Gbagbo primär auf paramilitärische Eliteeinheiten, die Gendarmerie und Milizen stützte (ICG 2004: 7 u. 25; Tessières 2011: 198f). In diesem Fall hätten aber ähnlich wie in Äthiopien und Somalia innenpolitische Probleme zur gesetzlichen Durchsetzung der Wehrpflicht geführt. Welches Wehrsystem unter dem 2011 durch den Eingriff der Vereinten Nationen (VN) und Frankreichs an die Macht gekommene Präsident Alassane Ouattara verfolgen wird, ist dagegen unklar, da die Militärreform im Herbst 2012 noch nicht abgeschlossen war (IRIN 2012; HRW 2012: 4; AI 2013, S. 14f).

Ein weiteres Paradoxon bietet der Fall Mosambik. Obwohl der dortige Bürgerkrieg 1992 offiziell beendet und die seit 1978 geltende Wehrpflicht (Malache u. a. 2005: 174) ausgesetzt worden war, reaktivierte die Regierungspartei „Frente da Libertaçao de Moçambique" (FRELIMO) diese erneut im Jahr 1997 (IRIN 1999a). Grund hierfür war u. a. die fehlende Bereitschaft von ehemaligen Kombat-

---

[28] Seit 1961 sechs Monate für Männer über 21 Jahre. Seit 1995 für Männer ab 18 Jahren (CSI 2001: 133f).

tanten, in die neue Armee integriert zu werden. Obwohl im Friedensvertrag von 1992 der Aufbau einer 30.000 Soldaten umfassenden Armee aus den beiden Konfliktparteien der FRELIMO und ihren Gegnern der „Resistência Nacional Moçambicana" (RENAMO) festgesetzt worden war (General Peace Agreement for Mozambique 1992: 20), hatten sich bis zum 9. Dezember 1994 nach offiziellen Angaben der Vereinten Nationen nur 11.579 Soldaten freiwillig gemeldet (United Nations 1994: Randnr. 15). Von den 12.195 Soldaten die im Februar 1995 in der Armee standen, kamen 8.533 von den Regierungstruppen und 3.662 von den ehemaligen Rebellen (Cawthra/Chachiua 2004: 123). Im „National Defence and Armed Forces Act" von 1997 wurde die Wehrpflicht daher mit der Begründung reaktiviert, dass auf freiwilliger Basis nicht genügend Bewerber gefunden werden könnten. Zudem bestünde laut Verteidigungsministerium ein Missverhältnis zwischen der Anzahl an Offizieren und zu wenigen Soldaten, das durch die Wehrpflicht ausgeglichen werden sollte (ebd.: 125). Zwar herrscht in Mosambik wie in Südafrika und Äthiopien eine oppositionelle und gesellschaftliche Ablehnung gegen den Wehrdienst (vgl. Mozambique News Online 1997; Sayagues 1998; IRIN 1999a), aufgrund fehlender Freiwilliger sah sich die Parteiführung jedoch legitimiert, die Wehrpflicht erneut einzufordern.

Wie das Beispiel Eritrea zeigt, können zudem außenpolitische Konstellationen dazu führen, die Wehrpflicht zu übernehmen oder beizubehalten. Dabei weist Eritrea sogar Übereinstimmung mit den europäischen Ländern Griechenland und der Türkei auf. Letztere hielten nach Haltiner trotz des gegenläufigen Trends in Europa an der Wehrpflicht fest, weil die Landesverteidigung der dortigen Streitkräfte weiterhin die Hauptaufgabe ist (vgl. Haltiner 1999: 26; Werkner 2003: 21). Gleiches gilt für Eritrea, dessen Armee sich seit der Unabhängigkeit 1993 bzw. im Zuge des Grenzkrieges mit Äthiopien zwischen 1998 und 2000 aus wehrpflichtigen Männern zwischen ca. 18 und 57 und Frauen bis 47 Jahren rekrutiert (ausführlich siehe Hughes 2004; HRW 2009; Kibreab 2009). Im Kalkül vieler Eritreer galt, und für die politische Führung gilt noch immer, dass die Wehrpflicht der einzige Schutz der nationalen Souveränität ist, die erst nach einem 30-jährigen Unabhängigkeitskampf errungen wurde (Kibreab 2009). Laut Präsident Isayas Afewerki, sei Eritrea weiterhin „surrounded by enemies" (zitiert nach: Reid 2005: 475; siehe auch Kaplan 2003). Aufgrund der Angaben des IISS zählt Eritrea 1999 mit rund 75 Prozent Wehrpflichtigen bei 200.000 bis 250.000 Soldaten zu einer der größten „Hard-core"-Wehrpflichtarmeen in Afrika. Da ausländische Organisationen jedoch fast vollständig aus Eritrea ausgewiesen worden sind (Ogbazghi 2011: 13), können neuere Angaben zur Wehrpflichtrate nicht erhoben werden. Eritrea ist daher in der IISS Auflistung von 2011 mit keinem Wehrpflichtigenanteil gelistet.

Eine weitere afrikanische Besonderheit ist, dass in Teilen des afrikanischen Kontinents, anders als in den meisten europäischen Staaten, keine Diskussion über die Aussetzung der Wehrpflicht, sondern vielmehr über die Ein- bzw. Wiedereinführung der Wehrpflicht existiert. In Uganda wurde beispielsweise 2007 von der Regierungspartei die Umsetzung der in der Verfassung angedachten Wehrpflicht diskutiert. So erklärte der Sprecher der ugandischen Armee, Major Felix Kulayigye:

> „[National service is] the ground for building national consciousness. […] In third world countries, politics determine economics. A population that is politically ignorant will not vote objectively. They will vote according to tribes and religions. National service will build the country" (Gordon 2007).

In Liberia forderte der Hauptredner des 156. „Armed Forces Day", Ambassador George W. Wallace, die Einführung einer einjährigen Wehrpflicht, um die Armee aufgrund der weiterhin labilen Sicherheitslage von 1.980 auf 7.500 Soldaten zu vergrößern (The Analyst 2013; New Democrat 2013). In Guinea-Bissau verkündete Verteidigungsminister Helder Proença 2006 anlässlich der jährlichen „Conférence annuelle du Conseil national de la jeunesse" die definitive Wiedereinführung der Wehrpflicht:

> „Nous allons introduire le service obligatoire dans l'armée pour les jeunes á partir de l'année prochaine. Nous espérons terminer d'ici là, la réforme du secteur de la défense et de la sécurité. Ce qui nous permettra alors d'instaurer le

service militaire obligatoire aussitôt" (Agence de Presse Africaine 2006a; siehe auch Panapress 2006c).[29]

Die Forderung nach der Einführung eines verpflichtenden Wehrdienstes ist dabei keineswegs auf Regierungsparteien begrenzt. In der ZAR verlangte 2011 beispielsweise die Oppositionspartei „Mouvement de Libération du Peuple Centrafricain" (MLPC) aufgrund andauernder Rebellenoperationen der „Lord's Resistance Army" (LRA) die Einführung der Wehrpflicht, um eine ausgebildete Reserve mobilisieren und das Land effektiver verteidigen zu können (Koyambounou 2011). Für Togo forderte der im Exil lebende ehemalige Gesundheitsminister David Ihou die Einführung der Wehrpflicht, nachdem 2013 in Mali Tuaregrebellen innerhalb weniger Tage weite Teile des Landes eingenommen hatten und einige malische Militärs putschten. Nach Ihous Ansicht könnte die Wehrpflicht in Togo dazu dienen, ethnische Spannungen zu reduzieren, ein Nationalbewusstsein zu fördern und das Territorium effektiv zu verteidigen (Ihou 2013). Der bekannte senegalesische Architekt Pierre Goudiaby Atépa sieht die Wehrpflicht zudem als wichtigen Beitrag zur Entwicklung und Disziplinierung der Gesellschaft, weswegen er im Januar 2013 in seinem Buch „Oser douze propositions pour un Sénégal émergent" der Regierung vorschlug, die Wehrpflicht durchzusetzen (Agence de Presse Sénégalaise 2013a). Ähnliches forderte bereits im Sommer 2012 der senegalesische Schriftsteller Mandiaye Gaye in seinem Buch „La problématique de la citoyenneté au Sénégal". Gaye sieht die Armee als Bildungszentrum der Jugend und als Stätte der Disziplinierung, weshalb alle senegalesischen Staatsbürger ab 18 Wehrdienst leisten sollten (Agence de Presse Sénégalaise 2012a; Agence de Presse Sénégalaise 2012b).

Zwar ist nicht bekannt, welche Aussagekraft die oben aufgelisteten Beispiele besitzen und in wie weit sie in der politischen und gesellschaftlichen Diskussion rezipiert worden sind, jedoch zeigen sie,

---

[29] Eine Reihe von Anschlägen, Meutereien und Putschversuchen zwischen November 2008 und Januar 2009 verzögerten die Armeereform. Die Wiedereinführung der Wehrpflicht scheint daher eine Ankündigung geblieben zu sein, weshalb weiterhin von eine Gesetzlichen Scheinwehrpflicht gesprochen werden muss (vgl. dazu u. a. ICG 2009b).

dass ein Übertrag der für Europa aufgezeigten Trends auf afrikanische Armeen sehr schwer fällt. Unabhängig von den Einzelfällen lässt sich zusammenfassen, dass für Afrika mit einem derzeitigen Wehrpflichtarmeeanteil von maximal 27 Prozent (13 von 48 Staaten) im Gegensatz zum Europa der letzten Jahrzehnte nicht von einer Wehrpflichtdominanz gesprochen werden kann. Eher im Gegenteil ist zu beachten, dass selbst langanhaltende Wehrpflichtländer wie Angola, Mosambik oder der Sudan in den letzten 20 Jahren mehrere Phasen hatten, in denen sie keine Wehrpflichtigen rekrutierten und generell eher nur von einer unsystematischen Rekrutierung gesprochen werden kann (vgl. z.B. für den Sudan HRW/Africa 1996: 368ff). Außer für die nordafrikanischen Staaten ist daher im gesamtafrikanischen Kontext von keiner langandauernden Wehrpflichttradition zu sprechen.

Gleichfalls kann im Gegensatz zu Europa auch nicht von einem rückläufigen Trend oder einem rapiden Rückgang der Wehrpflicht gesprochen werden, da lediglich sechs Staaten in den letzten 20 Jahren definitiv ihre Wehrpflichtarmeen zu Freiwilligenstreitkräften reformierten. Burundi besaß dabei gerade einmal für sechs Jahre ein verpflichtendes Wehrdienstsystem. Anstatt der geopolitischen Veränderungen nach dem Kalten Krieg, scheinen in Afrika zudem eher einzelstaatliche soziale und ökonomische Faktoren ausschlaggebend zu sein, um die Wehrpflicht abzuschaffen. Aufgrund angespannter innen- und außenpolitischer Verhältnisse tendieren andere Länder dagegen zurück zur Wehrpflicht, um kurzfristig einen größeren Personalumfang zu erreichen. Ein allgemeiner Trend von einer Wehrpflicht- zu einer Freiwilligenarmee lässt sich somit in Gesamtafrika nicht erkennen. Die Antwort des senegalesischen Militärattachés auf den für die Primärdatenerhebung ausgegebenen Fragebogen, wies jedoch darauf hin, dass ökonomische Engpässe gegen die Durchsetzung der Wehrpflicht sprechen können. Es muss daher untersucht werden, ob andere Variablen, wie z.B. die Höhe des Staatseinkommens oder die Größe der Armeen mit der Wahl eines Wehrsystems zusammenhängen.

6 Eurozentristische erklärende Variablen

Da auf dem afrikanischen Kontinent seit den 1990er Jahren kein genereller Transformationstrend von Wehrpflicht- zu Freiwilligenarmeen vorherrscht, stellt sich die Frage, aus welchem Grund ein Staat sein Wehrsystem im Zeitraum von 1990/91 bis 2011 beibehalten bzw. reformiert hat. Da der Entschluss für oder gegen die Wehrpflicht von politischen Akteuren getroffen wird und der Prozess einer solchen Entscheidungsfindung nicht im Detail rekonstruiert werden kann, soll im Folgenden versucht werden, erklärende Variablen zu finden, die mit der Existenz einer Wehrpflicht- bzw. einer Freiwilligenarmee korrelieren könnten. Ausgangspunkt hierfür sind die bereits angesprochenen Annahmen Haltiners/Werkners, die u. a. von einem Zusammenhang der Wirtschaftsstärke oder der Auslandseinsatzpartizipation in Verbindung mit einer Wehrsystemform der Streitkräfte sprechen.

Um diese Annahmen auf den afrikanischen Kontinent übertragen zu können, hätten idealerweise die vorherrschenden politischen, ökonomischen und sozialen Verhältnisse zum Beginn der Unabhängigkeit der einzelnen Länder untersucht werden müssen, da in der Regel im Jahr der Unabhängigkeit die Entscheidung für eines der Wehrsysteme gefallen ist. Da zwischen dem Unabhängigkeitsdatum aller in dieser Untersuchung relevanten afrikanischen Länder eine Zeitspanne von über 30 Jahre liegt (Ghana 1957, Eritrea 1993), bietet dieser Ansatz keine Vergleichbarkeit. Zudem wurden die meisten Daten, u. a. das Bruttoinlandsprodukt oder die Entsendung von Soldaten in internationale Auslandseinsätze, vor 1990/91 nur selten oder gar nicht erhoben. Im Folgenden wird daher nicht per se gefragt, warum ein Land jemals zur Wehrpflicht- oder einer Freiwilligenarmee tendiert hat, sondern lediglich, ob es politische, wirtschaftliche oder soziale Gründe gibt, eines der Wehrsysteme in der Zeitspanne 1990/91 beizubehalten oder umzuformen. Bei der statistischen Berechnung ist dabei zu beachten, dass Marokko tendenziell eher in die Kategorie Wehrpflichtstreitkräfte einzuordnen ist, da Marokko frühestens seit Mitte 2008 als Freiwilligenarmee gezählt werden kann. Die restlichen Wehrpflichtstaaten wie Angola, Mosambik oder Sudan, sollen trotz längerer Abstinenz eines Wehrpflichtsystems aufgrund der besseren Darstellung dauerhaft als Wehrpflichtstaaten geführt werden, da sie vor dem Stichdatum 2011 ein mehrjährig andauerndes Wehrpflichtsystem etabliert hatten und hinterfragt wird, ob politische, soziale oder ökonomische Gründe für die Beibehaltung dieses Systems sprechen. Burundi, das nur zwischen 1996 und 2002 ein Wehrdienstsystem besaß, ist dagegen primär als Freiwilligenarmee zu führen, auch wenn im Einzelnen darauf verwiesen wird, dass Burundi einmal eine Wehrpflichtarmee besaß. Im Gegensatz zu Haltiner/Werkner, die aufgrund des Anteils von Wehrpflichtigen in den europäischen Armeen eine multivariate statistische Berechnung durchführen, wurde im Folgenden auf diesen Ansatz aufgrund einer vereinfachten Unterteilung und der ungenauen bzw. fehlenden Datenangaben verzichtet. Jegliche erklärende Variable wird daher nur bivariat analysiert.

6.1 Armeegröße und regionale Verteilung 1990/91 bis 2011

Die als erstes zu betrachtende erklärende Variable ist die Größe der Armeen. In den Analysen von Haltiner/Werkner wird davon ausgegangen, dass in Europa mit der Aussetzung der Wehrpflicht auch das Ende der Massenarmeen eingetreten ist (Haltiner 1999: 25; Haltiner 2003). Übertragen bedeutet dies, dass Wehrpflichtstreitkräfte im Bezug auf den Personalumfang eher große, freiwillige Berufsarmeen demgegenüber eher kleine Armeen sind. Die These, die es für den afrikanischen Kontinent zu untersuchen gilt, lautet daher, ob mit zunehmender personeller Größe der Streitkräfte die Wahrscheinlichkeit für das Existieren eines verpflichtenden Wehrdienstes steigt. Zur Überprüfung dieser These werden die Angaben des IISS über die Größe der afrikanischen Armeen aus den Jahren 1990/91, 1999/00 sowie 2011 verglichen und der abhängigen Variablen des Wehrsystems gegenübergestellt.

Wie die bereits angesprochene fehlende Dominanz der Wehrpflicht in Afrika andeutet, kann anders als in Europa für Afrika nicht vom Ende der Massenarmeen gesprochen werden, deren Voraussetzung laut Haltiner die allgemeine Wehrpflicht ist. Bei der Betrachtung des Personalumfangs afrikanischer Streitkräfte wird deutlich, dass hier nicht von Massenarmeen gesprochen werden kann. Dies ist ein weiterer Grund, weshalb die eurozentristische Kategorisierung allgemeine und selektive Wehrpflicht im afrikanischen Kontext nicht anwendbar ist.

Aus Tabelle 3 geht hervor, dass vor 1990 im Gegensatz zu Europa keines der hier betrachteten afrikanischen Länder eine Armee mit einem Umfang von mehr als 500.000 Soldaten besaß. 1990/91 verfügten nur Ägypten und Äthiopien bzw. 2011 nur Ägypten und Eritrea über eine Armee mit mehr als 200.000 uniformierten Angehörigen. Dagegen besaßen 1990/91 29 von 47 bzw. 2011 29 von 48 Ländern Streitkräfte mit einer Personalgröße von weniger als 20.000 Soldaten. Von einem Ende der Massenarmeen wie in Europa, kann somit nicht gesprochen werden, da es im eurozentristischen Verständnis in Afrika nie Massenarmeen gab. Dies scheint paradox, da allein Subsahara-Afrika 2010 die Region mit den zweitmeisten Konflikten der Welt gewesen ist (Heidelberger Institute for International Conflict Research 2011: 3). Zudem war Subsahara-Afrika in den 1990er Jahren „by far the deadliest region in the world", da in den dortigen staatlichen Konflikten zwischen 1989 und 2009 fast die Hälfte aller weltweiten Kriegsopfer gezählt wurde (Human Security Report Project 2012: 154). Anders als in der medialen Vorstellung der europäischen Gesellschaft, ist Afrika aber auch schon während des Kalten Krieges immer das am wenigsten „militarisierte" Territorium der Welt gewesen. Zum Einen aufgrund der fehlenden oder veralteten technischen Ausstattung vieler afrikanischer Armeen, die den europäischen Standards keineswegs entspricht. Zum Anderen aufgrund des relativ kleinen Umfangs der meisten nationalen Streitkräfte (Ochoche 1998: 108). Letzteres gilt auch für 2011.

Um den Grad der Militarisierung eines Landes zu bestimmen, wird in der Regel der personelle Umfang der Streitkräfte am Anteil der Gesamtbevölkerung berechnet (vgl. Mohammed 1998: 53f). Mit Ausnahme von drei Staaten (Djibouti, Eritrea, Libyen) hatte 2011 kein Land mehr als ein Prozent seiner Bevölkerung offiziell unter Waffen. Ob Djiboutis hoher Militarisierungsgrad allerdings zutreffend ist, wird von diplomatischer Seite in Frage gestellt.[30] 17 von 48 Ländern besitzen dagegen einen „Militarisierungsgrad" von weniger als 0,1 Prozent. Verglichen mit den Zahlen der Bundesrepublik Deutschland von 1990/91 (0,78 Prozent)[31] bzw. dem vereinigten Deutschland 2011 (0,31 Prozent)[32], fällt auf, dass 2011 lediglich elf afrikanische Länder über, aber 36 unter dem deutschen „Militarisierungsgrad" lagen. Der Wert 0,31 Prozent repräsentiert dabei bereits eine Armee, die im Zuge der neuen außenpolitischen Lage und den neuen Anforderungen von Auslandseinsätzen von einer Wehrpflicht- zu einer Freiwilligenarmee massiv verkleinert wurde.

---

[30] Interview des Verfassers mit dem Botschafter der Republik Djibouti in Berlin, vom 20. Februar 2013.
[31] Bevölkerung: 60.362.000, Personalstärke: 469.000 (204.500 Wehrpflichtige) (IISS 1990: 67.) [Für die Berechnung wurde die Bevölkerungsangabe des IISS genommen, da die Datenbank der Weltbank nur die Bevölkerung des vereinten Deutschlands angibt.]
[32] Bevölkerung: 82.163.000 (United Nations 2011b: 80); Personalstärke: 251.456 (IISS 2011: 111).

Tabelle 3: Aktive militärische Personalstärke 1990/91, 1999/00 und 2011

Rang	Land	1990-91	1999/00	2011	Personal-veränderung[1]	Bevölkerung (2011)[2]	Militarisationsrate 2011[b]
1	**Ägypten**	450.000	450.000	468.500	4,1	82.537	0,57
2	**Eritrea**		180.000-200.000[a]	201.750	0,9-12[c]	5.415	3,73
3	Marokko	192.500	196.300	195.800	1,7	32.273	0,61
4	DRK	51.000 incl. Gdm	55.900 g.	144.000-159.000[a]	182,4-211,8	67.758	0,21-0,23
5	**Algerien**	125.500	122.000	147.000	17,1	35.980	0,41
6	Äthiopien	**438.000**	325.500 g.	138.000	-68,5	84.734	0,16
7	**Sudan**	75.700	94.700	109.300	44,4	44.632	0,24
8	**Angola**	100.000	112.500 g.	107.000	7,0	19.618	0,55
9	Nigeria	94.500	94.000	80.000	-15,3	162.471	0,05
10	**Libyen**	85.000	65.000	76.000	-10,6	6.423	1,18
11	Südafrika	**77.400**	69.950	62.082	-19,8	50.460	0,12
12	Uganda	70.000 g.	30.000-40.000[a]	45.000	-35,7	34.509	0,13
13	**Tunesien**	38.000	35.000	35.800	-5,8	10.594	0,34
14	Ruanda	5.200	37.000-47.000[a]	33.000	534,6	10.943	0,30
15	Simbabwe	54.600	39.000 g.	29.000	-46,9	12.754	0,23
16	Tansania	**46.800**	34.000	27.000	-42,3	46.218	0,06
17	*Tschad*	*17.000*	*30.350 g.*	*25.350*	*49,1*	*11.525*	*0,22*
18	Kenia	23.600	24.200	24.120	2,2	41.610	0,06
19	Burundi	7.200 g. incl. Gdm.	45.500 incl. Gdm.	20.000	177,8	8.575	0,23
20	**Côte d'Ivoire**	7.100	13.900 g.	17.050	140,1	20.153	0,08
21	*Mauretanien*	*11.100*	*15.650*	*15.870*	*43,0*	*3.542*	*0,45*
22	Ghana	12.200	7.000	15.500	27,0	24.966	0,06
23	Sambia	16.200	21.600	15.100	-6,8	13.475	0,11
24	Kamerun	11.600 incl. Gdm.	22.100 g. incl. Gdm.	14.100	21,6	20.030	0,07
25	*Senegal*	*9.700*	*11.000*	*13.620*	*40,4*	*12.768*	*0,11*
26	*Madagaskar*	*21.000*	*21.000*	*13.500*	*-35,7*	*21.315*	*0,06*
27	**Guinea**	9.700	9.700	12.300	26,8	10.222	0,12
28	Burkina Faso	8.700	10.000 incl. Gdm.	11.200	28,7	16.968	0,07
29	Mosambik	72.000 incl. GS	5.100-6.100[a]	11.200	-84,4	23.930	0,05

Rang	Land	1990-91	1999/00	2011	Personal-veränderung[1]	Bevölkerung (2011)[2]	Militarisationsrate 2011[b]
30	Sierra Leone	3.150	3.000 g. (5.000 nach Krieg geplant)	10.500	233,3	5.997	0,18
31	Djibouti	4.100 incl. Gdm.	9.600 g. incl. Gdm.	10.450	154,9	906	1,15
32	Rep. Kongo	8.800	10.000 g.	10.000	13,6	4.140	0,24
33	Namibia		9.000	9.200	2,2[c]	2.324	0,40
34	Botswana	4.500	9.000	9.000	100,0	2.031	0,44
35	*Togo*	*5.900*	*einige 6.950*	*8.550*	*44,9*	*6.155*	*0,14*
36	*Mali*	7.300	7.350	7.350	0,7	*15.840*	0,05
37	Malawi	7.250	5.000	5.300	-26,9	15.381	0,03
38	**Niger**	**3.300**	**5.300**	**5.300**	**60,6**	**16.069**	**0,03**
39	**Benin**	**4.350**	**4.800 g.**	**4.750**	**9,2**	**9.100**	**0,05**
40	Gabun	4.750	4.700 g.	4.700	-1,1	1.534	0,31
41	*Guinea-Bissau*	9.200	9.250 g.	4.458	-51,5	*1.547*	0,29
42	ZAR	6.500 incl. Gdm.	4.950	2.150	-66,9	*4.487*	0,05
43	Liberia	7.800	Pläne für 5.300	2.050	-73,7	4.129	0,05
44	Lesotho	2.000	2000 [zweifelhaft]	2.000	0,0	2.194	0,09
45	*Äquatorialguinea*	*1.300*	*1.320*	*1.320*	*1,5*	*720*	*0,18*
46	**Kap Verde**	**1.300**	**1.100 g.**	**1.200**	**-7,7**	**501**	**0,24**
47	Gambia	900	800	800	-11,1	1.776	0,05
48	Seychellen	**1.300**	450	200	-84,6	87	0,23
49	Somalia	**64.500**			-100,0	9.557	0
Total		2.279.500	2.250.420 - 2.291.420	2.207.420 - 2.222.450	Mittelwert 26,6-27,4 (ohne Somalia)		Mittelwert 0,31 (ohne Somalia)

Quelle: Eigene Darstellung und Berechnung nach Daten des IISS 1990/91; IISS 2000 u. IISS 2011. Da die meisten Daten auf Schätzungen basieren, wurde dies nicht explizit aufgeführt.

[1] 1990/91-2011 / 1990/91 x (-100) = Prozent (gerundet)
[2] United Nations, Department of Economic and Social Affairs 2011b (in Tausend).

Fett: Wehrpflicht
Kursiv: Gesetzliche Scheinwehrpflicht

a: Zur Berechnung wurde der Mittelwert verwendet
b: Militarisationsrate = Personalstärke (2011) / Bevölkerung 2011 x 100 = Prozent
c: 1999/00-2011 / 1999/00 x (-100) = Prozent (gerundet)
GS. = Grenzschutz; g. = geschätzt; Gdm. = Gendarmerie

Interessant ist, dass sich im Bezug auf den gesamtafrikanischen Personalumfang ein Trend ausmachen lässt, der nicht dem gesamteuropäischen entspricht. Während Haltiner/Werkner beschreiben, dass europäische Armeen ihren Personalumfang reduzieren, ist für Gesamtafrika in geringem Umfang das Gegenteil zu erkennen, auch wenn berücksichtigt werden muss, dass vielfach genaue Angaben fehlen und Daten durch das IISS geschätzt worden sind.

Aus den Angaben des IISS ergibt sich jedoch, dass sich die Armeen in 28 der 48 Länder zwischen 1990/91 und 2011 personell in einem Umfang von 0,7 Prozent (Mali) bis 534,6 Prozent (Ruanda) vergrößerten. 24 von 47[33] Ländern verfügten vor dem Ende des Kalten Krieges über eine Armee von weniger als 10.000 Soldaten. Diese Anzahl reduzierte sich bis zum Beginn des Jahres 2011 auf 16. Während 1990/91 nur fünf Staaten über 100.000 Soldaten verfügten, (Ägypten, Angola, Äthiopien, Marokko, Algerien), stieg deren Zahl bis 2011 durch Eritrea, die DRK und den Sudan auf acht. Dagegen reduzierten nur 19 der 48 Länder ihre Streitkräfte zwischen 84,6 Prozent (Seychellen) und 1,5 Prozent (Gabun).

Dass 2011 einige tausend Soldaten weniger in Afrika existierten als 1990/91, liegt vor allem an Äthiopien, das als eines der wenigen Länder dem europäischen Trend entspricht. Verfügte die äthiopische Wehrpflichtarmee 1990/91 noch über 400.000 Soldaten, reduzierte sich die Anzahl im Zuge der Umstrukturierung des Wehrsystems zu einer Freiwilligenarmee auf unter 150.000. Zudem entfielen die somalischen Wehrpflichtstreitkräfte im Umfang von über 60.000 Soldaten, was zusammen eine Reduktion von rund 310.000 Soldaten macht.

Einen Großteil dieses reduzierten Potentials kompensiert Eritrea, das seit 1993 über offizielle Truppen verfügt und deren Armee 2011 ca. 200.000 Soldaten umfasste. Eine ähnliche Aufstockung aus verschiedenen Gründen wurde in der DRK vollzogen, deren Truppen um geschätzte 100.000 Soldaten anwuchsen. Es lässt sich demnach Erstens die Aussage treffen, dass gegenläufig zum europäischen Trend in Afrika seit Ende des Kalten Krieges durchschnittlich ein geringer Anstieg der offiziellen Truppen zu erkennen ist (26 bis

---

[33] Namibia und Eritrea besaßen 1990/91 noch keine nationalen Streitkräfte.

27 Prozent). Vergleichen mit dem starken Anstieg der Gesamtbevölkerung in Afrika, die im Zeitraum 1990 bis 2011 um über 165 Prozent stieg (1990 624,2 Millionen Einwohner, 2011 1030,8 Millionen Einwohner) (World Bank 2013b), ist die Vergrößerung der Armeen jedoch nicht als steigende Militarisierung des afrikanischen Kontinents, sondern eher als Demilitarisierung zu interpretieren.

Jedoch ist Zweitens interessant, dass sich 2011 unter den zehn Ländern mit den größten Armeen sechs der 13 Staaten befinden, die einen verpflichtenden Wehrdienst besaßen. Marokko ist hierin nicht eingerechnet.[34] Ohne Marokko wurden die Wehrpflichtarmeen durchschnittlich um 16 Prozent aufgestockt (Median 7 Prozent), wodurch die durchschnittliche Armeegröße der Wehrpflichtstaaten 2011 92.088 betrug (Median 35.800 [Mittelwert 99.496 mit Marokko; Median 55.900 mit Marokko]). Aufgrund der hohen Militarisierungsrate Eritreas lag auch der durchschnittliche Militarisierungsrad mit 0,59 deutlich über dem gesamtafrikanischen (Median 0,29). Staaten mit Freiwilligenarmeen haben dagegen ihre Streitkräfte im angegebenen Zeitraum zwar durchschnittlich um 42 Prozent (Median 0) bzw. um 41 Prozent mit Marokko (Median 0,9) erhöht. Ihre Armeen mit durchschnittlich 29.192 Soldaten (35.600 mit Marokko), waren aber nur ein Drittel so groß, wie diejenigen der Wehrpflichtstaaten. Gleiches gilt für den Grad der Militarisierung. Nur wegen Djibouti liegt dieser durchschnittlich bei 0,20 Prozent (0,22 mit Marokko), während der Median mit nur 0,13 Prozent (0,15 mit Marokko) nicht einmal halb so groß ist wie bei den Wehrpflichtstaaten. Am interessantesten sind allerdings die Gesetzlichen Scheinwehrpflichten (GSWP-Staaten). Diese besitzen durchschnittlich die kleinsten Streitkräfte (10.241 Soldaten; Median 8.550), die geringste personelle Vergrößerung (2 Prozent; Median 2 Prozent) und im Vergleich zu den Freiwilligenstreitkräften nur eine geringfügig abweichende Militarisierungsrate (0,17; Median 0,14). Es lässt sich somit für Afrika die Aussage treffen, dass durchschnittlich diejenigen Armeen am größten sind, die über die Wehrpflicht verfügen. Dies entspricht der generellen Annahme Haltiners/Werkners, die auch lange Zeit auf europäische Armeen zutraf. Gegenläufig zu Europa,

---

[34] Zur Besonderheit des Falles Marokko vgl. S. 57.

reduzieren diese Wehrpflichtarmeen ihre Streitkräfte aber nicht alle. Abgesehen von Libyen, den Kap Verden, Mosambik und Tunesien, wurden die restlichen Wehrpflichtarmeen moderat ausgebaut.

Bei Libyen dürfte ein Grund für die Reduktion die Neugestaltung der Außenpolitik gewesen sein. Nachdem Libyen sich von seinem arabischen Nachbarn Ägypten auf politischer und ideologischer Ebene wegen der ägyptischen Friedensverhandlungen mit Israel abgewendet hatte, war 1978 in Libyen die Wehrpflicht eingeführt worden (Pollack 2002: 361f; Ronen 2008: 88f). Aufgrund der neuen aggressiveren libyschen Außenpolitik und einer massiven militärischen Aufrüstung, wurden Wehrpflichtige benötigt, um ausreichend Soldaten für die Bedienung der neuen Großgeräte zu erhalten (Pollack 2002: 361f). In der Folge kam es zu verschiedenen libyschen Militärinterventionen in Afrika (ebd.: 358-424), sowie zur vermeintlichen Unterstützung von verschiedenen Terrororganisationen (Vandewalle 2006: 130-138 u. 169-172; Ronen 2008: 31-36). Seit den 2000er Jahren suchte der ehemalige Machthaber Muammar al-Gaddafi allerdings verstärkt die Annäherung an Westeuropa und Nordamerika und verzichtete auf weitere großangelegte Militäroperationen (Jentleson/Whytock 2006; Vandewalle 2006: 179-189; Ronen 2008: 203f). Eine fortlaufende Aufrüstung widersprach somit dem politischen Kurswechsel und hätte die Annäherung möglicherweise gefährdet.

Abgesehen von diesem Sonderbeispiel, ist dem europäischen Trend entsprechend zu erkennen, dass diejenigen Länder mit einer längeren Wehrpflichttradition, die definitiv ihr Wehrsystem zu Beginn der 1990er Jahre änderten (Äthiopien, Seychellen, Südafrika, Tansania) ihre Armeen durchschnittlich um 54 Prozent (Median -55 Prozent) reduzierten, was der These Haltiners/Werkners entspricht. Dennoch lässt sich für Afrika nicht pauschalisieren, dass die Aussetzung der Wehrpflicht zur generellen Reduzierung der Streitkräfte führt. Durch die Einbeziehung Burundis und Marokkos, verringert sich die durchschnittliche Reduktion der ehemaligen Wehrpflichtstaaten auf 6 Prozent (Median -31 Prozent).

Grafik 1: Durchschnittliche Armeegröße 2011 und durchschnittliche Veränderung nach Wehrsystemtyp

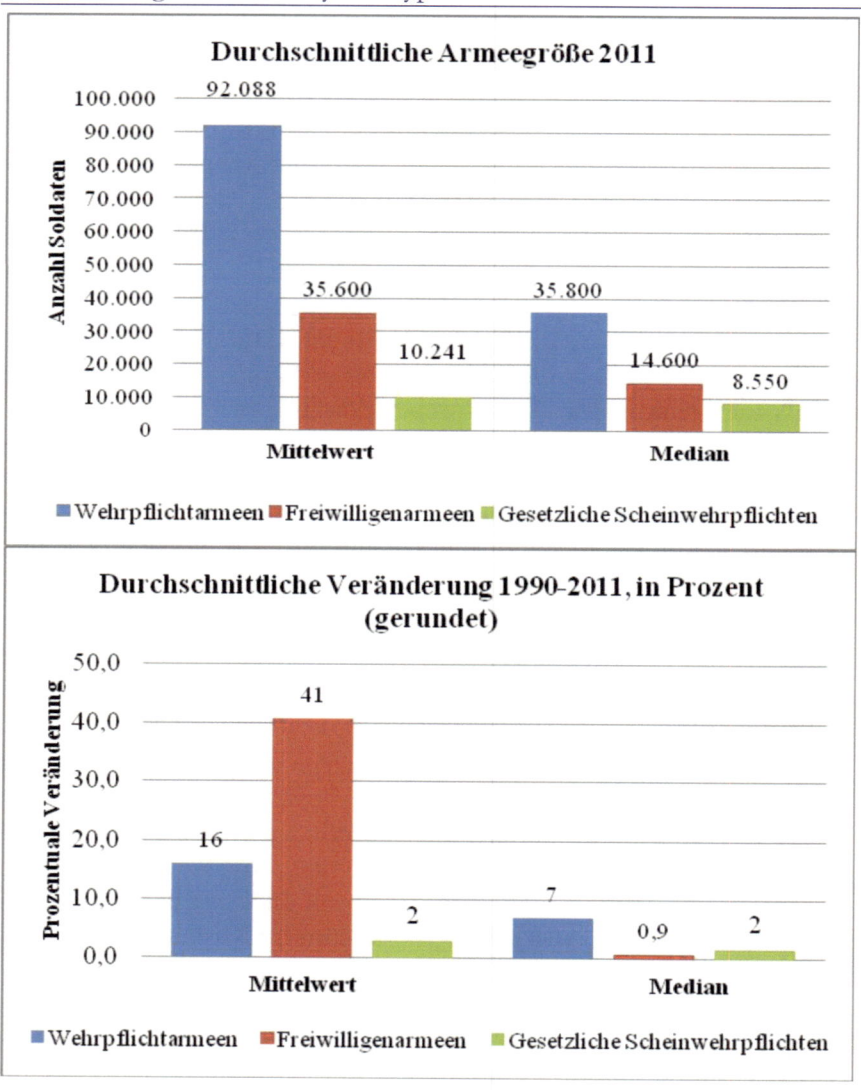

Quelle: Eigene Darstellung und Berechnung nach Daten des Military Balance 1990-2011.

Gleichsam ist aufgrund des Medianwertes von 0 keine Verallgemeinerung zu treffen, dass sich der Umfang von Freiwilligenarmeen reduzieren würde. Der Wert 0 sagt nämlich aus, dass 50 Prozent der Staaten mit Freiwilligenarmee ihre Streitkräfte vergrößert und 50 Prozent verkleinert haben. Offenbar beeinflussen einzelstaatliche, innen- bzw. außenpolitische Gründe die Regierungsentscheidungen hinsichtlich einer großen oder kleinen Armee. Zu berücksichtigen ist zudem, dass in denjenigen Ländern mit einer Freiwilligenarmee, deren Personalumfang um über 100 Prozent anstieg (Burundi, Djibouti, DRK, Ruanda, Sierra Leone), die Nationalarmeen von 2011 entweder nicht mehr die Selben sind wie 1990/91 oder durch die Integration von Rebellen anwuchsen. In Ruanda übernahm die Rebellengruppe „Front Patriotique Rwandais" (FPR; engl. Rwanda Patriotic Front (RPF)) nach dem Bürgerkrieg (1990 bis 1993) bzw. dem 1994 vollzogenen Genozid die Macht und ersetzte die bis dahin existierenden Regierungstruppen der „Forces Armées Rwandaise" (FAR) (ausführlich siehe u. a. Prunier 1998b; Mamdani 2001; Des Forges 2002; Kuperman 2004; Reyntjens 2004). Zusätzlich wurden Ende der 1990er Jahre rund 15.000 Ex-FAR-Soldaten und Mitglieder anderer bewaffneter Gruppen in die neue nationale Armee übernommen (United Nations 2005a: Randnr. 64), deren Großteil bis dahin aus den ehemaligen FRP-Kämpfern bestand. Ähnliches ist für Burundi zu erkennen. Zwar gab es im burundischen Bürgerkrieg im Gegensatz zu Ruanda keinen militärischen Sieger, jedoch vereinbarte die burundische Regierung mit diversen Rebellengruppen die Aufstellung einer neuen Armee und die Zusammenführung von Regierungs- und Rebellentruppen. Im Zuge dieser Integration wurde nicht nur die Wehrpflicht abgeschafft, sondern auch eine massive Vergrößerung der Streitkräfte vollzogen. So wurde zunächst der Großteil der Kombattanten in die Armee absorbiert (geplant war die Übernahme von 26.000 Ex-Rebellen sowie 40.000 Regierungstruppen; Samii 2010: 15), um anschließend eine kontrollierte Demobilisierung auf 25.000 Soldaten zu garantieren (vgl. u. a.: United Nations 2006: Randnr. 24; Florquin/Pézard 2007; Nindorera 2007; Edmonds, u. a. 2009; CIGI 2010; Samii 2010).

    Aus Tabelle 4 geht hervor, dass unabhängig vom Wehrsystem gerade diejenigen Staaten zur Vergrößerung ihrer Armeen tendieren, in denen seit den 1990er Jahren ein Bürgerkrieg herrschte und eine erfolgreiche „Power-Sharing-Vereinbarung" mit militärischer Komponente abgeschlossen wurde. Eine „Power-Sharing-Vereinbarung" ist nach Tull/Mehler ein:

> „specific instrument of conflict mediation, [which] are usually brokered in stalled conflicts where neither side has the military clout to decisively defeat the other. They include the negotiating of a peace settlement between incumbents and rebels that provides for the partition of power within a government of national unity. This is followed by provisions for a political transition whose end-point is multiparty elections" (Tull/Mehler 2005: 386).

Die Verträge beinhalten jedoch nicht nur eine politische Machtteilung, wie beispielsweise die Zuweisung von Ministerposten, sondern meist auch territoriale, wirtschaftliche oder militärische Komponenten (vgl. Hoddie/Hartzell 2005). Unter militärischem „power-sharing" ist dabei die Integration von Rebellen in die Regierungsarmee oder die Zusammenführung der Regierungs- und Rebellentruppen zu einer dritten, neuen Armee zu verstehen. Ehemalige Rebellenkommandeure bekommen zudem oftmals hohe Kommandoposten zugesprochen (ebd.: 89). Hierdurch soll Vertrauen zwischen den Konfliktparteien geschaffen werden, da keine Seite ihr militärisches Potential vollständig demobilisieren muss und gleichzeitig Truppenbewegungen des Gegners überwacht und kontrolliert werden können. Zudem beugt die Übernahme der Rebellen in den Staatsdienst der Arbeitslosigkeit von tausenden bewaffneten Kämpfern vor, die andernfalls zur weiteren Destabilisierung der Gesellschaft führen könnten. Militärisches „power-sharing" trägt somit eher zur Förderung des Friedens bei, als politische Machtteilung (Derouen u. a. 2009).

Nach den Angaben des „Uppsala Conflict Data Program" der Universität Uppsala in Schweden (Department of Peace and Conflict Research 2012a), wurden zwischen 1975 und 2011 60 Friedensverträge in 18 verschiedenen afrikanischen Staaten geschlossen, die die Integration ehemaliger Rebellen in die Regierungstruppen bzw. die Aufstellung einer neuen Armee vorsahen. 37 der 60 Friedensverträge führten zur Beendigung der bewaffneten Konflikte.[35]

---

[35] Eingeschränkt werden muss, dass 2000 auch nach der Unterzeichnung des „Arusha Peace and Reconciliation Agreements" in Burundi die Rebellen der CNDD-FDD und der FNL weiter gegen die Regierung kämpften, bzw., dass in

Hierunter zählten in den 1990er Jahren Angola, Burundi, Djibouti, die DRK, Côte d'Ivoire, Liberia, Mali, Mosambik, Niger, die Republik Kongo, Senegal, Sierra Leone, Südafrika, Sudan, Tschad, Uganda sowie die ZAR. Hinzu kommen zudem Namibia und Simbabwe, die 1989/90 bzw. 1978/80 mit der Integration der vormaligen Konfliktparteien (Regierungstruppen und Rebellen) ihre neuen nationalen Streitkräfte formierten. In Äthiopien eroberte 1991 ähnlich wie in Ruanda die Rebellenkoalition der „Ethiopian People's Revolutionary Democratic Front" (EPRDF) die Macht und stellte die neue Nationalarmee aus ihren eigenen Veteranen und neuen Rekruten (Markakis 2011: 264f). Dagegen sollen nach dem Bürgerkrieg in Guinea-Bissau über 10.000 Kombattanten in die Armee übernommen worden sein (IRIN 1999b). Mehr als ein Drittel aller afrikanischer Staaten musste somit in den letzten 20 bzw. im Fall Simbabwes in den letzten 30 Jahren die Integration von Rebellen in eine bestehende Armee vornehmen oder neue Streitkräfte aufstellen. Abgesehen von den eurozentristischen Kategorien Wehrpflicht- und Freiwilligenarmeen sollte daher im afrikanischen Kontext über die Einführung einer dritte Kategorie, der „Semi-Rebellenarmee" diskutiert werden. Unter einer Semi-Rebellenarmee soll dabei eine Armee verstanden werden, in die seit 1990/91 entweder Rebellen oder, wenn Rebellen einen Staat übernahmen, ehemalige Regierungstruppen in die einstigen Rebellenarmeen integrieren wurden. Der Begriff Rebell orientiert sich dabei an der Definition von Robert Merton. Dieser versteht in seiner Anomietheorie unter Rebellion die Aufgabe der bestehenden kulturellen Ziele und Mittel, die durch neue Werte ersetzt werden sollen (vgl. Merton 1949, 133 u. 144ff). Der Ausdruck Rebell ist in diesem Kontext folglich nicht negativ konnotiert. Er sagt lediglich aus, dass eine bewaffnete Gruppe versucht, eine bestehende Staatstruktur oder eine Regierung abzulösen bzw. in einer bestimmten Region, die meist über große Rohstoffvorkommen verfügt, die Macht zu übernehmen. Die Einführung einer solchen Kategorie gewinnt an Relevanz, wenn beachtet wird, dass sich diese Semi-Rebellenarmeen im Durchschnitt um über 55 Prozent vergrö-

---

der Republik Kongo, die meisten Rebellen der „Kobras" trotz eines Vertrages nicht in die Armee integriert wurden und die Kämpfe unterschwellig fortgesetzt wurden (Department of Peace and Conflict Research 2012).

ßerten, während der militärische Personalumfang in Ländern ohne militärisches Power-Sharing und ohne Rebellenintegration durchschnittlich nur um fünf Prozent stieg. Wie die Beispiele Ruanda und Guinea-Bissau verdeutlichen, handelt es sich bei dieser Vergrößerung nicht allein um kurzfristig für den Bürgerkrieg rekrutierte Kämpfer, die nach dem Krieg wieder ins Zivilleben entlassen werden. Trotz der Beendigung von Bürgerkriegen bleibt vielfach ein großer Teil in der Armee, weshalb der Terminus Semi-Rebellenarmee gerechtfertigt ist.

Bürgerkriege und die vertragliche Vereinbarung für den Neuaufbau einer nationalen Armee bzw. die Integration ehemaliger Rebellen in die Regierungstruppen sind somit einer der wichtigsten Faktoren, die die Vergrößerung afrikanischer Streitkräfte beeinträchtigt. Theoretisch müsste untersucht werden, ob nach der Unterzeichnung eines solchen Vertrages überhaupt noch neue Soldaten, Freiwillige und Wehrpflichtige in die Armee rekrutiert werden. Es ließen sich die Thesen aufstellen, dass Erstens die Wehrpflicht in den Staaten mit einer Semi-Rebellenarmee aufgrund der zusätzlichen neuen Soldaten mindestens vorrübergehend ausgesetzt wird und diese Länder generell eher zu Freiwilligenarmeen tendieren. Als Beispiel kann hier Mosambik dienen, wo die Wehrpflicht im Zuge des Power-Sharing-Agreements von 1992 zu Gunsten einer freiwilligen Integration der Ex-Kombattanten (zumindest kurzzeitig) gesetzlich ausgesetzt wurde (General Peace Agreement for Mozambique 1992: 19). Ebenso erklärte der Botschafter Djiboutis bei der vom Verfasser durchgeführten Befragung, dass nach dem Bürgerkrieg keine regelmäßige Rekrutierung mehr durchgeführt worden seien, da der Armee nach der bürgerkriegsbedingten Mobilisierung genug Personal zur Verfügung stünde und die Streitkräfte zukünftig lediglich verjüngt und weiter verkleinert werden sollten.[36]

---

[36] Interview des Verfassers mit dem Botschafter der Republik Djibouti in Berlin, vom 20. Februar 2013.

Tabelle 4: Power-Sharing-Agreements und Rebellenintegration

	Staaten ohne erfolg. Power-Sharing			Staaten mit erfolg. militärischem Power-Sharing/ Integration	

Rang	Land	Personal-veränderung 1990/91/ 2011 (in Prozent)[2]	Rang	Land	Erfolgreicher Friedensvertrag mit militärischer Integration	Personal-veränderung 1990/91/ 2011 (in Prozent)[2]
1	Ägypten	4,1	1	Angola	Neuaufbau/ Integration	7
2	Algerien	17,1	2	Äthiopien	Neuaufbau	-68,5
3	Äquatorialguinea	1,5	3	Burundi	Neuaufbau	177,8
4	Benin	9,2	4	Djibouti	Integration	154,9
5	Botswana	100	5	DRK	Neuaufbau/ Integration	182,4-211,8
6	Burkina Faso	28,7	6	Côte d'Ivoire	Neuaufbau	140,1
7	Eritrea	0,9-12	7	Guinea-Bissau	Integration	-51,5
8	Gabun	-1,1	8	Rep. Kongo	Integration	13,6
9	Gambia	-11,1	9	Liberia	Neuaufbau	-73,7
10	Ghana	27,1	10	Mali	Integration	0,7
11	Guinea	26,8	11	Mosambik	Neuaufbau	-84,4
12	Kamerun	21,6	12	Namibia	Neuaufbau	2,2
13	Kap Verde	-7,7	13	Niger	Integration	60,6
14	Kenia	2,2	14	Ruanda	Integration	534,6
15	Lesotho	0	15	Sierra Leone	Neuaufbau	233,3
16	Libyen	-10,6	16	Simbabwe	Neuaufbau 1980	-46,9
17	Madagaskar	-35,7	17	Südafrika	Neuaufbau	-19,8
18	Malawi	-26,9	18	Sudan	Integration	44,4

Rang	Land	Personal-veränderung 1990/91/ 2011 (in Prozent)[2]
19	Marokko	1,7
20	*Mauretanien*	*43,0*
21	Nigeria	-15,3
22	Sambia	-6,8
23	*Senegal*	*40,4*
24	Seychellen	-84,6
25	Tansania	-42,3
26	*Togo*	*44,9*
27	**Tunesien**	**-5,8**
Mittelwert		4,5-4,9
Median		1,5-1,7

Rang	Land	Erfolgreicher Friedensvertrag mit militärischer Integration	Personal-veränderung 1990/91/ 2011 (in Prozent)[2]
19	*Tschad*	*Integration*	*49,1*
20	Uganda	Integration	-35,7
21	*ZAR*	*Integration*	*-66,9*
Mittelwert			54,9-56,3
Median			7

Quelle: Eigene Darstellung und Literaturrecherche. Erfolgreiche Friedensverträge entnommen aus: Department of Peace and Conflict Research 2012a.

Fett: Wehrpflicht
Kursiv: Gesetzliche Scheinwehrpflicht

Grafik 2: Durchschnittliche Armeevergrößerung zwischen 1990/91 und 2011

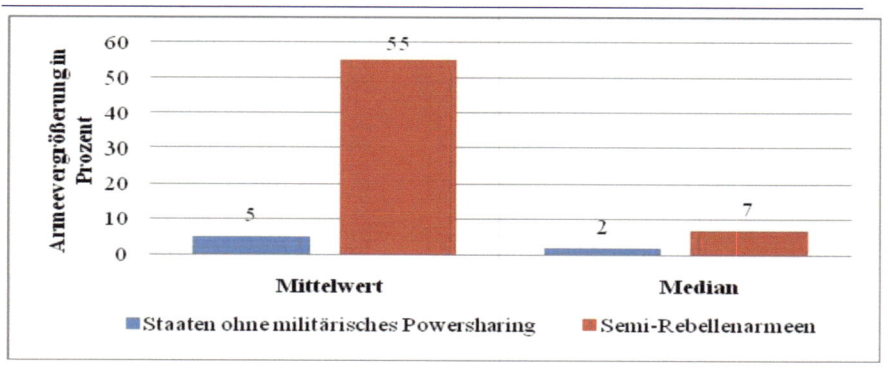

Quelle: Eigene Darstellung nach Berechnung der Daten des Military Balance 1990/91 und 2011.

Zweitens kann argumentiert werden, dass in den Folgejahren einer Mobilisierung für den Bürgerkrieg und einer Rebellenintegration auch keine Freiwilligenrekrutierung vorgenommen werden muss, da die Armee genügend Soldaten besitzt. Eher im Gegenteil tendieren Staaten mit Semi-Rebellenarmeen aufgrund ihrer unwirtschaftlichen Größe und Druck der internationalen Geber wie der Weltbank eher zur späteren Demobilisierung von Soldaten, anstatt zusätzliche zu mobilisieren (Vgl. u. a. Cilliers 1995; Kingma 2000; Batchelor/Kingma 2004; United Nations 2005a; Multi-country Demobilization and Reintegration Program 2010).

Aufgrund fehlender Daten, die aufschlüsseln könnten, zu welchem Zeitpunkt, vor oder kurz nach einem Bürgerkrieg, und mit welchem Hintergrund, ob als Freiwilliger, als Wehrpflichtiger oder als Rebell, ein Soldat in eine Armee eingetreten ist, kann diesen Thesen momentan nicht weiter nachgegangen werden. Die Aktualität einer solchen Integration zeigt sich allerdings seit 2011 in Libyen, wo nach dem Sturz und der Ermordung des Revolutionsführers Muammar al-Gaddafi versucht wird aus ehemaligen Soldaten der Regierung und 100.000 bewaffneten Rebellen eine neue Armee aufzubauen (Tommy 2012; ausführlich siehe Gaub 2013: 19). Das Überangebot an Kämpfern scheint die Weiterführung der libyschen Wehrpflicht somit derzeit unwahrscheinlich zu machen.

Neben diesen „Semi-Rebellenarmeen" fällt bei der Betrachtung des Militarisierungsgrades besonders die geographische Verteilung auf. Mit Ausnahme von Nigeria besitzt keines der westafrikanischen Länder[37] eine Armee mit mehr als 20.000 Soldaten (Durchschnitt 12.975 Soldaten) und selbst für Nigeria wurden 1999 vom Verteidigungsminister General Theophilus Danjuma Pläne für die Reduzierung der Armee von 94.500 bzw. 78.500 auf 50.000 vorgelegt. Von dieser massiven Umstrukturierung wurde nur aufgrund fehlender Beschäftigungsalternativen für die demobilisierten Soldaten Abstand genommen, da Sicherheitsbedenken bestanden, dass die arbeitslosen Ex-Soldaten zur Destabilisierung der Gesellschaft beitragen könnten (Kandeh 2004: 160; Adebajo 2008: 196). Die durch-

---

[37] Benin, Burkina Faso, Côte d'Ivoire, Gambia, Ghana, Guinea, Guinea-Bissau, Kap Verde, Liberia, Mali, Niger, Nigeria, Senegal, Sierra Leone und Togo.

schnittliche Militarisierung in Westafrika liegt mit 0,1 Prozent (Median 0,07) zudem deutlich unter dem Durchschnitt für Gesamtafrika. Diese generell niedrigen Werte können damit zusammenhängen, dass die Mehrheit der westafrikanischen Länder eine ähnliche historische Vergangenheit als französische Kolonie besitzt und einige Staaten noch in den 1990er und 2000er Jahren über einen gültigen Verteidigungspakt mit Frankreich (u. a. Côte d'Ivoire, Senegal, Togo) bzw. über einen permanenten französischen Militärstützpunkt verfügte (Côte d'Ivoire) oder noch immer verfügt (Senegal) (Chipman 1989: 129; Vasset 1997: 166f; Gregory 2000: 438; Omoigui 2004: 142; Hansen 2008; Koepf 2011; Fourt 2014). Die Landes- bzw. Regimeverteidigung scheint in diesen Ländern demnach weniger stark vom Umfang der eigenen Streitkräfte, denn vom Vertrauen auf französische Hilfe abzuhängen (vgl. Gregory 2000: 438; Howe 2001: 49; Chafer 2002: 344). Dies sagt jedoch nicht, dass eine generelle Reduzierung oder Stagnation westafrikanischer Streitkräfte erfolgte. Eher im Gegenteil, bekamen einige Armeen massiv Zuwachs (Durchschnitt 30 Prozent; Median 27 Prozent), wobei die beiden größten Personalveränderungen in Sierra Leone (233 Prozent) und in Côte d'Ivoire (140 Prozent) mit den dortigen Bürgerkriegen und den militärischen Power-Sharing-Agreements zu erklären sind. So wurden in Sierra Leone beispielsweise zwischen 2.600 und 3.500 Ex-Kombattanten nach der Absolvierung des Demobilisierungsprogramms in die 2002 neugegründete „Republic of Sierra Leone Armed Forces" (RSLAF) integriert (vgl. Albrecht/Malan 2006, 126; Gbla 2006: 85).

Anders verhält es sich im Norden[38] und am Horn von Afrika[39], wo 2011 tendenziell die größten Armeen (150.000 im Norden; 116.000 am Horn) und die höchsten Militarisierungsraten (0,54 im Norden; 1,68 am Horn) vorherrschten. Die starken Truppen Nordafrikas und vor allem Ägyptens resultieren dabei u. a. aus dem seit Jahrzehnten andauernden „Nah-Ost-Konflikt" (Luckham 1985b: 90; Kinzel 2008: 20; Hashim 2011b: 113; ausführlich siehe Pollack 2002:

---

[38] Ägypten, Algerien, Libyen, Marokko, Mauretanien, Sudan und Tunesien.
[39] Äthiopien, Djibouti, Eritrea, (Somalia gehört zwar zum Gebiet des Horn von Afrika, aufgrund der fehlenden nationalen Streitkräfte konnten für Somalia keine näheren Angaben gemacht werden.).

14-147). Zudem besteht ein Vertrauensdefizit zwischen den nördlichen Nachbarstaaten und eine tiefe Zerstrittenheit, die sich dadurch ausdrückt, dass diese Staaten vor dem „Arabischen Frühling" nicht in der Lage waren, eine einheitliche Sicherheitsarchitektur im Rahmen der Afrikanischen Union (AU) aufzustellen. So ist Ägypten kein Mitglied des nordafrikanischen Sicherheitsbündnisses „Arab Maghreb Union" (AMU) und Marokko kein Mitglied der AU. Hinzu kam bis 2011 die Rivalität zwischen Ägypten und Libyen, da beide Regierungen in Nordafrika die Führungsposition beanspruchten (Cilliers 2008: 16; Kinzel 2008: 20) und sich 1977 sogar einen militärischen Grenzkonflikt lieferten (vgl. Pollack 2002: 131-137 u. 362-368).

Ähnliches gilt für Algerien und Marokko, die bereits 1963 aufgrund von Bodenschätzen einen Grenzkrieg führten (Heggoy 1970; Farsoun/Paul 1976; Ochoche 1998: 110) und deren Verhältnis lange Zeit durch die algerische Unterstützung für die West-Sahara-Rebellengruppe POLISARIO[40] gegen die marokkanische Okkupation der West-Sahara angespannt war (vgl. Zoubir 1990; Joffe 1999; Martin 2004; Daadaoui 2008). Seit 1994 sind zudem die Grenzen zwischen beiden Ländern geschlossen. Zunächst hatte Marokko eine Gruppe Algerier für einen Terroranschlag in Marrakesch verantwortlich gemacht und alle Algerier mit Visapflicht belegt, woraufhin die algerische Regierung die Grenze schloss. Während des algerischen Bürgerkriegs, bezichtigte Algerien dann die marokkanische Regierung, islamistische Rebellen zu beherbergen (BBC 1999; BBC 2009a).

Der marokkanische Machtanspruch über die West-Sahara führt auch dazu, dass der Großteil der Armee, 2004 zwischen 150.000 und 170.000 Soldaten, in diesem Gebiet zur Verteidigung der marokkanischen Interessen gebunden ist (Reichmuth 2007: 265). Ein weiteres Sicherheitsrisiko, das die Länder Nordafrikas und vor allem die Maghreb-Staaten betrifft, sind islamistische Fundamentalisten und Terroristen, die vor allem im Grenzgebiet Marokkos, Algeriens, Mauretaniens und Malis operieren (vgl. u. a. ICG 2005; Botha 2008; Keenan 2009).

---

[40] Frente Popular para la Liberación de Saguía el Hamra y Río de Oro.

Grafik 3: Regionalverteilung Streitkräftegröße und Militarisierungsgrad 2011

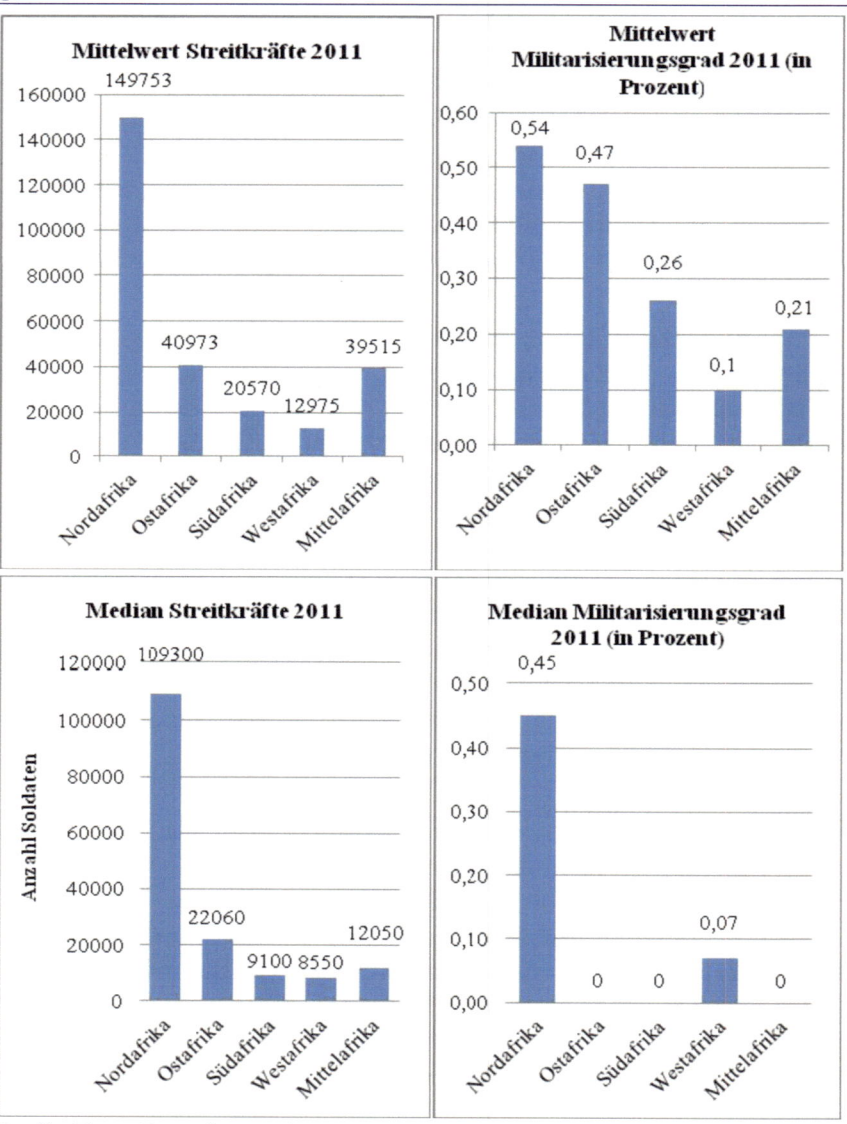

Quelle: Eigene Darstellung nach Berechnung der Daten des Military Balance 2011.

Externe Bedrohungen, die hohe Rivalität und das mangelnde gegenseitige Vertrauen in den nordafrikanischen Staaten verhindert somit nicht nur eine engere sicherheitspolitische Kooperation untereinander (vgl. Kinzel 2008: 20; Barthel 2011: 74f), sondern wirkt sich auch auf die Größe und die Struktur ihrer Armeen aus. Dass mit Ausnahme des Sudan alle nordafrikanischen Staaten eine „Militarisierungsrate" von über 0,3 Prozent besitzen, liegt daher an außenpolitischen Sicherheitsgründen, die für die Beibehaltung der Wehrpflicht und im gesamtafrikanischen Vergleich zum Unterhalt überproportional großer Streitkräfte führen.

Ähnliches gilt für das Horn von Afrika. Laut Matthies scheint die auch nach dem Krieg zwischen Äthiopien und Eritrea weiter angespannte Situation und die ungewisse sicherheitspolitische Lage im Bezug auf Somalia den Fortbestand großer Armeen zu rechtfertigen:

> „Beide Armeen [Äthiopien, Eritrea, T.K.] erfüllten auch weiterhin die klassischen Funktionen staatlicher Streitkräfte am Horn von Afrika: die Repression oppositioneller Kräfte und die Herrschaftssicherung nach innen sowie die Landesverteidigung und Machtprojektion nach außen" (Matthies 2005: 193).

Das vierte Land dieser Region, Djibouti, steht dem in nichts nach. Laut Angaben des IISS besaß Djibouti 2011 wie Eritrea eine Militarisierungsrate von über einem Prozent. Durch Massenrekrutierungen für den Bürgerkrieg Anfang der 1990er Jahre und die Integration der Rebellen der „Front pour la Restoration de l'Unité et de la Démocratie" (FRUD) kam es zudem zu einer Vergrößerung der Regierungstruppen um rund 155 Prozent. Ein Großteil der Soldaten ist dabei vor allem seit 2008 an der eritreischen Grenze stationiert, nachdem im Sommer 2008 bei einem Grenzscharmützel mehrere Dutzend djiboutische Soldaten umgekommen waren (Hassan 2008; Mesfin 2008; United Nations 2008). Zwar ist Djiboutis Souveränität und territoriale Integrität primär durch die Stationierung von französischen und US-amerikanischen Truppen gesichert,[41] trotzdem führt

---

[41] Interview des Verfassers mit dem Botschafter der Republik Djibouti in Berlin, vom 20. Februar 2013. [Frankreich, das in den 1990er Jahren dauerhaft rund 3.500 Soldaten in Djibouti stationiert hatte, unterstützte Djibouti bereits bei

Djibouti und die gesamte Region des Horns die Tendenzen der 1970er bis 1990er Jahre fort, in denen das Territorium als „the most militarised in the whole continent" galt (Zewde 1998: 275).

Tabelle 5: Wehrpflicht in Afrika nach Regionen

Region (Anzahl Länder total)	Länder mit Wehrpflicht 1990/91	Länder mit Wehrpflicht 2011
Nordafrika (7)	6	5
Ostafrika (14 incl. Eritrea)	4 (ohne Eritrea)	2
Mittelafrika (8)	1	1
Südafrika (4)	1	0
Westafrika (15)	5	5
Total (48) (ohne Somalia)	17	13

Quelle: Eigene Darstellung.

Die geographische Komponente und die Korrelation von Armeegröße und Wehrsystem führen dazu, dass eine starke regionale Korrelation im Bezug auf die Wehrpflichtsysteme zu finden ist.

Die Beibehaltung der Wehrsysteme und die großen Armeen in Nordafrika lassen sich dabei durch die Theorie des Neorealismus erklären. Diese besagt, dass rational handelnde, souveräne Nationalstaaten in einem anarchischen System um Sicherheit konkurrieren. Dabei bedeutet Anarchie, dass keine entscheidungsfähige überstaatliche Instanz existiert, die die Rechte eines Staates verteidigen könnte (Theiler 2003: 17). Die Anarchie bewirkt, dass sich Staaten in einem dauernden Sicherheitsdilemma befinden. Weder kennen sie das künftige Verhalten ihrer Nachbarn noch schützt sie eine höhere Institution. Im Kalkül der Staaten kann nie ausgeschlossen werden, dass ein fremder Staat seine politischen und militärischen Machtmittel expansiv einsetzt. Eher im Gegenteil wird angenommen, dass jeder Staat von seiner Grundintention zu Aggressionen neigt (vgl.

Grenzkonflikten gegen Eritrea in den 1990er Jahren militärisch. Seit Anfang der 2000er Jahre haben zudem die USA ihre größte permanente Militärbasis auf dem afrikanischen Kontinent mit ca. 2.500 Soldaten in Djibouti (vgl. Mesfin 2008; Africa Research Bulletin 2012; Gregory 2000: 443ff; Commander, Navy Installations Command 2013).

Waltz 1979: 102-114). Zur Existenzsicherung muss daher jeder Staat Machtmittel akkumulieren. Dies bedroht wiederum andere Staaten, die beginnen ihre Armeen aufzurüsten und eine „Rüstungsspirale" in Gang setzen (Theiler 2003: 17ff). Besonders deutlich ist diese permanente Aufrüstung in Nordafrika und dem Horn von Afrika zu sehen, wo tendenziell die größten Armeen stehen und die größte Anzahl an Wehrpflichtsystemen vorherrscht, die im Konfliktfall die Mobilisierung einer großen, bereits militärisch ausgebildeten Reserve ermöglicht.

Zusammenfassend lässt sich sagen, dass sich für afrikanische Länder bezüglich der Größe ihrer Armeen keine ähnlich eindeutigen Trends aufstellen lassen, wie dies nach Haltiner/Werkner in Europa der Fall ist. Für Afrika kann weder ein Wandel von Wehrpflicht- zu Freiwilligenarmeen noch von Massen- zu kleineren Interventionsarmeen erkannt werden. Aufgrund des geringen Personalumfangs der Armeen, der geringen „Militarisierungsrate" und der Minderheit der allgemeinen Wehrpflichtarmeen darf für den afrikanischen Kontinent nicht einmal von Massenarmeen gesprochen werden. Auch den Annahmen der US-amerikanischen Politologen und Diplomaten, dass sich afrikanische Armeen nach den 1980er Jahren vergrößern würden, kann ebenso wenig eindeutig zugestimmt oder widersprochen werden, obwohl eine moderate durchschnittliche Erhöhung von 26 bis 27 Prozent vorliegt. Da das Bevölkerungswachstum auf dem afrikanischen Kontinent mit über 165 Prozent zwischen 1990 und 2011 die durchschnittliche Vergrößerung der afrikanischen Armeen deutlich übersteigt, muss für Gesamtafrika von einer relativen Demilitarisierung der Gesellschaften gesprochen werden. Jede afrikanische Regierung scheint somit von individuellen, innen- und außenpolitischen sowie vor allem geographischen Umständen und Entscheidungen beeinflusst zu sein, sich Für oder Wider die Durchsetzung, Beibehaltung oder Abschaffung der Wehrpflicht zu entscheiden. In diesem Zusammenhang ist jedoch interessant, dass einige afrikanische Staaten durchaus gewillt wären, mehr Soldaten zu rekrutieren. Fehlende finanzielle Mittel unterbinden dies allerdings. So würden im Niger nach Angaben des Militärattachés in Berlin trotz einer durchgesetzten Wehrpflicht aufgrund fehlender finanzieller Mittel jährlich maximal 4.000 und oftmals nur 2.000 Wehrpflichtige eingezogen.[42] Es stellt sich daher die Frage, in wie weit eine Verbindung zwischen dem Wehrsystem, der Größe der Armee und der Wirtschaftskraft eines Landes besteht.

---

[42] Antwortschreiben der nigrischen Militärabteilung in der Botschaft in Berlin, vom 15. Dezember 2012.

6.2 Wirtschaftsleistung

Ausgehend von einer historischen Perspektive fällt auf, dass in vielen europäischen Staaten die Wirtschaftskraft eines Landes eine wichtige Determinante bei der Wahl des Wehrsystems war. Die Regierung in Großbritannien hatte sich im 19. Jahrhundert beispielsweise nur für eine Freiwilligenarmee entscheiden können, weil genug Kapital für die Bezahlung eines stehenden Berufsheeres aus Freiwilligen vorhanden war. Im Gegensatz dazu, hätten Preußen und Frankreich aufgrund ihrer geringen Wirtschaftskraft die Wehrpflicht einführen müssen, um den Personalbedarf ihrer Armeen zu decken:

> „[T]he limits imposed by pre-industrial societies on the one hand, and the need for everlarger armies on the other, forces states of all ideological stripes into conscription" (Mjøset/Holde 2002: 36).

Auch aus der militärsoziologischen Analyse schlussfolgern Haltiner/Werkner, dass „reiche" Staaten statistisch in sehr geringem Ausmaß eher zu einer Freiwilligenarmee tendieren (vgl. Haltiner 2003: 377; Werkner 2003: 38-41).[43] Prinzipiell ließe sich somit zur Überprüfung auch für Afrika die These aufstellen, ob mit zunehmender Wirtschaftsleistung die Entscheidung für eine Freiwilligenarmee steigt.

Als Indikator für die Wirtschaftskraft soll im Folgenden das Bruttoinlandsprodukt (BIP) pro Einwohner der verschiedenen afrikanischen Staaten herangezogen werden. Noch einmal sei betont, dass für die generelle Entscheidung Für oder Wider die Wehrpflicht, theoretisch die Daten zum Beginn der Unabhängigkeit der jeweiligen Länder hätten verwendet werden müssen. Da diese nur in den wenigsten Fällen erhoben wurden, lautet die zu überprüfende Frage nicht, ob eine wirtschaftliche Korrelation mit der Einführung der Wehrpflicht am Jahrestag der Unabhängigkeit bestand, sondern ob ein wirtschaftlicher Zusammenhang im Bezug auf die Beibehaltung der Wehrpflicht im Jahr 2011 vorherrschte. Als Indikator für die

---

[43] Vielfach wird angenommen, dass Freiwilligenstreitkräfte ökonomisch teurer seien, als Wehrpflichtarmeen (vgl. u. a. Merkel 2003: 97). Diese These konnte jedoch nie hinreichend belegt werden und ist daher anzuzweifeln (vgl. dazu u. a. Dinter 2004: 123f; Poutvaara/Wagener 2011).

Wirtschaftsleistung wurde dabei der Mittelwert des Pro-Kopf-Bruttoinlandsproduktes im Zeitraum von 1990 bis 2011 gewählt, auch wenn bei einigen Fällen, wie z.B. Libyen, nur Daten zwischen 1999 und 2009 existieren. Aufgrund fehlender Daten und um mögliche Ausreißer zu korrigieren, wurde darauf verzichtet, nur die Werte von 2011 zu benützen und stattdessen ein Mittelwert erhoben. Da die Angaben lediglich Schätzungen sind, wurden sie auf ganze Zahlen gerundet und im Weiteren nur in bivariaten und keinen multivariaten Berechnungen verwendet.

Die Analyse aufgrund dieser Datenbasis ergibt offenbar, dass gegenläufig zur eurozentristischen Annahme im afrikanischen Kontext nicht jene Länder mit dem durchschnittlich niedrigsten Pro-Kopfeinkommen zur Wehrpflicht tendieren, sondern eher die „reichsten" Länder. So erwirtschafteten die 25 Staaten mit Freiwilligenarmee (ohne Marokko) durchschnittlich 1109 USD (1121 mit Marokko), während auf die Wehrpflichtstaaten (mit Marokko) 1292 USD (1283 ohne Marokko) entfielen. Allein vom durchschnittlichen Pro-Kopf-Einkommen, scheint die These von Werkner demnach nicht auf Gesamtafrika zuzutreffen. Bei der Betrachtung des Medians wird diese Aussage aber relativiert, da hier die Freiwilligenarmeen 409 USD (mit Marokko 411 USD) erwirtschaften und die Wehrpflichtarmeen ohne Marokko nur 387 USD (497 USD mit Marokko). Eine Aussage, ob „reichere" afrikanische Staaten daher zur Wehrpflicht- oder eher zur Freiwilligenarmee tendieren ist somit für Gesamtafrika nicht zulässig. Nur auf Subsahara-Afrika bezogen ist die These von Werkner jedoch eindeutig, da ohne die nordafrikanischen Wehrpflichtstaaten das durchschnittliche Pro-Kopf-Einkommen nur bei 453 USD (Median 361 USD) liegt.

Tabelle 6: Durchschnitts Pro-Kopf-BIP 1990-2011

Land	Mittelwert 1990-2011	Wehrsystem
Seychellen	7178	FA
Gabun	4321	FA
Botswana	3286	FA
Südafrika	3238	FA
Namibia	2206	FA
Republik Kongo	1102	FA
Djibouti[a]	868	FA
Kamerun	607	FA
Gambia	596	FA
Simbabwe	454	FA
Kenia	430	FA
Nigeria	413	FA
Lesotho	409	FA
Sambia	360	FA
Tansania	345	FA
Ghana	277	FA
Uganda	273	FA
Ruanda	256	FA
Burkina Faso	221	FA
Sierra Leone	175	FA

Land	Mittelwert 1990-2011	Wehrsystem
Äquatorialguinea	3984	GSWP
Mauretanien	523	GSWP
Senegal	502	GSWP
Togo	263	GSWP
Madagaskar	249	GSWP
ZAR	240	GSWP
Mali	226	GSWP
Tschad	222	GSWP
Guinea-Bissau	190	GSWP
Mittelwert	**711**	
Median	**249**	
Standardabweichung	**1234**	

Land	Mittelwert 1990-2011	Wehrsystem
Libyen[b]	6925	WP
Tunesien	2335	WP
Algerien	1909	WP
Ägypten	1495	WP
Kap Verde	1290	WP
Cote d'Ivoire	607	WP

Land	Mittelwert 1990-2011	Wehrsystem
Liberia	172	FA
Malawi	152	FA
Burundi	144	FA
Äthiopien	143	FA
DRK	113	FA
Mittelwert	1109	
Median	409	
Standardabweichung	1703	
Marokko	1414	FA
Mittelwert mit Marokko	1121	
Median mit Marokko	411	

Land	Mittelwert 1990-2011	Wehrsystem
Sudan	387	WP
Angola	385	WP
Guinea	363	WP
Benin	359	WP
Mosambik	266	WP
Eritrea[c]	178	WP
Niger	174	WP
Marokko	1414	FA
Mittelwert	1292	
Median	497	
Standardabweichung	1768	
Mittelwert ohne Marokko	1283	
Median ohne Marokko	387	
Mittelwert ohne Nordafrika	453	
Median ohne Nordafrika	361	

Quelle: Eigene Berechnung und Darstellung nach Angaben der Weltbank, in US-Dollar (konstant 2000, gerundet).

a: Daten für Djibouti nur von 1990-2009 vorhanden.
b: Daten für Libyen nur von 1999-2009 vorhanden.
c: Daten für Eritrea nur von 1992-2011 vorhanden.

Definitiv kann zudem festgehalten werden, dass die Gesetzlichen Scheinwehrpflichten durchschnittlich das geringste Pro-Kopf-Einkommen der drei Kategorien erwirtschaften (711 USD; Median

249 USD). Ohne Äquatorialguinea, das durch seine Ölförderung den höchsten Wert dieser Gruppe aufweist, sinkt das Pro-Kopf-BIP sogar auf durchschnittliche 302 USD (Median 245 USD). Es ließe sich die These aufstellen, dass die gesetzlich fixierte Wehrpflicht in diesen Ländern wegen der fehlenden wirtschaftlichen Mittel nicht durchgesetzt wird.

Dies würde sich mit der Aussage der senegalesischen Militärabteilung in der Botschaft in Berlin decken, die erklärte, das nur aufgrund des geringen Wehretats an die Freiwilligkeit der Rekruten appelliert und keine Wehrpflichtigen eingezogen würden.[44] Da der Senegal, abgesehen von Äquatorialguinea und Mauretanien, fast ein doppelt so hohes Pro-Kopf-BIP aufweist wie die restlichen Staaten dieser Kategorie, kann angenommen werden, dass die fehlenden finanziellen Mittel auch in anderen GSWP-Staaten ausschlaggebend für eine De-Facto-Freiwilligenarmee sind.

Grafik 4: Durchschnittliches BIP pro Einwohner u. Wehrsystemtyp

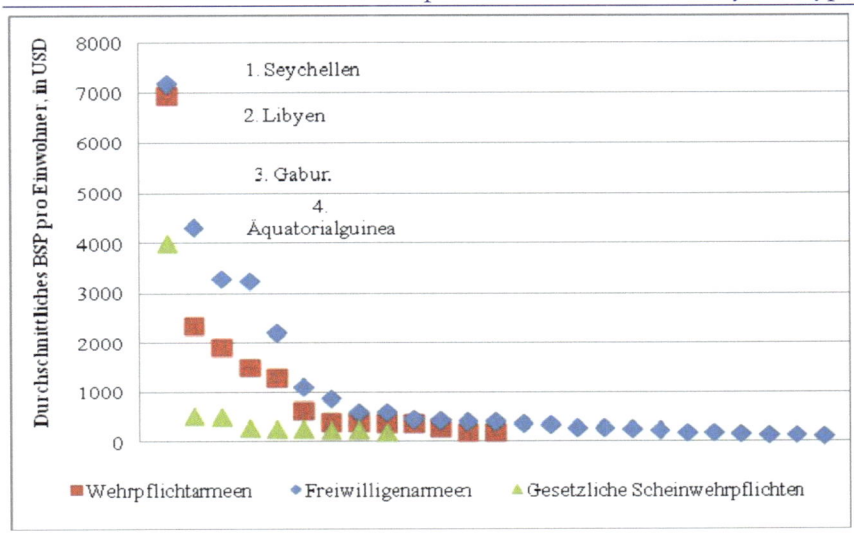

Quelle: Eigene Darstellung nach Daten der Weltbank (Reihenfolge siehe Tabelle 6).

---

[44] Antwortschreiben der senegalesischen Militärabteilung in der Botschaft in Berlin, vom 2. April 2013.

Ähnliches lässt sich nämlich auch für Tansania sagen, wo zwischen 1994 und 2011 der teilweise militärische Nationaldienst „Jeshi la Kujenga Taifa" nur aufgrund des fehlenden Budgets eingestellt wurde (Balile 2012), auch wenn dieser Dienst der primäre Rekrutierungspool der Armee war.

Festzuhalten ist außerdem, dass viele Länder aufgrund finanzieller Engpässe dazu gezwungen sind, ihre Armeen relativ klein zu halten, was tendenziell gegen die Einführung bzw. Umsetzung eines Wehrpflichtsystems spricht. So musste die liberianische Regierung nach dem Ende des Bürgerkrieges 2003 den Umfang ihrer neuen Streitkräfte aufgrund zu geringer finanzieller Ressourcen von 4.000 auf 2.000 Soldaten reduzieren (United Nations 2005b: Randnr. 37). Vielfach wird sogar eine Reduzierung der Streitkräfte von internationalen Organisationen verlangt. So war die Reform der ugandischen Armee Anfang der 1990er Jahre von über 100.000 Soldaten zwar auch aufgrund der militärischen Effizienzsteigerung und fehlendem Budget notwendig (Mondo 1995: 91; Kingma 1997: 153; Kingma/Gehyigon 2000: 89), gleichzeitig wurde die Reduzierung der Armee aber auch vom Internationalen Währungsfond und anderen Geberländern nachdrücklich gefordert. Jegliche finanzielle Zuwendungen an Uganda wurden mit der Auflage verbunden, dass das Verteidigungsbudget Ugandas nicht über 2 Prozent des Staatshaushaltes steigen durfte (Kiyaga-Nsubuga 1999: 20; Omitoogun 2003: 97f; Hendrickson 2007: 24). Für das dringend benötigte ausländische Kapital war somit ein „Downsizing" der Armee unerlässlich.

Pauschalisierungen, dass die „ärmsten" Staaten zu kleinen Freiwilligenarmeen tendieren, sind aber aufgrund des bereits angesprochenen Beispiels Niger problematisch, da dort trotz stark begrenzter Finanzmittel in geringem Umfang am Wehrpflichtsystem festgehalten wird. Gleiches gilt für Mosambik, das 1997 zur Wehrpflicht zurückkehrte. Im Jahr 2011 sollten hier von ca. 500.000 18 jährigen Wehrpflichtigen aufgrund des fehlenden Budgets nur etwa 3.000 bis 4.000 eingezogen werden können (Agência de Informação de Moçambique 2012). Als Ausreißer muss zudem Eritrea gewertet werden, das mit einem durchschnittlichen Pro-Kopf-Einkommen von 178 USD, dem achtniedrigsten aller 48 betrachteter Staaten, trotzdem eine ausgeprägte Wehrpflichtarmee mit über 200.000 Soldaten besitzt. Interessant ist hierbei, dass die BBC im Mai 2013 berichtete, dass u. a. die eritreische Diaspora in Kanada zu Spenden für die Militärausgaben aufgerufen wurde (BBC 2013c). Zwar lässt sich diese Behauptung nicht unabhängig überprüfen, jedoch ist dieser Bericht ein Hinweis darauf, dass die durchschnittlichen Pro-Kopf-Einkommen nicht die gesamte Einnahmequelle eines Staates abdecken und nicht die einzige Bezugsquelle für Militärausgaben sein müssen.

Dem Beispiel Eritreas steht jedoch Äthiopien gegenüber, das als eines der wenigen Länder sein Wehrsystem nach 1990 änderte, obwohl es das zweitniedrigste Pro-Kopf-Einkommen aufweist. Sollte die Transformation des Wehrsystems auf ökonomische Gründe zurückzuführen sein, hätte hiermit eher die Minderung der Personalkosten erreicht werden sollen. Im Kalkül der neuen äthiopischen Regierung hätte der Wehrsystemreform die Annahme zugrunde liegen müssen, dass eine Freiwilligenarmee weniger Kosten verursacht, als eine Wehrpflichtarmee. Laut Werkner würden in Europa aber gerade reiche Staaten zur Freiwilligenarmee tendieren, da sie die Mittel zu deren Professionalisierung besäßen.

Aufgrund dieser abweichenden Beispiele lassen sich keine allgemeingültigen Thesen für einen positiven oder negativen Zusammenhang zwischen den Variablen Wehrpflicht- bzw. Freiwilligenarmee und der ökonomischen Einstufung aufstellen. Es kann lediglich die Tendenz erkannt werden, dass Gesetzliche Scheinwehrpflichten und Wehrpflichtarmeen eher zu den „ärmsten" Staaten gehören, sobald sie nicht zur Region Nordafrika zählen. Interessant ist daher zu hinterfragen, welche Aufgabe den jeweiligen Streitkräften zugesprochen wird, da die Armeen in Nordafrika, wie beschrieben, offenbar primär zur Landesverteidigung dienen.

6.3 Konflikte und Auslandseinsätze

Nach einer These von Werkner hätten die meisten europäischen Staaten nach dem Ende des Kalten Krieges ihr Wehrsystem reformiert, weil die neue Primäraufgabe der Streitkräfte nicht mehr die Landesverteidigung, sondern Auslandseinsätze seien. Ebenso Haltiner, laut dessen Analyse eine Korrelation zwischen der „Militärpartizipationsrate", der Beteiligung einer Armee an Auslandseinsätzen, und dem Wehrsystem bestünde. Für die europäischen NATO- und westeuropäischen Nicht-NATO-Staaten berechnete Haltiner 1999, dass ein statistisch signifikanter Zusammenhang zwischen der Wehrpflichtrate, dem Anteil der Wehrpflichtigen an den Streitkräften, und der quantitativen Beteiligung an „Out of Area„- Operationen bestünde (r^2 = 0,430) (Haltiner 2003: 381).[45] In Werkners Untersuchung von 2003, in der unter „Out of Area-Operationen" die Einsätze KFOR, SFOR II, ISAF, Amber Fox und Enduring Freedom verstanden werden, ergibt sich für Europa immer noch ein statistisch signifikanter Zusammenhang von r^2 = 0,226, bei einem Signifikanzniveau von 0,005 (Werkner 2003: 11). Prinzipiell entsenden somit Staaten mit einer Freiwilligenarmee häufiger Soldaten in Auslandsmissionen, als Länder mit einer Wehrpflichtarmee. In der Logik der Militärsoziologie wird dieser Zusammenhang dadurch erklärt, dass professionelle Freiwilligensoldaten für Interventionen eher geeignet sind als Wehrpflichtige. Letztere verfügten aufgrund der begrenzten Dienstzeit nicht über die nötige Ausbildung und der Tod von Wehrpflichtigen würde von der Masse der europäischen Gesellschaften kritischer aufgenommen, als der Verlust von freiwilligen Berufssoldaten.[46]

Ein ähnliches Kalkül lässt sich auch für die Einsätze der südafrikanischen Apartheid-Armee „South Africa Defence Force" (SADF) erkennen. Als Armee der weißen Minderheitsregierung, bestand die SADF bis 1994 überwiegend aus weißen Wehrpflichti-

---

[45] Das r^2 steht für den Determinationskoeffizienten.
[46] Gegenläufige Untersuchungen ergaben jedoch, dass eine steigende Anzahl und der Umfang von Einsätzen gegen innere und äußere Feinde gerade mit einer zunehmenden Rekrutierung von Wehrpflichtigen einhergeht (vgl. dazu Pickering 2011).

gen, die den Machtanspruch der Regierungspartei zwar repräsentieren und schützen sollte, deren Verluste aber nur schwer hinnehmbar waren:

> „The SADF was a mirror of white society political dynamics. The white community was small and dedicated to its own self-preservation. Thus its military could not tolerate a high number of casualties. Success depended on allies and surrogates. In the Operational Zone [Nordnamibia und Grenzgebiet zu Angola, T.K.], the allies and surrogates indeed had a double utility: they divided the opposition and spared the SADF's ACF [Active Citizen Force, T.K.] unity and conscripts from a higher casualty rate, off a zero base" (Seegers 1996: 229).

Obwohl Südafrika in der Apartheid-Ära über eine der bestausgerüsteten afrikanischen Armeen verfügte, wurden gegen die im heutigen Namibia operierenden Rebellen der „South West African People's Organization" (SWAPO) kaum eigene Wehrpflichtige eingesetzt, sondern die Hauptlast des Kampfes auf schwarze, namibische Hilfstruppen verlagert (ebd.: 310). Die unbedingte Vermeidung von gefallenen Wehrpflichtigen galt als „Achillesferse" der südafrikanischen Regierung, die zur Folge hatte, dass die SADF ihr Potential nie abrufen konnte: „The real irony here is that South Africa built up its military into an impressive modern force but was never willing to use it to crush its enemies" (Thom 2010: 97).

Eine ähnliche Risikoaversität gegenüber toten Wehrpflichtigen lässt sich auch aus offiziellen sudanesischen Angaben herauslesen. In den 1990er Jahren verneinte die sudanesische Regierung, Wehrpflichtige gegen ihren Willen an die Bürgerkriegsfront zu entsenden. Zum Einen seien laut Verteidigungsminister zwischen der Einführung der Wehrpflicht 1992 und dem 31. Mai 1995 von geschätzten 2,5 Millionen Wehrpflichtigen nur 26.079 eingezogen worden. Zum Anderen hätte die Hälfte hiervon ihre Dienstzeit nicht einmal beenden müssen, da Wehrpflichtige nur freiwillig an die Front verlegt würden. Offiziell hätten sich nur 1.850 Wehrpflichtige freiwillig zum Fronteinsatz gemeldet, von denen 54 gefallen seien (HRW/Africa 1996: 371). Wie wahrheitsgemäß diese Aussage ist, lässt sich zwar nicht nachprüfen. Allein aber die Tatsache, dass die sudanesische Regierung bestritt, Wehrpflichtige gegen ihren Willen an der Front einzusetzen, zeigt, dass der Verlust von Wehrpflichtigen selbst für die politische Elite im Sudan ein sensibles Thema darstellte, das unter Umständen zu Konflikten zwischen der Regierung und der Zivilbevölkerung hätte führen können.

Im Widerspruch zu diesen Debatten um den Einsatz und den Tod von Wehrpflichtigen, steht die eigentlich geringere Risikoaversität afrikanischer Staaten gegenüber eigenen Gefallenen. So führte im Februar 2009 der Tod von elf burundischen Soldaten bei einem Anschlag in Somalia (Sanders 2009) und der Tod des burundischen, stellvertretenden Einsatzkommandeurs der AU-Mission im September 2009 (BBC 2009b) nicht zum Abzug, sondern zur Aufstockung der burundischen Truppen. Insgesamt sollen in der Mission der AU in Somalia zwischen 2007 und 2013 laut VN geschätzte 3.000 Peacekeeper umgekommen sein, die meisten aus Uganda und Burundi (Charbonneau 2013). Im Vergleich dazu zählen die VN für ihre Missionen seit 1948 gerade einmal 3.108 Gefallene (United Nations 2013).

Ebenfalls wenig risikoavers wie die AU-Truppen in Somalia zeigte sich Nigeria bei den bisher offiziell größten Peacekeeping- bzw. Peaceenforcement-Einsätzen eines unabhängigen afrikanischen Landes. In den 1990er Jahren stellte Nigeria 24.000 der 29.000 Soldaten der ECOMOG-Friedensmission (Economic Community of West African States (ECOWAS) Ceasefire Monitoring Group), in Liberia bzw. in Sierra Leone (Adebajo 2004: 293). Nach Schätzungen könnten in beiden Einsätzen bis zu 1.500 nigerianische Soldaten gefallen sein[47]. Zwar muss relativiert werden, dass die zu der Zeit in Nigeria herrschende Militärdiktatur anders auf öffentliche Kritik an den Einsätzen reagieren konnte, als dies eine gewählte Zivilregierung hätte tun können (Adebajo 2008: 196f). Im Gegensatz zu Südafrika und dem Sudan ließe sich aber die These aufstellen, dass die Regierungen und die Gesellschaften in Nigeria, Burundi und Uganda ihre Verluste „leichter" hinnehmen konnten, weil es sich bei ihren Solda-

---

[47] Allein im Kampf gegen die RUF in Sierra Leone könnten über 1.000 nigerianischen Soldaten gestorben sein. Der Blutzoll Nigerias wäre somit höher, als der der sierra leonischen Armee, die vor allem nach 1997 mit der RUF kollaborierte (Gberie 2005a: 132).

ten um Freiwillige und nicht um Wehrpflichtige handelte. Es stellt sich somit ähnlich wie für europäische auch für afrikanische Staaten die Frage, ob eine Verbindung zwischen Wehrsystem und Auslandspartizipationsrate existiert.

Aufgrund fehlender Daten im Bezug auf die Wehrpflichtrate und den Umfang der Einsatzkontingente der Militäroperationen der AU, kann die Berechnungsweise von Haltiner/Werkner nicht Eins zu Eins übernommen und kein Korrelationswert berechnet werden. Als Indikator für Einsätze afrikanischer Staaten kann nur deren Beteiligung an Friedensmissionen der VN herhalten. Exemplarisch wurde der Mittelwert der für die VN bereitgestellten Soldaten jeweils zum 30. Juni und 31. Dezember der Jahre 1992 bis 2011 berechnet.[48] Die Monate Juni und Dezember wurden gewählt, um einen möglichst breiten Querschnitt aller Kontingentstellungen zu erhalten. Zudem lag der Auswahl die Vermutung zugrunde, dass die meisten VN-Missionen länger als sechs Monate dauern. Sollte ein Staat mit einem Militärkontingent an den Operationen partizipiert haben, würde dies an mindestens einem der beiden Stichtage in die Berechnung eingehen. Wenn ein Land bis zu einer Monatsfrist keine Truppen entsandte, wurde dies in der Berechnung als „0" gewertet, um in die Kalkulation des Mittelwertes einzufließen. Militärbeobachter, die von den VN separat aufgelistet werden, sind aufgrund ihres geringen Umfangs und der Annahme, dass es sich bei diesem Personal um größtenteils unbewaffnete Einzelpersonen handelt, nicht mitgezählt worden. Die Unterscheidung der VN zwischen Truppenstellungen und Militärbeobachtern bedingt, dass der Untersuchungszeitraum erst im August 1992 beginnt, da zuvor keine getrennten Daten vorliegen. Zudem hatten bis 1989 nur 14 afrikanische Staaten Truppen für VN-Friedenseinsätze bereitgestellt. Acht davon alleine nur während der „United Nations Operation in the Congo" (ONUC) von 1960 bis 1964.[49] Nach 1990 stieg die Anzahl jedoch rapide an. Allein

---

[48] Aufgrund fehlender Daten liegt der Ausgangspunkt der Untersuchung im August 1992. Zudem mussten die Angaben vom November 1998 verwendet werden, da keine Daten für Dezember 1998 existieren.

[49] An ONUC beteiligten sich aus Afrika Ägypten, Äthiopien, Ghana, Guinea, Liberia, die Mali-Föderation (Mali und Senegal), Marokko, Nigeria, Sierra Leone, Sudan und Tunesien (Berman/Sams 2000: 405).

zwischen Januar 1997 und Juni 1999 sandten 22 afrikanische Staaten Militär- oder Polizeieinheiten bzw. Militärbeobachter an die VN (Berman/Sams 2000: 236), weshalb der gewählte Zeitraum August 1992 bis Juni 2011 gerechtfertigt ist. Überdies sind VN-Missionen ein guter Indikator, weil die wirtschaftlichen Aspekte in der politischen Entscheidungsfindung für einen Auslandseinsatz zu vernachlässigen sind und zu keiner größeren Verzerrung führen. Im Gegensatz zu autonomen Militäroperationen, die von den jeweiligen Staaten in der Regel selbst zu finanzieren sind, bezahlen die VN für jeden gestellten Soldaten ein Fixum von 1.058 USD pro Monat. Eine Reihe von Staaten partizipiert daher gerade aufgrund des wirtschaftlichen Gewinns an VN-Missionen (ebd.: 253ff). Sollte sich die Annahme Haltiners/Werkners auf Afrika übertragen lassen, müsste auch bei den VN-Missionen eine negative Korrelation zwischen der Höhe der Auslandseinsatzrate und dem Wehrpflichtsystem zu messen sein. Wehrpflichtstaaten dürften tendenziell in einem geringeren Umfang an VN-Einsätzen teilnehmen, als Länder mit Freiwilligenarmeen.

Aus der durchschnittlichen Berechnung geht hervor, dass die Länder mit dauerhafter Freiwilligenarmee in den letzten 20 Jahren im Durchschnitt 355 Soldaten (Median 66) in VN-Einsätze schickten. Der durchschnittliche Anteil der Wehrpflichtarmeen inklusive Marokko lag mit 196 (Median 20) bei fast der Hälfte. Am wenigsten Truppen entsandten allerdings die GSWP-Staaten (103; Median 17). Ähnlich wie für Europa lässt sich somit auch für Gesamtafrika eine starke Tendenz erkennen, dass gerade Freiwilligenstreitkräfte überdurchschnittlich oft an VN-Missionen teilnehmen.

Für den afrikanischen Kontinent ist zudem eine ansteigende Auslandspartizipation seit 2001 im Vergleich zum Zeitraum 1992 bis 2000 abzulesen. Nahmen alle betrachteten 48 Länder zwischen 1992 und 2000 durchschnittlich mit 101 Soldaten (Median 0,8) an VN-Missionen teil, erhöhte sich dies zwischen 2001 und 2011 auf durchschnittlich 398 Soldaten (Median 336). Ähnlich wie für Europa scheint demnach auch für Gesamtafrika eine Aufgabenverschiebung von der primären Landesverteidigung hin zu ausländischen Friedensmissionen vorzuliegen. Vielfach geht dies mit einer politischen Agenda einher, wie Ghana und vor allem Nigeria zeigen, die im betrachteten Zeitraum als größte Truppensteller des afrikanischen Kontinents hervortraten.

Grafik 5: Durchschnittliche Truppenentsendungen an die VN, Aug. 1992 bis Juni 2011

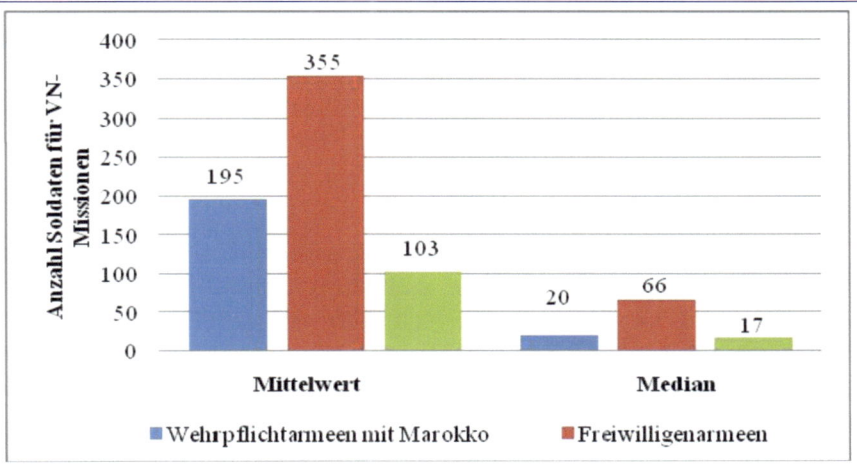

Quelle: Eigene Darstellung nach VN-Angaben (gerundet).

Während die ghanaischen Soldaten aufgrund ihrer soliden Leistung in internationalen Missionen vielfach als „the most professional" in Westafrika angesehen werden (Howe 2001: 137), zählt Nigeria zu einem der größten VN-Truppensteller weltweit (Bergstresser/Tull 2008: 9, Fußnote 6). Durch ihr verstärktes Engagement gerade in den 1990er Jahren versuchte die Militärregierung Nigerias ihren Anspruch auf einen permanenten Sitz im VN-Sicherheitsrat zu unterstreichen, ein positives Image und internationale Anerkennung aufzubauen und Sanktionen gegen das Militärregime zu verhindern (Adebajo 2008: 188-193). Das außenpolitische Engagement ist dabei nur aufgrund der immensen Öleinnahmen möglich (Adebajo 2002: 28), obwohl Nigeria allein aufgrund seiner Bevölkerungsgröße als Führungsmacht in Afrika hervorsticht. Aus letzterem Grund und wegen des hohen Bruttoinlandsprodukts entstand ein Selbstverständnis als afrikanische Großmacht. Um diesem Status gerecht zu werden, trat Nigeria in den 1990er Jahren verstärkt als regionale

Ordnungsmacht auf, wie die fast eigenständige Finanzierung und die hauptsächliche Übernahme des Personalbedarfs der ECOWAS-Friedensmissionen in Liberia und Sierra Leone zeigten (Adebajo 2008: 187). Hinzu kam vor allem zwischen den 1970er und 1990er Jahren der politische Anspruch, die westafrikanische Bindung an Frankreich zu lösen. Als einer der wenigen anglophonen Staaten in Westafrika stand Nigeria seit der Unabhängigkeit im Machtkonflikt mit Frankreich. Da Frankreich und seine frankophonen westafrikanischen Ex-Kolonien im nigerianischen Bürgerkrieg die Seite Biafras unterstützten, waren alle nigerianischen Präsidenten nach dem Bürgerkrieg 1970 bestrebt, den französischen Einfluss durch nigerianischen zu ersetzen (Adebajo 2002: 29).

Bei Ghana ist erstaunlich, dass von einer Armee mit ca. 7.000 Soldaten 1999/2001 bzw. 15.500 2011 durchschnittlich 1902 Soldaten (27 bzw. 12 Prozent) im Zeitraum von 1992-2011 in VN-Missionen im Ausland standen. Dies ist eine Kontinuität zur Politik des ersten ghanaischen Präsidenten Kwame Nkrumah, der sich für den Aufbau einer kontinentalen, afrikanischen Armee und gegen die Stationierung und den Einsatz nicht-afrikanischer Streitkräfte auf afrikanischem Boden aussprach. Folglich unterstützte Ghana auch bereits die erste VN-Mission in Afrika mit eigenen Truppen (ebd.: 25). Es scheint, dass die überwiegende Aufgabe der ghanaischen Armee nicht in der Landesverteidigung liegt, sondern sie als politisches Instrument bei der Unterstützung internationaler Friedensmissionen und der friedlichen Beilegung von Konflikten genützt wird, was sich auch aus der ghanaischen Verfassung ablesen lässt.[50] Belegt wird diese These dadurch, dass die ghanaischen Machthaber, u. a. in den 1980er Jahren der Putschist Jerry Rawlings, gerade die Partizipation an Peacekeeping-Einsätzen nutzten, um eine große Anzahl von Soldaten außerhalb des Landes in Beschäftigung zu halten, damit diese nicht innenpolitisch intervenieren konnten (Hutchful 2003: 85; vgl. auch Harkness 2012: 177).

---

[50] „In its dealings with other nations, the Government shall (c) promote respect for international law, treaty obligations and the settlement of international disputes by peaceful means" (The Constitution of the Republic of Ghana 1992: Art 40).

Tabelle 7: Für VN-Missionen abgestellte Truppen, August 1992 bis Juni 2011

Land	Mittelwert Aug. 1992 - Dez. 2000	Mittelwert Juni 2001 - Juni 2011	Mittelwert Total	Land	Mittelwert Aug. 1992 - Dez. 2000	Mittelwert Juni 2001 - Juni 2011	Mittelwert Total
Äthiopien	91	1795	1009	**Ägypten**	**487**	**1442**	**1001**
Botswana	219	0,2	101	**Algerien**	**0,4**	**0,4**	**0,4**
Burkina Faso	21	145	88	**Angola**	**0**	**0**	**0**
Burundi	0	0,7	0,4	**Benin/ Dahomey**	**0,1**	**660**	**355**
DRK/Zaire	0	0,1	0,05	Côte d'Ivoire	52	0	24
Djibouti	12	0	5	Eritrea	0	0	0
Gabun	22	0,2	11	Guinea	86	149	120
Gambia	0	83	44	**Kap Verde**	**0**	**0**	**0**
Ghana	1133	2561	1902	**Libyen**	**0**	**0,2**	**0,1**
Kamerun	0	1	0,5	**Mosambik**	**1**	**30**	**17**
Kenia	537	1294	945	**Niger**	**2**	**272**	**148**
Lesotho	0	0,1	0,05	**Sudan**	**0**	**0**	**0**
Liberia	0	0	0	**Tunesien**	**201**	**373**	**294**
Malawi	27	99	66	Mittelwert	64	225	151
Namibia	62	255	166	Median	0,4	0,4	17
Nigeria	704	3387	2149	Standardabweichung	140	417	282
Republik Kongo	2	0,1	1	**Marokko**	**154**	**1313**	**778**
Ruanda	0	1195	643	Mittelwert	70	303	196
Sambia	459	525	494	Median	0,8	15	20
Seychellen	0	0	0	Standardabweichung	137	495	319
Sierra Leone	0	36	19				

Land	Mittelwert Aug. 1992 - Dez. 2000	Mittelwert Juni 2001 - Juni 2011	Mittelwert Total	Land	Mittelwert Aug. 1992 - Dez. 2000	Mittelwert Juni 2001 - Juni. 2011	Mittelwert Total
Simbabwe	370	1	172	*Äquatorialguinea*	*0*	*0*	*0*
Südafrika	0,1	1769	952	*Guinea-Bissau*	*0*	*31*	*17*
Tansania	0,2	182	98	*Madagaskar*	*0*	*0*	*0*
Uganda	0	1	0,6	*Mali*	*43*	*15*	*28*
Mittelwert	146	533	355	*Mauretanien*	*0*	*0,2*	*0,1*
Median	2	36	66	*Senegal*	*56*	*1176*	*659*
Standardabweichung	285	931	601	*Togo*	*21*	*314*	*179*
Marokko	154	1313	778	*Tschad*	*90*	*0,2*	*42*
Mittelwert	147	563	371	*ZAR*	*0*	*0*	*0*
Median	7	59	77	Mittelwert	23	171	103
Standardabweichung	284	908	592	Median	0	0,2	17
				Standardabweichung	33	390	216

Quelle: Eigene Darstellung und Berechnung aufgrund der Daten von United Nations: Monthly Summary of Troops Contributions to Peacekeeping Operations as of 30 June and 31 December 1992-2012 (gerundet).

Fett: Wehrpflicht
Kursiv: Gesetzliche Scheinwehrpflicht

Gleiches wird auch dem großen Engagement des nigerianischen Führers Sani Abacha in Liberia und Sierra Leone nachgesagt (vgl. Adebajo 2008: 189). Auch wenn die Gründe für die Entsendung nigerianischer und ghanaischer Soldaten somit vielschichtig sind, sprechen zumindest diese beiden Beispiele dafür, dass auch afrikanische Freiwilligenarmeen ihre Soldaten, ähnlich wie die europäischen, öfter in Auslandseinsätze entsenden als Wehrpflichtarmeen.

Wie bei den vorangegangenen Variablen sind aber auch hier erneut Ausreißer festzustellen. Bereits auf Platz vier der häufigsten Truppensteller liegt mit Ägypten ein Land mit ausgeprägter Wehrpflicht. Die Gründe, weshalb Ägypten sich vor allem in den letzten zehn Jahren massiv an Auslandseinsätzen beteiligte, sind dabei ähnlich wie für Nigeria politisch zu erklären. Beide Länder sind wie auch das insgesamt fünftplatzierte Südafrika direkte Konkurrenten um die politische Vorherrschaft in Afrika und um einen ständigen Sitz im Sicherheitsrat der VN.[51] Aus militärsoziologischer Sicht scheint es naheliegend, dass Nigeria seit jeher eine Freiwilligenarmee besitzt und Südafrika die Wehrpflicht 1994 abschaffte, um verstärkt an Auslandsmissionen zu partizipieren. Obwohl Ägypten ähnliche außenpolitische Interessen verfolgt, wird dort jedoch an der Wehrpflicht festgehalten. Letzteres hängt, wie beschrieben, mit der massiven Grenzsicherung gegenüber den nordafrikanischen Nachbarn und Israel zusammen.

Auch ist die Reform des südafrikanischen Rekrutierungssystems nicht mit der militärsoziologischen Annahme zu erklären, dass Staaten ihre Wehrsysteme von Wehrpflicht- zu Freiwilligenrekrutierung ändern, um verstärkt an Auslandsmissionen teilzunehmen. Trotz der seit 2001 deutlich gestiegenen Auslandspartizipationsrate der südafrikanischen Streitkräfte muss festgehalten werden, dass Peacekeeping-Einsätze im „Defence Review" von 1998 nur als sekundäre und die Landesverteidigung vor externen Bedrohungen als Primäraufgabe bezeichnet wurde.[52] Allein diese beiden Staaten zeigen somit erneut, dass verschiedene Faktoren, vor allem geopolitische Gründe, das Für oder Wider die Wehrpflicht beeinflussen.

Auffällig ist, dass neun Länder in den betrachteten Monaten überhaupt nicht mit Soldaten an VN-Auslandseinsätzen teilnahmen. Vier dieser Länder verfügen über die Wehrpflicht (Angola, Eritrea, Kap Verden, Sudan), zwei über eine Freiwilligenarmee (Liberia, Sey-

---

[51] Zu Nigerias Ansprüchen als „Ordnungsmacht" siehe Bergstresser/Tull 2008: 7.
[52] „The primary function of the SANDF is defence against external aggression. The other functions are secondary" (Department of Defence 1998: Chapter 1, Randnr. 29). „In terms of the mandate of the SANDF, participation in international peace support operations is a secondary function"(Department of Defence 1998: Chapter V, Randnr. 34).

chellen). Drei Staaten sind Scheinwehrpflichtstaaten (Äquatorialguinea, Madagaskar, ZAR). Die Nichtteilnehmer setzen sich somit fast zu gleichen Teilen aus Wehrpflicht- bzw. Freiwilligenarmeen zusammen. Zählt man diejenigen afrikanischen Staaten hinzu, die im Durchschnitt weniger als 100 Soldaten zu VN-Auslandseinsätzen entsandten, erhöht sich die Zahl auf 30. Mehr als jedes zweite afrikanische Land beteiligt sich daher nur in geringem Umfang oder gar nicht mit Truppen an Friedensmissionen der VN. Hierunter zählen acht der 13 Länder mit einem Wehrpflichtsystem. Mehr als die Hälfte aller Länder mit einem Wehrpflichtsystem (62 Prozent) nimmt daher gar nicht oder nur in begrenztem Rahmen mit Truppen an VN-Friedensmissionen teil. Somit bestätigt sich die These Haltiners/Werkners auch für Afrika, wenn davon gesprochen wird, dass Wehrpflichtarmeen tendenziell ihre Soldaten weniger häufig in Auslandseinsätze schicken als Freiwilligenarmeen.

Grafik 6: Durchschnittliche Truppenentsendungen an die VN, August 1992 bis Juni 2011

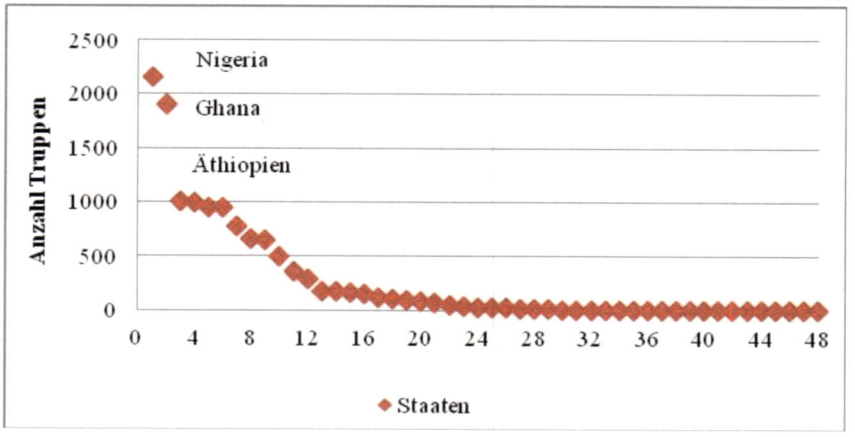

Quelle: Eigene Darstellung nach Daten der VN.

Die These wird dadurch unterstützt, dass unter den ersten neun Plätzen, die im angegebenen Zeitraum im Durchschnitt über 500 Soldaten an die VN überstellten, ohne Marokko sieben Staaten mit einer Freiwilligenarmee lagen. Auffällig ist zudem, dass sich Südafrika (Platz 6) und Äthiopien (Platz 3), die ihre Wehrsysteme in den 1990er Jahren reformierten, erst seit dem neuen Jahrtausend massiv an Auslandseinsätzen beteiligen. Bis zur abgeschlossenen Wehrsystemreform entsandten beide Länder dagegen kaum Truppen, was der Hypothese Haltiners/Werkners entspricht.

Gerade das Beispiel Äthiopien unterstützt die Annahme, da dieses Land vor der Militärdiktatur des „Derg" und den Kriegen mit Eritrea eine „Tradition" an Auslandsmissionen besaß. So stellte die kaiserliche äthiopische Armee 1950 ca. 5.000 Soldaten für den Koreakrieg und partizipierte 1960 auch an der VN-Peacekeeping-Mission im Kongo. Erst in Folge der Machtübernahme des Militärs 1974 folgte die Abkehr von Auslandseinsätzen, hin zu einer stärkeren Fokussierung auf die Landesverteidigung gegen die abtrünnige Provinz Eritrea bzw. gegen das Nachbarland Somalia (Matthies 2005: 191f). Um mehr Soldaten für die Bekämpfung der eritreischen und tigrischen Rebellionen zu bekommen, wurde 1984 die Wehrpflicht für alle wehrfähigen äthiopischen Männer eingeführt (Welch 1991: 151). Mit der Aufgabenverschiebung der Armee und der Transformation des Wehrsystems, erfolgte bis in die 1990er Jahre eine kontinuierliche Vergrößerung der Streitkräfte und die „Militarisierung und staatliche Durchdringung aller Lebensbereiche der äthiopischen Gesellschaft" (Matthies 2005: 192). Am Beispiel Äthiopiens oder Eritreas lässt sich erkennen, dass große Wehrpflichtarmeen in Subsahara-Afrika ähnlich wie in Europa primär zur Landesverteidigung genutzt, kleinere Freiwilligenarmeen dagegen durchaus im Ausland eingesetzt werden.

Die These wird dadurch gestärkt, dass die meisten subsaharischen Staaten, die im großen Umfang von einer Wehrpflicht Gebrauch gemacht haben, allesamt Erfahrung mit innerstaatlichen Konflikten besaßen. So führten Angola und Mosambik die Wehrpflicht aufgrund ihrer Bürgerkriege Ende der 1970er bzw. Anfang der 1980er Jahre ein. Gleiches gilt für Äthiopien und Somalia sowie zu einem gewissen Grad auch für den Sudan.

Die Einführung bzw. Durchsetzung der Wehrpflicht sollte in den genannten Staaten eine schnellstmögliche, massive Rekrutierung in die Armee ermöglichen, um die bestehenden Regierungen gegen die jeweiligen Aufstandsbewegungen zu verteidigen.

Tabelle 8: Zeitliche Einführung der Wehrpflicht und Bürgerkriege

Land	Unabhängigkeit	Einführung Wehrpflicht	Bürgerkriege und innerstaatliche Konflikte
Ägypten	1922 Gb.	1955	k.A.
Algerien	1962 Fr.	1969	seit 1990 gegen verschiedene islamistische Gruppierungen
Angola	1975 Port.	1982?-1991; 1997-2002; seit 2002	gegen UNITA: 1975-1991; 1991-1995; 1998-2002 gegen FLEC: 1991; 1994; 1996-1998; 2004; 2007; 2009
Äthiopien		1983-1991	gegen EPDRF, EPLF u. a.: 1960-1991
Benin	1960 Fr.	1960?-?; seit 2007	k.A.
Burundi	1960 Belg.	1996-2002	gegen CNDD, CNDD-FDD, Palipehutu-FNL: 1994-2006
Côte d'Ivoire	1960 Fr.	1961	gegen FRCI: 2002-2004 gegen FDSI-CI: 2010-2011
Eritrea	1993 Äthiopien	1991	k.A.
Guinea	1958 Fr.	1958?	gegen RFDG: 2000-2001
Kap Verde	1974 Port.	1975?	k.A.
Libyen	1951 Ital.	1978	gegen verschiedene Milizen: 2011
Marokko	1956 Fr.	1966-2006	gegen POLISARIO: 1975-1989
Mosambik	1975 Port.	1978-1992; seit 1997	gegen RENAMO: 1977-1992
Niger	1960 Fr.	1962	seit 1991 gegen verschiedene Aufstandsbewegungen
Seychellen	1976 Fr.	1981-1993	k.A.
Somalia	1960 Gb./Ital.	1964/1984-1991	gegen verschiedene Clanmilizen seit 1982
Südafrika	1931 Gb.	1957-1994	gegen SWAPO: 1966-1988 gegen ANC: 1978-1988
Sudan	1953 Gb.	1972-1989; seit 1992 (durchgesetzt 1995)	gegen Anya Nya: 1963-1971 gegen SPLM/A: 1983-2005 gegen JEM, SLM/A u. a.: seit 1983
Tansania	1961 Gb.	1972-1994	k.A.
Tunesien	1956 Fr.	1956	gegen Résistance Armée Tunisienne: 1980

Es wurden jeweils nur die größten Rebellengruppen aufgelistet. Zwischenstaatliche Konflikte und Unabhängigkeitskriege wurden nicht berücksichtigt. Ein Konflikt wird vom UCDP definiert als gewaltsame Auseinandersetzung von mindestens zwei Parteien, von denen eine die Regierung ist, bei deren Auseinandersetzung mindestens 25 Personen innerhalb eines Jahres und pro Dyade im Kampf gestorben sein müssen. Da Marokko die West Sahara seit 1975 annektiert, soll der Konflikt gegen POLISARIO ähnlich wie bei Äthiopien gegen die EPLF als Bürgerkrieg gelten.

Quelle: Eigene Darstellung, Bürgerkriegsdaten aus Department of Peace and Conflict Research (2012b).

Gb.: Großbritannien   Fr.: Frankreich   Port.: Portugal   Belg.: Belgien   Ital.: Italien

Da innerstaatliche Konflikte aber auch in zahlreichen anderen Staaten, z.B. in Uganda, Ruanda oder in der DRK ausbrachen, hier aber keine Wehrpflicht eingeführt wurde, ist der Zusammenhang zu Bürgerkriegen zwar ein wichtiges Indiz, das angibt, dass die Primäraufgabe von Wehrpflichtstaaten in Subsahara-Afrika die Sicherung von Regierungen ist. Bürgerkriege bringen aber keine abschließende Begründung, wann ein Land die Wehrpflicht durchsetzt und wann nicht. Sechs der afrikanischen Staaten, die jemals über ein Wehrpflichtsystem verfügten, waren nämlich nie von Bürgerkriegen betroffen.

Im Bezug auf die geringe Teilnahme an VN-Missionen muss zudem angemerkt werden, dass die fehlende Bereitschaft Soldaten an die VN abzustellen, nicht bedeutet, dass eine Regierung jegliche militärische Intervention scheut. Das beste Beispiel hierfür liefert Libyen, das den VN im angegebenen Zeitraum fast keine Truppen zur Verfügung stellte. Libyen intervenierte jedoch nach Angaben von ausländischen Beobachtern in den 1970er und 1980er Jahren sowohl im Tschad als auch in Uganda (vgl. Ronen 2008: 145-179). In Uganda sollen 1979 zwischen 3.400 und 4.500 (vgl. Pollack 2002: 374; Ronen 2008: 152) und auf dem Höhepunkt der Operationen im Tschad im Februar 1987 zwischen 8.000 und 20.000 libysche Soldaten gekämpft haben (vgl. Pollack 2002: 394f; Ronen 2008: 169). Beide Einsätze waren dabei nur zu realisieren, weil der „Revolutionsführer" Muammar al-Gaddafi im Mai 1978 die Wehrpflicht einführen ließ und die Armee bis 1979 auf 42.000 Mann vergrößerte (Ronen 2008: 152).[53] Ähnliches galt für Ägypten während der Militäroperation im Jemen, wo Ende 1965 70.000 ägyptische Soldaten kämpften (Pollack 2002: 55). Der stetig anwachsende Personalbedarf führte hier zur Ausweitung der Wehrpflichtrekrutierung von Universitätsabsolventen, um das ägyptische Offiziers- und Unteroffizierskorps zu vergrößern (ebd.: 57).[54] Somit widersprechen beide Fälle der Theorie der eurozentristischen Militärsoziologie, da die Wehr-

---

[53] Laut Military Balance betrug die Gesamtstärke der libyschen Freiwilligenarmee 1976/77 noch 29.700 (IISS 1976: 36).

[54] Zunächst lehnte die politische Führung jedoch eine Ausdehnung der Wehrpflicht auf die gebildetere Oberschicht ab, da Letztere bei der wirtschaftlichen Entwicklung des Staates helfen sollte (vgl. Barnett 1992: 102).

pflicht in diesen Fällen scheinbar nur eingeführt bzw. ausgeweitet worden ist, um in Nachbarländern zu intervenieren. Zudem bezahlten sowohl Libyen mit mindestens 7.500 Toten allein während der Operationen 1987 im Tschad (ebd.: 397) als auch Ägypten mit 26.000 Toten im Jemen (ebd.: 56) einen sehr hohen Blutzoll. Zwar ist nicht bekannt, wie hoch der Anteil der Wehrpflichtigen an den Opfern war, jedoch ist zu vermuten, dass keine der Regierungen Rücksicht auf tote Wehrpflichtige nahm, da die Wehrpflicht ja gerade im Kalkül der Kriegführung ausgeweitet worden war.

Weitere Wehrpflichtarmeen, die bis mindestens 2001 gar nicht an VN-Missionen partizipierten, aber trotzdem in der benachbarten DRK intervenierten, sind Angola und Burundi. Zwischen 1998 und 2002 operierten beide laut Angaben der International Crisis Group (ICG) mit 2.000 bis 2.500 im Falle Angolas bzw. Burundis mit 2.000 Soldaten in der DRK. Simbabwe, das zwischen 2001 und 2011 nur durchschnittlich einen Soldaten an die VN entsandte, hatte gar 11.000 Soldaten in der DRK. Ruanda und Uganda, die vor 2001 keine Truppen an die VN schickten, operierten in diesem Krieg mit 17.000 bis 25.000 bzw. 10.000 Soldaten (ICG 2000: 4). Augenscheinlich kann die europäische Militärsoziologie bei der Erklärung von afrikanischen Militäreinsätzen somit nur begrenzt angewandt werden. Ohne politische und wirtschaftliche Hintergründe ist vor allem die Partizipation afrikanischer Staaten im „Ersten Afrikanischen Weltkrieg" (Reyntjens 2009: 198) in der DRK nicht zu erklären.[55]

Ein weiterer Verzerrungsfaktor in der Partizipation an VN-Missionen, der nicht unbeachtet bleiben darf, ist die meist fehlende Transportkapazität vieler afrikanischer Staaten. Eine Großzahl afrikanischer Länder ist bei der Teilnahme an Auslandseinsätzen von europäischer oder nordamerikanischer Hilfe abhängig, die die versprochenen Truppen der Entsendeländer in die jeweiligen Einsatzgebiete fliegen müssen (Berman/Sams 2000: 262).

---

[55] So sollen beispielsweise vor allem die simbabwischen Interessen laut Expertengruppe der VN wirtschaftlicher Natur gewesen sein, da sie geostrategisch nicht einmal eine gemeinsame Grenze mit der DRK teilen (vgl. United Nations 2002).

Zusammenfassend ist die These, dass Länder mit Freiwilligenarmeen eher dazu tendieren, an Auslandseinsätzen teilzunehmen bzw. dass Länder mit Wehrpflichtsystemen nur in geringerem Umfang Truppen für internationale Missionen bereitstellen, mit einigen Ausnahmen auch auf Gesamtafrika anzuwenden. Zudem lässt sich ein deutlicher Anstieg der durchschnittlichen Truppenentsendungen nach 2001 erkennen, was für eine stärkere Verlagerung von der militärischen Primäraufgabe, der Landesverteidigung, hin zu Interventionsarmeen spricht. Im Unterschied zu Europa haben afrikanische Staaten nach 1990 für die Partizipation an Auslandsoperationen aber ihr Wehrsystem nicht eigens reformiert, sondern meist beibehalten.

6.4 Zwischenfazit

Im ersten Teil dieser Arbeit wurde untersucht, in wie weit sich die für (West)-Europa aufgestellten militärsoziologischen Thesen von Karl Haltiner und Ines-Jacqueline Werkner hinsichtlich der Transformation der europäischen Wehrsysteme auf den afrikanischen Kontinent übertragen lassen. Im Gegensatz zu Europa ist für die afrikanischen Staaten keine Reduzierung, sondern seit 1990/91 eine durchschnittlich moderate Erhöhung der Streitkräfte zu erkennen. Aufgrund der gestiegenen Bevölkerungszahlen für Gesamtafrika entspricht dies aber keiner gestiegenen Militarisierung, sodass gemessen an der Gesamtbevölkerung sogar von einer Reduzierung der Militarisierungsrate gesprochen werden muss. Gleichfalls ist von keinem Ende der Dominanz von Massen- oder Wehrpflichtarmeen in Afrika zu sprechen, weil Massenarmeen im europäischen Verständnis in Afrika nicht existierten und die Wehrpflicht hier nie das ausgeprägte Wehrsystem gewesen ist. Im Bezug auf Gesamtafrika ist aber entsprechend der europäischen Annahme zu erkennen, dass Wehrpflichtstaaten tendenziell über die deutlich größeren Armeen verfügen, als Freiwilligenarmeen.

In der Betrachtung einer wirtschaftlichen Korrelation, dem durchschnittlichen Pro-Kopf-Einkommen zwischen 1990 und 2011, ist für Gesamtafrika gegenläufig zu der herrschenden militärsoziologischen Annahme nicht zu erkennen, dass „reiche" Staaten zur Freiwilligen- und „ärmere" Staaten zu Wehrpflichtarmeen tendieren. Für Gesamtafrika betrachtet besitzen die Wehrpflichtstaaten sogar ein höheres Bruttoinlandsprodukt pro Einwohner, als Länder mit Freiwilligenarmee. Da sich das Verhältnis bei der Betrachtung auf Subsahara-Afrika jedoch umkehrt, sind Verallgemeinerungen für Gesamtafrika nicht zulässig. Einzig, dass die Länder mit Scheinwehrpflichten das durchschnittlich geringste Pro-Kopf-Einkommen generieren, lässt die Annahme zu, dass dort die Wehrpflicht aufgrund fehlender finanzieller Mittel nicht zur Anwendung kommt. Gegenläufig zur eurozentristischen Militärsoziologie kann für Subsahara-Afrika daher die These aufgestellt werden, dass fehlendes Budget größere Armeen und die Durchsetzung einer gesetzlichen Wehrpflicht verhindern. Überdies wird deutlich, dass im afrikanischen Kontext die regionale Lage eines Staates ein bedeutender Faktor für das Wehrsystem und die Größe einer Armee ist. Aufgrund des andauernden Misstrauens und gegenseitiger Grenzkonflikte, stechen gerade die Länder Nordafrikas und vom Horn von Afrika bei der Militarisierung und der Größe ihrer Streitkräfte hervor.

Im Bezug auf die Auslandspartizipation ist dagegen ähnlich wie in Europa ein wenn auch geringer Zusammenhang von Wehrsystem und Auslandseinsätzen zu erkennen. Tendenziell neigen Staaten mit Freiwilligenarmeen häufiger dazu, Soldaten in Friedensmissionen der Vereinten Nationen zu entsenden als Wehrpflichtstaaten.

Wie einige bereits diskutierte Ausnahmen aber andeuteten, sind im afrikanischen Kontext im Gegensatz zu Europa immer auch andere politische, regionale und soziale Aspekte bei der Entscheidung für oder gegen die Beibehaltung bzw. Durchsetzung der Wehrpflicht verantwortlich. Es stellt sich demnach die Frage, in wie weit spezifisch afrikanische Variablen die Entscheidung für oder gegen die Durchsetzung der Wehrpflicht bis zum Jahr 2011 mitbestimmt haben könnten, die in der eurozentristischen Militärsoziologie keine Beachtung zugesprochen bekommen.

7 Afrikanische erklärende Variablen

7.1 Kolonialzeit

In Kapitel 4 wurde bereits angedeutet, dass viele afrikanische Staaten hinsichtlich der Entwicklung ihrer Armeen in starker Abhängigkeit von ihrer ehemaligen europäischen Kolonialmacht blieben. Außer Äthiopien, das de facto nie vollständig und nur für wenige Jahre teilweise von Italien besetzt war, stand nur Liberia nie unter kolonialer Fremdherrschaft. Im Gegensatz dazu gehörten die meisten anderen afrikanischen Gebiete entweder zum französischen oder zum britischen Kolonialreich. Für die Militärsoziologie ist hierbei interessant, dass diese beiden europäischen Länder traditionell eine bestimmte Art der Wehrsysteme verkörperten. Während Großbritannien allgemein eine Berufsarmee zugeschrieben wird, gilt Frankreich durch die „levée en mass" aus der Zeit der französischen Revolution von 1793 als Begründer der Wehrpflicht (siehe hierzu Bond 1994; Krumeich 1994; Forrest 2002; Kestnbaum 2002; Klein 2004: 13 u. 22). Während Großbritannien nur während der Weltkriege eine Wehrpflicht durchsetzte und nach 1945 relativ schnell zu einer Freiwilligenarmee zurückkehrte (Forrest 2002: 112-116; Mjøset/Holde 2002: 81), gehörte Frankreich aufgrund seiner fast 200 Jahre andauernden Wehrpflichttradition bis Ende 2001 zu den stärksten europäischen Verfechtern dieses Wehrsystems (Haltiner 1999: 21; Leander 2004: S. 571 u. 583-593; Werkner 2006: 124ff). Gleichzeitig war Frankreich auch die einzige europäische Kolonialmacht, die zwischen 1912 und 1960 sowohl in Kriegs- als auch in Friedenszeiten eine allgemeine Wehrpflicht in ihren afrikanischen Kolonien durchsetzte (Echenberg 1991: 4). Großbritannien forderte dagegen den Wehrdienst für Afrikaner im Gebiet der Goldküste (dem heutigen Ghana) seit Ende 1941 nur aufgrund des steigenden Personalbedarfs während des Zweiten Weltkriegs und rekrutierte selbst dann primär nur Handwerker und Fahrzeugführer („motor driver") (Killingray 1982: 86).

Unstrittig ist auch, dass vor allem Frankreich mit seinen ehemaligen Kolonien über militärische Beistands- und Unterstützungspakte eng verbunden blieb und den Aufbau vieler afrikanischer

Armeen direkt beeinflusste (vgl. u. a. Chipman 1989: 114-167; Gregory 2000). Da beide Länder als Verkörperung ihrer jeweiligen Wehrstruktur gesehen werden, stellt sich die Frage, ob ein Zusammenhang zwischen der Kolonialvergangenheit und dem Wehrsystem der heutigen unabhängigen afrikanischen Länder existiert. Dabei lässt sich die These aufstellen, dass ehemalige französische Kolonien eher zur Wehrpflicht tendieren als britische. Entscheidend ist dabei nicht, ob ein heute unabhängiges Gebiet jemals zum Kolonialbesitz eines der beiden Staaten zählte, sondern nur, ob Franzosen oder Briten die letzten Kolonialherren waren, die die Kolonie in die Unabhängigkeit entließen.

Von den in die Analyse aufgenommenen 48 unabhängigen afrikanischen Staaten zählten nach 1918 17 zum britischen und 19 zum französischen Kolonialbesitz. Vier Länder gehörten zu Portugal, drei zu Belgien und eines zu Spanien. In Äthiopien gab es nur eine sehr kurze und in Libyen sowie Teilen Somalias eine länger andauernde italienische Kolonialherrschaft. Zur besseren Darstellung soll Äthiopien hier wie eine italienische Kolonie geführt werden. Eritrea erlangte seine Selbstständigkeit erst 1993 nach seinem Unabhängigkeitskrieg gegen Äthiopien. Zuvor zählte es wie die anderen Gebiete jedoch auch zum italienischen Besitz, ehe Italien 1947 offiziell auf alle Kolonien verzichtete und die Gebietsverwaltungen an die VN übertragen wurden. Das ehemalige Deutsch-Südwestafrika, das heutige Namibia, wurde 1918 unter die Verwaltung Südafrikas gestellt und 1948 als fünfte Provinz annektiert (Dzinesa/Rupiya 2005: 200). Seine vollständige Souveränität erlangte Namibia erst 1990.

Aus Tabelle 9 lässt sich ablesen, dass ein enger Zusammenhang zwischen der Kolonialvergangenheit und der Wehrstruktur besteht. Von den 17 britischen Kolonialländern haben sechs Staaten von einer gesetzlichen Möglichkeit der Wehrpflicht Gebrauch gemacht (35 Prozent). Mit Ägypten und dem Sudan praktizieren dies aber nur noch zwei Länder (12 Prozent). Gesetzliche Scheinwehrpflichten, die die Wehrpflicht zwar gesetzlich eingeführt aber nicht umgesetzt haben, existieren unter den ehemaligen britischen Kolonien nicht.

Tabelle 9: Zugehörigkeit zu Kolonialmächten seit 1918

	Großbritannien	Frankreich	Portugal	Belgien	Italien	keine/ andere
Länder (Jahr der Unabhängigkeit)	**Ägypten (1922)** Botswana (1966) Gambia (1965) Ghana (1957) Kenia (1963) Lesotho (1966) Malawi (1960) Nigeria (1960) Sambia (1964) <u>Seychellen (1976)</u> Sierra Leone (1961) Simbabwe (1980) Somalia^a (1960) <u>Südafrika (1910)</u> **Sudan (1956)** <u>Tansania (1961)</u>^c Uganda (1962)	**Algerien (1962) Benin (Dahomey) (1960)** Burkina Faso (Ober Volta) (1960) **Côte d'Ivore (1960)** Djibouti (1977) Gabun (1960) **Guinea (1958)** Kamerun^b (1960) *Madagaskar (1960) Mali (1960) Mauretanien (1960)* <u>Marokko (1956)</u> **Niger (1960)** Republik Kongo (1960) *Senegal (1960) Tschad (1960) Togo (1960)*^d **Tunesien (1956)** *ZAR (1960)*	**Angola (1975)** *Guinea-Bissau (1974)* **Kap Verde (1975) Mosambik (1975)**	<u>Burundi (1962)</u> DRK (1960) Rwanda (1962)	<u>Äthiopien (ital. Besatzung 1935-1941)</u> **Eritrea (1993 von Äthiopien) Libyen (1951)**	*Äquatorialguinea (1968 von Spanien)* Liberia (gegründet 1847) Namibia (1990 von Südafrika)
Total 49 (WP jemals 20)	17 (6) GSWP 0	19 (7) GSWP 7	4 (3) GSWP 1	3 (0) GSWP 0	3 (3) GSWP 0	3 (0) GSWP 1

Quelle: Eigene Darstellung; Kolonialmacht und Unabhängigkeitsdatum aus Martin/O'Meara 1995: xviiff Table 1.

Fett: Wehrpflicht *Kursiv*: Gesetzliche Scheinwehrpflicht <u>Unterstrichen</u>: Ehemaliger Wehrpflichtstaat

a: Das Gebiet des heutigen Somalia war zwischen Großbritannien, Frankreich und Italien aufgeteilt. Da der britische Teil jedoch den größten Teil des heutigen Somalias ausmacht, soll Somalia hier als britische Kolonie gelten.

b: Das Gebiet des heutigen Kameruns wurde nach 1918 in ein britisches und ein französisches Treuhandgebiet aufgeteilt. Da der französische Teil dominierte und Französisch einen größeren Stellenwert besitzt als Englisch, wird Kamerun hier als französische Kolonie gewertet.

c: Das Festland des heutigen Tansanias, Tanganyika, wurde bereits 1961 unabhängig, die Insel Sansibar erst 1963. 1964 schlossen sich beide zur Vereinigten Republik Tansania zusammen.

d: Togo wurde wie Kamerun nach 1918 zwischen Großbritannien und Frankreich aufgeteilt. Da Französisch aber noch heute als Landessprache gilt und starke Verbindungen zu Frankreich bestehen, zählt Togo als frankophones Land.

Weder die Verfassungen Botswanas, Gambias, Kenias, Lesothos, Nigerias noch die in Sierra Leone beinhalten einen Passus, der es zur Pflicht eines jeden Bürgers macht, die Souveränität und Integrität des Staates zu verteidigen. Mit Botswana, Gambia, und Lesotho besaßen sogar drei Staaten für mehrere Jahre nach ihrer Unabhängigkeit überhaupt keine Armee.

In den 19 ehemaligen französischen Kolonien wird in allen Verfassungen, außer der des Senegal, die Verteidigung der Souveränität und Integrität des Staates zur Pflicht eines jeden Bürgers gemacht oder eine explizite Wehrpflicht festgeschrieben. Sieben der neun Staaten, die in dieser Analyse als GSWP-Staaten geführt werden, gehörten zum französischen Kolonialbesitz. Weitere sieben ehemalige Kolonien Frankreichs besaßen die Wehrpflicht, wobei allein Marokko sein Wehrsystem nach 1990/91 von einer Wehrpflicht- zur Freiwilligenarmee reformierte.

74 Prozent aller ehemaligen französischen Kolonien sind daher Wehrpflicht- oder Scheinwehrpflichtarmeen gewesen. 68 Prozent fallen 2011 noch immer in diese Kategorien. Die Tatsache, dass Frankreich zwischen 1912 und 1960 Wehrpflichtquoten für die verschiedenen afrikanischen Kolonialgebiete einforderte (Echenberg 1991: 53) und die afrikanischen Staaten auch nach ihrer Unabhängigkeit fast ausschließlich über vertragliche militärische Partnerschaften an Frankreich gebunden blieben, scheint ein Grund für die gesetzliche Übernahme des Wehrpflichtsystems gewesen zu sein.

Noch stärker ist die Korrelation in den portugiesischen Kolonien, die alle kurz nach ihrer Unabhängigkeit die Wehrpflicht einführten. Zwar liegen die Gründe bei Angola und Mosambik primär in den ausbrechenden Bürgerkriegen, für Guinea-Bissau und vor allem die Kap Verden, trifft dies jedoch nicht zu, da in Guinea-Bissau erst 1998 ein kurzzeitiger Bürgerkrieg herrschte und die Kap Verden als eines der stabilsten und demokratischsten Länder Afrikas gelten.[56] Ähnlich wie für die französischen Kolonien gilt auch für diese vier Länder, dass bereits während ihrer Kolonialzeit eine länge-

---

[56] Laut dem Freedom House Ranking gehören die Kap Verden zu einem der wenigen afrikanischen Länder, in denen eine freie Meinungsbildung möglich ist und die über eine frei und fair gewählte demokratische Regierung verfügen (vgl. Freedom House 2011).

re Wehrpflichttradition bestand. Im Zuge der Unabhängigkeitskämpfe der afrikanischen Kolonien führte Portugal nämlich die gleichen Wehrpflichtkonditionen für die schwarze Bevölkerung ein, wie für die Staatsbürger des portugiesischen Mutterlandes. So hatten alle Männer zwischen 20 und 45, unabhängig ob in Portugal oder in Afrika, für zwei Jahre bzw. seit 1968 für vier Jahre, Wehrdienst zu leisten. Während dieses Gesetz in den Kolonien zunächst kaum umgesetzt wurde, fand mit der zunehmenden Intensität der Freiheitskämpfe in den lusophonen afrikanischen Gebieten und dem erhöhten Personalbedarf der portugiesischen Armee seit 1966 eine verstärkte „Afrikanisierung" der portugiesischen Streitkräfte statt (Cann 1997: 88).[57] 1974 dienten über 85.000 afrikanische Soldaten in den portugiesischen Kolonien (vgl. Wheeler 1976: 237f). Es kann somit vermutet werden, dass die unabhängigen ehemaligen portugiesischen Kolonien allesamt aufgrund der prägenden Erfahrung der Wehrpflichtzeit und ihres eigenen Freiheitskampfes die Wehrpflicht übernahmen. Neben der Mobilisierung von Soldaten sollten die Armeen im portugiesischen Kalkül nämlich auch zur Disziplinierung und Kultivierung der Massen beitragen, weshalb der Dienst in der Armee als ein wichtiger Aspekt der Machtdurchsetzung angesehen werden kann (ebd.: 235f). Dieser mehrdimensionale Nutzen scheint vor allem für das unabhängige Guinea-Bissau zuzutreffen, da die dortige gesetzliche Wehrpflicht direkt nach der Unabhängigkeit weiter eingefordert, aufgrund ökonomischer Engpässe aber nur bis zu den 1980er Jahren umgesetzt wurde (vgl. CSI 2001: 197; Agence de Presse Africaine 2006b).

Eine ähnliche Abhängigkeit liegt scheinbar auch für die italienischen Kolonien Äthiopien, Eritrea und Libyen vor, die zumindest übergangsweise alle einmal die Wehrpflicht besaßen. Bei genauerer Betrachtung fällt jedoch auf, dass zwischen der italienischen Kolonialzeit und der Einführung der Wehrpflicht jeweils mehrere Jahrzehnte vergingen, sodass im Gegensatz zu den französischen und portugiesischen Kolonien von keiner zeitlichen Kontinuität gesprochen werden kann. So führte Libyen die Wehrpflicht erst

---

[57] Wheeler gibt abweichend an, dass nach portugiesischem Gesetz alle männlichen Portugiesen zwischen 18 und 45 einen zweijährigen Dienst in der Armee leisten mussten (Wheeler 1976: 240).

1978 unter Oberst (Colonel) Muammar al-Gaddafi, Äthiopien erst 1984 unter dem Militärregime des „Derg" während des eritreischen Bürgerkriegs und Eritrea offiziell erst 1993 nach seiner Unabhängigkeit ein. Die frühere Zugehörigkeit als italienische Kolonie scheint allenfalls sekundär eine Rolle gespielt zu haben.

Gleiches gilt für die belgischen Teile Afrikas. Hier besaß keiner der drei Staaten über einen längeren Zeitraum ein Wehrpflichtsystem und nur Burundi führte 1996 für die Dauer von maximal vier bis sechs Jahren einen Wehrdienst für Schulabsolventen ein. Ein Zusammenhang mit der belgischen Kolonialherrschaft ist somit nicht zu erkennen.

Trotz der teilweisen zeitlichen Verschiebung kann daher lediglich aufgrund der Differenzierung in britische bzw. französische Kolonien, eine starke Korrelation zwischen den ehemaligen Kolonialherren und den Wehrsystemen erkannt werden. Die eingangs formulierte These, dass Länder mit französischer Vergangenheit eher zur Wehrpflicht tendieren als britische, lässt sich somit eindeutig bestätigen.

Zu hinterfragen ist jedoch, warum etwa ein Drittel der französischen Kolonien die Wehrpflicht durchsetzte und ein anderes Drittel nur zu den Scheinwehrpflichten zu zählen ist. Einen wichtigen Hinweis geben hier die Militärverträge der unabhängigen französischen Ex-Kolonien mit Frankreich, auch wenn diese Kooperationen keine endgültige Antwort zulassen. Sieben afrikanische Regierungen aus dieser Analyse unterzeichneten nämlich eine Verteidigungsvereinbarung mit Frankreich.[58] Diese ermöglichten es den afrikanischen Machthabern, bei einer inneren oder äußeren Bedrohung direkte militärische Hilfe von Frankreich anzufordern, wobei Frankreich nicht vertraglich an die Erfüllung dieser Bitte gebunden war (Chipman 1989: 118). 20 der hier betrachteten Staaten vereinbarten militärische Unterstützungsabkommen.[59] Letztere waren nicht

---

[58] Côte d'Ivoire 1961; Djibouti 1977; Gabun 1960; Kamerun 1974; Senegal 1974; Togo 1963; ZAR 1960 (vgl. Chipman 1989: 118).
[59] Algerien 1967; Benin 1975; Burkina Faso 1961; Burundi 1969; Djibouti 1977; Gabun 1960; Kamerun 1974; Libyen 1978; Madagaskar 1973; Mauretanien 1976; Niger 1977; Republik Kongo 1974; Ruanda 1975; Senegal 1974, Seychellen

zwangsläufig an Verteidigungsvereinbarungen gekoppelt, ließen aber eine französische Unterstützung bei der Ausbildung und vor allem französische Waffenlieferungen zu (ebd.: 118). Von den ehemaligen französischen Kolonien verweigerte einzig Guinea die Unterzeichnung eines militärtechnischen Hilfsabkommens, was zur militärischen und politischen Marginalisierung durch Frankreich führte (Luckham 1985a: 44 u. 53; Chipman 1989: 120). Abgesehen von den nordafrikanischen Staaten Algerien, Marokko und Tunesien ist Guinea in Subsahara-Afrika jedoch die einzige ehemalige französische Kolonie, die laut Angaben des IISS im Jahr 1990/91 über einen beträchtlichen Anteil an Wehrpflichtigen verfügte. Im Gegensatz zu Guineas Nachbarstaaten ließe sich hier die These aufstellen, dass Guinea eine Wehrpflichtarmee aufbaute, da der Schutz der nationalen Souveränität und territorialen Integrität durch Frankreich nicht wie für die anderen Staaten garantiert war.

Dem gegenüber stehen die vier Staaten Burkina Faso, Djibouti, Gabun und Kamerun, die zwar einen Passus über die Pflicht der Landesverteidigung in ihrer Verfassung besitzen, aber dies nie gesetzlich einforderten. In Djibouti und Gabun könnte dies an der dauerhaften Stationierung von französischen Truppen gelegen haben (Chipman 1989: 129). Zudem erfolgte in Gabun die erste größere französische Militärintervention nach der mehrheitlichen Unabhängigkeit des französischen Kolonialgebietes, als die Machtposition des gabunischen Präsidenten Léon M'ba durch Aufstände bedroht wurde (ebd.: 123). Als der loyal zu Frankreich stehende M'ba im Februar 1964 durch einen Putsch seine Macht verlor, intervenierte Frankreich mit 600 Fallschirmjägern und setzte ihn gegen den Willen eines Großteils der Bevölkerung wieder ein. Auch unter M'bas Nachfolger Omar Bongo, einem ehemaligen Leutnant der französischen Luftwaffe, stand Frankreich für den Schutz des Regimes, da 600 französische Fallschirmjäger und von Franzosen geflogene Kampflugzeuge permanent in der Nähe der Hauptstadt stationiert blieben (Reed 1987). Die Umsetzung bzw. die gesetzliche Ausformulierung der Wehrpflicht scheint bei diesen Ex-Kolonien hinfällig, da der politi-

---

1979; Tschad 1976; Togo 1976; Tunesien 1973, Zaire 1974; ZAR 1960 (vgl. Chipman 1989: 118).

sche Glaube bestand, dass Frankreich im Ernstfall für die Verteidigung des Regimes Sorge tragen werde. Die über 30 zwischen 1963 und 1997 erfolgten französischen Militärinterventionen in Afrika stärkten diese Ansicht in vielen Regimen (vgl. Renou 2002: 10).[60] Jedoch ist diese Aussage nicht zu verallgemeiner, da sich mit Guinea, Mali, Benin, der Republik Kongo und Madagaskar fünf Staaten bis zu den 1970er Jahren zumindest vorübergehend von Frankreich lösten oder ihre militärische Beziehung auf ein Minimum reduzierten (Luckham 1985a: 53). Während Benin und Guinea als Wehrpflichtstaaten gelten, haben Mali und Madagaskar lediglich Scheinwehrpflichten und die Republik Kongo gar eine Freiwilligenarmee.

Grafik 7: Durchschnittliche Armeegröße 1990/91, abhängig vom französischen Militärbündnis

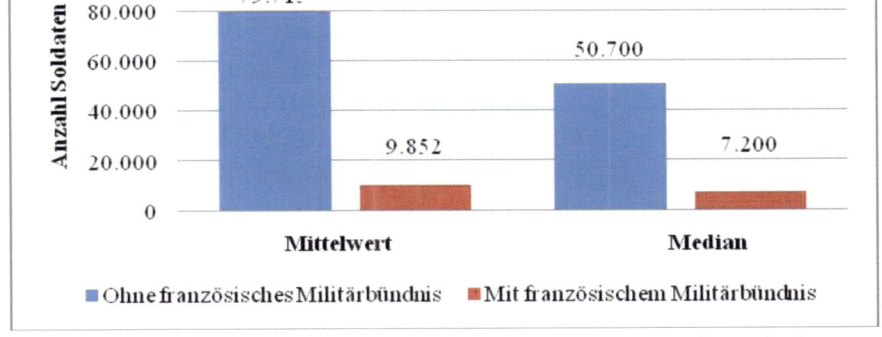

Quelle: Eigene Darstellung nach Angaben des Military Balance 1990/91 und Gregory 2000: 438.

Festzuhalten ist jedoch, dass die Unterzeichnung eines Kooperationsvertrages direkten Einfluss auf die Größe der Armee hatte. 1995 hatte Frankreich 23 aktive Militärvereinbarungen mit frankophonen afrikanischen Staaten.[61] Durchschnittlich belief sich 1990/91 die

---

[60] Zur Übersicht über einzelne Interventionen siehe Chipman 1989: 124; Gregory 2000: 437; Le Vine 2004: 380f.
[61] Äquatorialguinea, Benin, Burkina Faso, Burundi, Djibouti, DRK (Zaire) Côte d'Ivoire, Gabun, Guinea, Kamerun, Komoren, Madagaskar, Mali, Mauritius,

Armeegröße derjenigen in dieser Analyse betrachteten 21 Staaten, die über ein Militärbündnis mit Frankreich verfügten, nur auf rund 9.800 Soldaten (Median 7.200). Die 27[62] Länder ohne eine französische Militärkooperation verfügten durchschnittlich über 79.700 (Median 50.700) Soldaten.

Während vor allem Ägypten und Äthiopien für den hohen Wert der Staaten ohne französisches Bündnis verantwortlich sind, besaßen 1990/91 lediglich zwei Staaten (DRK, Madagaskar) mit französischen Militärkooperationen eine Armee von über 20.000 Soldaten. Dies unterstützt die These, dass diejenigen Länder, die über eine Kooperation mit Frankreich verfügten, die Aufrechterhaltung der staatlichen Souveränität und Integrität weniger von ihren eigenen Streitkräften, denn von einer französischen Intervention abhängig machten. Mit Ausnahme von Nigeria, wo ein Verteidigungsvertrag nach Studentenprotesten 1961 zurückgezogen wurde (Whiteman/Yates 2004: 352), sowie Kenia, und hier auch nur sehr vage formuliert für den Falle einer somalischen Aggression (vgl. Hornsby 2012: 182), sind solche Vereinbarungen für ehemalige britische Kolonien nicht bekannt. Gleichzeitig intervenierte Großbritannien abgesehen von der Suez-Krise 1956, nur in drei Fällen in seinen unabhängigen Ex-Kolonien: 1964 zur Unterdrückung der Militärmeutereien in Kenia, Tansania und Uganda, 1981 bei einem blutigen Putschversuch in Gambia, zur Befreiung der Ehefrau des Präsidenten Dawda Jawara (Baynham 1992; Clayton 1999: 202), sowie im Mai 2000 im neunten Jahr des Bürgerkrieges in Sierra Leone, zur Unterstützung der VN (Gberie 2004: 173; Whiteman/Yates 2004: 367ff; Keen 2005: 265). Es zeigt sich also, dass bei diesem „Allianzeffekt" eine starke kolonialgeschichtliche Komponente in den Vordergrund rückt, da ein britisches Eingreifen von keiner ehemaligen Kolonie, mit der möglichen Ausnahme von Kenia, zu erwarten war. Dabei ist der „Allianzeffekt" kein afrikanisches Phänomen, sondern spielt auch in der eurozentristischen Militärsoziologie eine gewichtige Rolle bei der jüngsten Entwicklung europäischer Streitkräfte. Dieser Effekt besagt, dass Länder, die innerhalb einer Militärallianz ein-

---

Mauretanien, Niger, Republik Kongo, Ruanda, Senegal, Seychellen, Tschad, Togo und ZAR (Gregory 2000: 438).

[62] Einschließlich Somalia, aber ohne Eritrea und Namibia.

gebunden sind und den Schutz durch verbündete Streitkräfte genießen, eher dazu tendierten, ihre Streitkräfte zu reduzieren (Werkner 2012: 192). Im Unterschied zu Europa sind afrikanische Staaten, die diesem Effekt unterliegen, jedoch nicht dazu geneigt, Militärpersonal abzubauen, denn sie waren nie gezwungen, große Armee aufzustellen.

Im Bezug auf die Kolonialvergangenheit kann somit gesagt werden, dass ein starker positiver Zusammenhang zwischen der gesetzlichen Fixierung der Wehrpflicht und einer französischen Kolonialzeit vorherrscht. Die These, dass britische Kolonialgebiete weniger zur Wehrpflicht tendieren als französische, trifft eindeutig zu. Ob die Wehrpflicht in den frankophonen Gebieten jedoch auch umgesetzt worden ist, lässt sich weder durch die französische Kolonialzeit noch durch die Unterzeichnung von Militärvereinbarungen abschließend erklären. Festzuhalten ist nur, dass Staaten, die über eine französische Militärkooperation verfügten, durchschnittlich zu kleineren Streitkräften tendierten, da die Landesverteidigung an Frankreich ausgelagert wurde. Da mit Djibouti und Gabun jedoch zwei von der Bevölkerung her gesehen relativ kleine afrikanische Staaten am meisten durch den „Allianzeffekt" der dort stationierten französischen Truppen profitieren, stellt sich die Frage, ob die Größe der Staaten und der Bevölkerungszahl auf die Entscheidung für oder wider die Wehrpflicht eingewirkt haben könnte.

7.2 Landesgröße, Bevölkerung und Arbeitslosigkeit

Wie in Kapitel 6.1 erläutert, sind afrikanische Armeen im Vergleich zu europäischen zwar kleiner, theoretisch dürften afrikanische Staaten aber aufgrund der demographischen Entwicklung keinerlei Rekrutierungsprobleme haben. Für Europa gilt, dass durch den Geburtenrückgang immer weniger wehrfähige Staatsbürger nachrücken. So sank laut Angaben der Weltbank in der Europäischen Union (EU) zwischen 1990 und 2011 der Anteil der 0 bis 14 Jährigen an der Gesamtbevölkerung von 19 auf 16 Prozent (World Bank 2013a). Dies führt dazu, dass beispielsweise die Bundeswehr in der Bundesrepublik Deutschland seit der Aussetzung der Wehrpflicht verstärkt mit anderen wirtschaftlichen Unternehmen um kompetenten Nachwuchs konkurrieren muss, da der Pool der potentiellen Wehrfähigen immer kleiner wird (vgl. Apt 2009).

Im Kontrast dazu steht die Bevölkerungsstruktur in Afrika. Der Anteil der 0 bis 14 Jährigen an der Gesamtbevölkerung lag 1990 bei 44,5 und 2010 bei 40,3 Prozent (World Bank 2013b). Allein aus diesen Zahlen ist abzulesen, dass auf dem afrikanischen Kontinent ein Überangebot an potentiellen Wehrfähigen existiert. Hinzu kommt, dass in vielen afrikanischen Staaten im Gegensatz zu Westeuropa (vor der Finanzkrise) eine hohe Arbeitslosenquote herrscht. Zwar liegen der Weltbank nur für sehr wenige Länder Afrikas Arbeitslosenstatistiken vor, in Teilen des südlichen und östlichen Afrikas werden aber teilweise Werte von weit über 20 Prozent geschätzt (vgl. World Bank 2011: 102). Die CIA spricht in einigen Fällen sogar von über 50 Prozent Arbeitsloser (CIA World Factbook 2013).

Im afrikanischen Kontext muss daher überprüft werden, ob ein Zusammenhang zwischen der Bevölkerungsdichte und dem Wehrsystem besteht. Dabei lautet die Annahme, dass die Wahrscheinlichkeit eines Wehrpflichtsystems mit der Größe der Bevölkerung abnimmt, da ausreichend potentielle Freiwillige für den Wehrdienst vorhanden sind. Zudem muss angenommen werden, dass die Wahrscheinlichkeit der Umsetzung der Wehrpflicht in bevölkerungsreichen Staaten sinkt, weil der hohe Jugendanteil an der Bevölkerung den vorhandenen Wehretat für die Rekrutierung aller Jahrgänge um ein Vielfaches übersteigen würde. Allein aus ökonomischen Gründen käme in diesen Staaten eher eine Freiwilligenarmee in Frage. In diesem Zusammenhang müsste eigentlich auch überprüft werden, in wie fern eine hohe Arbeitslosigkeit auf das Wehrsystem einwirkt. Tendenziell dürften Staaten mit einer hohen Arbeitslosigkeit ein Freiwilligensystem präferieren, da sich für den Dienst in der Armee, als einem der wenigen großen Arbeitgeber mit (normalerweise) geregelter Entlohnung, immer genügend Staatsbürger bewerben müssten. Dabei entspricht die Annahme der historischen Analyse von Mjøset/van Holde, die belegt, dass die Wirtschafts- und Schuldenkrise der 1980er Jahre und die Einstellung der finanziellen Unterstützung mit dem Ende des Kalten Krieges, gerade Arbeitslose zum Armeeeintritt bewegt hat: „Third World armies have drawn many of the poorest and most powerless members of developing societies into their ranks" (Mjøset/Holde 2002: 86). Die Streitkräfte versprachen dabei die Aussicht auf gesellschaftliche Privilegien und generellen Machtzuwachs für die Soldaten:

> „[T]he poor and powerless may view military service as one of the only options available to them. For some, service in the army means literacy and basic job training, highly valuably skills that promise a better life once the term of service is completed. For others, in poorer or more fractured states, the benefits if military service are more immediate: clothes, shelter, and an assured meal" (ebd.: 86).

Fehlende berufliche Perspektiven und die hieraus resultierende hohe Arbeitslosigkeit können aber auch aus einem anderen Grund gegen die Einführung der Wehrpflicht sprechen. Wissenschaftliche Berechnungen ergaben, dass in Ländern mit geringem Pro-Kopf-Einkommen die Wahrscheinlichkeit steigt, dass sich Unzufriedene und Arbeitslose einer Rebellion anschließen. Im wissenschaftlichen Diskurs herrscht eine Annahme, dass in wirtschaftlich schwachen Ländern, also Staaten mit geringem Pro-Kopf-Einkommen, die Wahrscheinlichkeit steigt, dass sich Unzufriedene und Arbeitslose einer Rebellion anschließen. Im Gegensatz zu Staaten mit hohem Pro-Kopf-Einkommen, haben potentielle Rebellen in ärmeren Staaten weniger zu verlieren, was das Risiko eines Aufstands erhöhen könnte (vgl. Collier/Hoeffler 2002: 16; Fearon/Laitin 2003: 80 u. 83). Zwar ist das Pro-Kopf-Einkommen in diesem Zusammenhang ein verzerrender Indikator, weil keine Aussagen über die Verteilung des Geldes in der Gesellschaft gemacht werden und auch Staaten mit hohem Pro-Kopf-Einkommen durch Korruption eine hohe Arbeitslosenquote und eine Vielzahl Unzufriedener aufweisen können. Allein aus möglichen Sicherheitsbedenken dürfte es Regierungen aber fern sein, eine Großzahl an Arbeitslosen militärisch auszubilden, die nach ihrem Wehrdienst zu einer militanten Opposition überlaufen könnten. Hinweise für solche Überlegungen liefert der Fall Marokkos, wo die Wehrpflicht ausgesetzt wurde, um möglichen islamistischen Terroristen keine staatliche Militärausbildung zukommen zu lassen. Aufgrund fehlender verlässlicher Arbeitslosenstatistiken für viele afrikanische Länder, kann dieser Aspekt aber nicht weiter verifiziert werden. Die Aufzählung einzelner Beispiele soll lediglich andeuten, dass auf diesem Gebiet akuter Forschungsbedarf besteht.

Als zweite Hypothese muss in diesem Zusammenhang aber überprüft werden, ob Länder mit einem großen Staatsgebiet eher zu einer Freiwilligenarmee tendieren als kleinere Staaten. Hinter dieser Vermutung steht die Annahme, dass großen Staaten vor allem in der Peripherie ihres de jure zugeschriebenen Territoriums meist eine effektive staatliche Kontrolle fehlt. Es muss vermutet werden, dass Staaten mit einer großen Fläche eher zu einer Freiwilligenarmee tendieren, da die bürokratischen Grundlagen die Einführung der Wehrpflicht nicht zulassen.

Aus Grafik 8 geht hervor, dass ein negativer Zusammenhang von Staatsgröße und Wehrsystem existiert. Im Durchschnitt verfügten die Wehrpflichtstaaten 2011 über eine Größe von 781.115 km² (Median 552.190 km²), da fünf der bis dahin zehn flächengrößten afrikanischen Staaten zu dieser Kategorie zählen (Algerien, Sudan, Libyen, Niger, Angola). Die Staaten mit Freiwilligenarmee sind trotz der Größe von der DRK, Südafrika und Äthiopien im Durchschnitt mit nur 463.958 km² (Median 307.550 km²) um knapp ein Drittel kleiner.

Genau in der Mitte liegen die GSWP-Staaten mit einer durchschnittlichen Größe von 557.522 km² (Median 513.226 km²). Gegenläufig zur Annahme bedeutet dies, dass die größten Staaten trotz der oftmals fehlenden Staatlichkeit in der Peripherie die Wehrpflicht durchsetzen.

Grafik 8: Durchschnittliche Staatsgröße und durchschnittliche Bevölkerungsgröße 2011

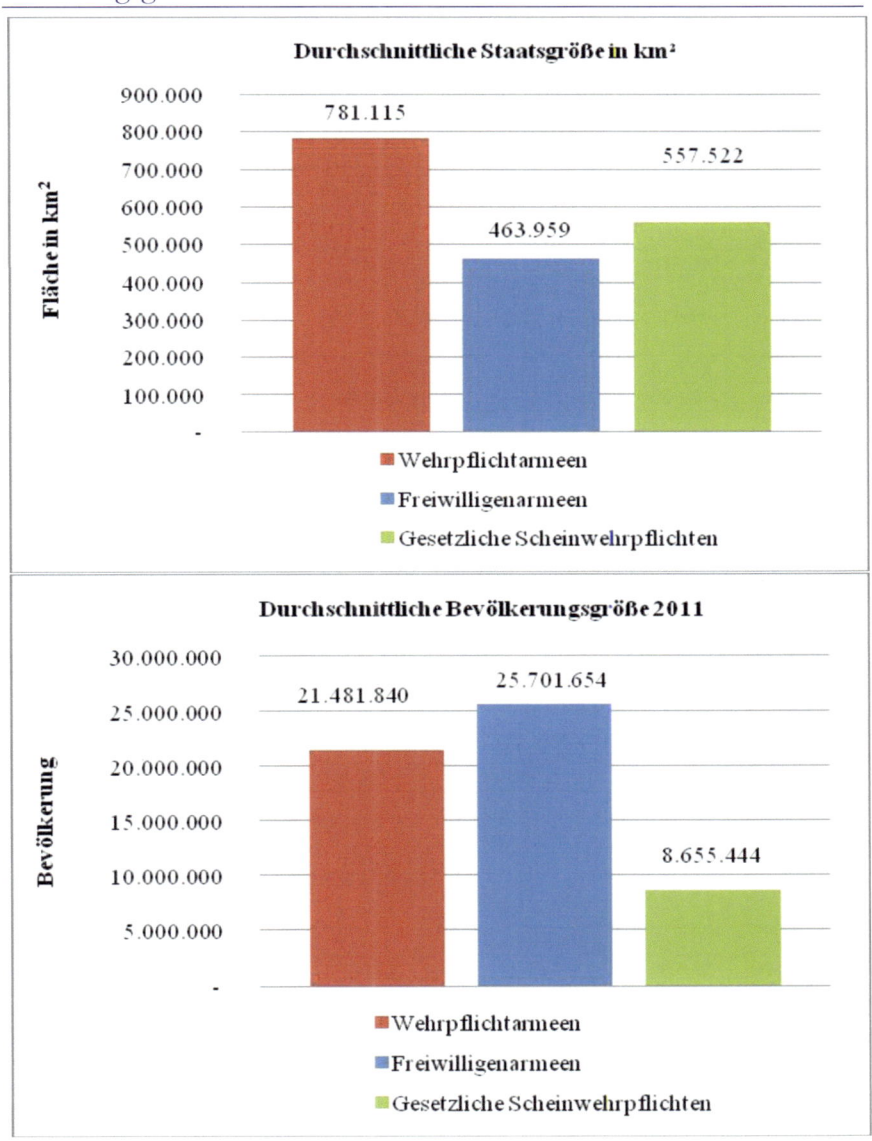

Quelle: Eigene Darstellung, Daten aus: Siehe Tabelle 10.

Tabelle 10: Bevölkerung, Fläche und Arbeitslosenquote

	Bevölkerung 2011 (in Tausend)[1]	Fläche (in Quadratkilometern) 2011[2]	Arbeitslosenquote Erwerbspersonen insg. (in Prozent) laut African Economic Outlook[3]	Arbeitslosenquote Erwerbspersonen insg. (in Prozent) laut CIA[4]
Nigeria	162.471	910.770	3,94 (1986)	23,9 (2011 gesch)
Äthiopien	84.734	1.101.000	17 (2006)	k.A.
Ägypten	**82.537**	**995.450**	**9 (2010)**	**12,5 (2012 gesch.)**
DRK	67.758	2.267.050	k.A.	53,0 (2012 gesch.)
Südafrika	50.460	1.213.090	24,7 (2011)	22,7 (2012 gesch.)
Tansania	46.218	885.800	4,3 (2006)	k.A.
Sudan	**44.632**	**2.376.000 (incl. Süd Sudan)**	k.A.	**20,0 (2012 gesch.)**
Kenia	41.610	569.140	9,8 (1999)	40,0 (2008 gesch.)
Algerien	**35.980**	**2.381.740**	**10 (2010)**	**10,2 (2012 gesch.)**
Uganda	34.509	199.810	4,2 (2009)	k.A.
Marokko	32.273	446.300	8,9 (2011)	8,8 (2012 gesch.)
Ghana	24.966	227.540	3,6 (2006)	11,0 (2000 gesch.)
Mosambik	**23.930**	**786.380**	**2,2 (1997)**	**17,0 (2007 gesch.)**
Madagaskar	*21.315*	*581.540*	*2,6 (2005)*	*k.A.*
Côte d'Ivoire	**20.153**	**318.000**	**4,1 (1998)**	**k.A.**
Kamerun	20.030	472.710	3,8 (2010)	30,0 (2001 gesch.)
Angola	**19.618**	**1.246.700**	**25,2 (2006)**	**k.A.**
Burkina Faso	16.968	273.600	3,3 (2007)	77,0 (2004)
Niger	**16.069**	**1.266.700**	**1,5 (2001)**	**k. A.**
Mali	*15.840*	*1.220.190*	*8,8 (2004)*	*30,0 (2004 gesch..)*
Malawi	15.381	94.280	7,8 (2004)	k. A.
Sambia	13.475	743.390	15,9 (2005)	14,0 (2006 gesch.)
Senegal	*12.768*	*192.530*	*10 (2006)*	*48,0 (2007 gesch..)*
Simbabwe	12.754	386.850	4,2 (2004)	95,0 (2009 gesch.)
Tschad	*11.525*	*1.259.200*	*0,7 (1993)*	*k. A.*
Ruanda	10.943	24.670	0,6 (1996)	k. A.
Tunesien	**10.594**	**155.360**	**13 (2010)**	**18,8 (2012 gesch.)**
Guinea	**10.222**	**245.720**	**3,1 (1994)**	**k.A.**
Benin	**9.100**	**112.760**	**0,7 (2002)**	**k.A.**
Burundi	8.575	25.680	0,5 (1990)	k.A.
Libyen	**6.423**	**1.759.540**	**13,5 (2007)**	**30,0 (2004 gesch.)**
Togo	*6.155*	*54.390*	*k.A.*	*k.A.*
Sierra Leone	5.997	71.620	3,4 (2004)	k.A.

	Bevölkerung 2011 (in Tausend)[1]	Fläche (in Quadratkilometern) 2011[2]	Arbeitslosenquote Erwerbspersonen insg. (in Prozent) laut African Economic Outlook[3]	Arbeitslosenquote Erwerbspersonen insg. (in Prozent) laut CIA[4]
Eritrea	**5.415**	**101.000**	**k.A.**	**k.A.**
ZAR	4.487	622.980	k.A.	8,0 (2011 gesch..)
Republik Kongo	4.140	341.500	k.A.	k.A.
Liberia	4.129	96.320	3,7 (2010)	85,0 (2003 gesch.)
Mauretanien	*3.542*	*1.030.700*	*31,2 (2008)*	*30,0 (2008 gesch.)*
Namibia	2.324	823.290	37,6 (2009)	51,2 (2008 gesch.)
Lesotho	2.194	30.360	25,3 (2007)	25,0 (2008 gesch.)
Botswana	2.031	566.730	17,6 (2006)	17,8 (2009 gesch.)
Gambia	1.776	10.120	k.A.	k.A.
Guinea-Bissau	*1.547*	*28.120*	*k.A.*	*k.A.*
Gabun	1.534	257.670	17,8 (1993)	21,0 (2006 gesch.)
Djibouti	906	23.180	59,5 (2002)	59,0 (2007 gesch.)
Äquatorialguinea	*720*	*28.050*	*24,2 (1983)*	*22,3 (2009 gesch.)*
Kap Verde	**501**	**4.030**	**17,8 (2008)**	**21,0 (2000 gesch.)**
Seychellen	87	460	5,5 (2005)	2,0 (2006 gesch.)

Quelle: Eigene Darstellung, geordnet nach Bevölkerung 2011, nach Daten von:
1: African Economic Outlook 2011a.
2: World Bank (2013a).
3: African Economic Outlook 2011b.
4: CIA World Factbook (2013) [gesch. = geschätzt].

Fett: Wehrpflicht
Kursiv: Gesetzliche Scheinwehrpflicht
k.A.: keine Angaben

Für den Anteil an der Bevölkerung lässt sich dagegen keine statistisch signifikante Korrelation ablesen. Die durchschnittliche Bevölkerungsgröße der Staaten mit Freiwilligenarmee lag 2011 bei 25,7 Millionen Einwohnern und somit nur knapp über dem Durchschnittswert der Wehrpflichtstaaten (21.5 Millionen Einwohner). Ausschlaggebend für diesen Unterschied ist jedoch nur Nigeria, das mit 162 Millionen fast doppelt so viele Einwohner besitzt, wie das zweitbevölkerungsreichste Land Äthiopien (84,7 Millionen Einwohner). Ohne Nigeria sinkt der Mittelwert der Freiwilligenstaaten auf

20,2 Millionen Einwohner, weshalb aufgrund dieser Variablen keine Aussagen getroffen werden können. Auffällig ist jedoch, dass die GSWP-Länder nur durchschnittlich 8,7 Millionen Einwohner (Median 7.1 Millionen) besitzen. Im Verhältnis haben diese also knapp zwei Drittel weniger Einwohner als Freiwilligenstaaten, aber trotzdem keine Wehrpflicht.

Da allein aus den Bevölkerungsangaben somit keine befriedigende Aussage gezogen werden kann, hätte eigentlich die Bevölkerungsstruktur und vor allem der Anteil der Arbeitslosen analysiert werden müssen, um zu hinterfragen, ob die GSWP-Staaten aufgrund einer sehr hohen Arbeitslosigkeit auf genügend Freiwillige zurückgreifen können. Da für drei der neun Staaten (Äquatorialguinea, Guinea-Bissau, Togo) aber überhaupt keine Daten vorhanden sind, erübrigt sich die weitere Berechnung, da die Grundgesamtheit für statistische Aussagen zu klein würde.

Festzuhalten ist aber, dass Arbeitslose vor allem bei der kurzfristigen Mobilisierung eine gewichtige Rolle gespielt haben, auch wenn dies häufig nicht zur Stabilisierung der Sicherheitslage, sondern eher zu einem größeren Sicherheitsrisiko wurde. Ein Beispiel hierfür ist Sierra Leone. Nach dem Ausbruch des Bürgerkrieges und dem Militärputsch von 1992 wurden zur kurzfristigen Aufstockung der Armee überwiegend arbeitslose Jugendliche aus den ländlichen Gebieten und den Städten sowie Kriminelle und Drogensüchtige angeworben. Durch fehlende und ungenügende Ausbildung führte dies zum rapiden Abfall der Disziplin innerhalb der Regierungsarmee, was zur Folge hatte, dass neben den Rebellen der „Revolutionary United Front" (RUF) eine zweite marodierende Truppe die Bevölkerung und die Ressourcen des Landes ausplünderte. Charakteristisch für diese Situation wurde der Begriff „sobel" - Soldat am Tag, Rebell bei Nacht (Richards 1996: 13ff; Abdullah/Muana 1998: 181; Gberie 2005a: 81f). Die einsetzende Spirale der Gewalt führte jedoch auch wie in anderen Ländern dazu, dass sich immer mehr Rekruten „freiwillig" zur Armee meldeten:

> „Ironically, while organized conscription may become impractical in the weakest states, the anarchy that results as those states collapse may serve as a powerful incentive for growing numbers to 'voluntarily' enlist" (Mjøset/Holde: 86f).

Während beim Armeeintritt die Suche nach Schutz für viele potentielle Rekruten in Konfliktzeiten nicht zu unterschätzen ist, dominieren in Friedenszeiten vor allem ökonomische und soziale Faktoren, wie die hohen Bewerberzahlen in Staaten mit relativer Sicherheit und in Abwesenheit von Krieg verdeutlichen (vgl. zur Einschätzung der Sicherheit Freedom House 2013). In Botswana sollen sich 2004 rund 3.000 Bewerber auf 80 bis 100 Offiziersanwärterposten beworben haben. Für 500 ausgeschriebene Mannschaftsränge seien gar 15.000 Bewerbungen eingegangen (Henk 2004: 98, Fußnote 76). Ein ähnliches Bild ergibt sich für Namibia, wo sich nach Auskunft des namibischen Militärattachés in Berlin jeweils rund 100.000 Bewerber auf 1.000 Stellen meldeten.[63] Ebenfalls begehrt sind die Armeearbeitsplätze im stabilen Ghana, wie 2010 Verteidigungsminister Henry Smith vor dem Parlament erklärte: „Generally, we have little difficulty maintaining a regional, as well as a gender balance, because the number of applicants always outstrips our requirements significantly" (zitiert nach Kotey 2010).

Dieses Phänomen ist dabei nicht erst auf die letzten 20 Jahre beschränkt. Bereits Ende der 1980er Jahre überstiegen die Bewerberzahlen in Simbabwe zum Beispiel regelmäßig die offenen Stellen in der Armee, selbst wenn eine Militärkarriere eigentlich unpopulär war. Aufgrund der Möglichkeiten, Wissen und Fähigkeiten durch die militärische Ausbildung zu generieren, die auch im Zivilleben zu Vorteilen führen konnten, bewarben sich 1988 rund 27.000 Kandidaten auf 1.030 Stellen. 1986 waren es 83.000 Bewerber auf 5.885 Stellen. Ein Grund für diesen massiven Andrang ist die geschätzte Arbeitslosigkeit von 40 Prozent zu Beginn der 1990er Jahre (Young 1997: 141).

Die hohe Bewerberzahl bewirkt zudem, dass sich afrikanische Militärs, im Gegensatz zu europäischen, die Rekruten aussuchen können. 2008 lehnte die ugandische Armee über 50 Prozent der Bewerber in Mbarara aufgrund fehlender Bildung ab. Für die in diesem Distrikt ausgeschriebenen 96 freien Mannschaftsränge und sieben Offiziersanwärterplätze, meldeten sich 500 Bewerber. Wie

---

[63] Antwortschreiben der namibischen Militärabteilung in der Botschaft in Berlin, vom 18. Dezember 2012.

hoch der Anreiz des Armeeeintritts ist, lässt sich auch daran ablesen, dass zusammen mit dem Distrikt Isingiro laut Angaben der ugandischen Armee rund 300 Bewerber gefälschte Papiere vorlegten (Muhanga/Wasike 2008).

Der Mangel an Berufsalternativen zur Armee wird auch von Kriminellen ausgenutzt. Im Frühjahr 2013 warnte die nigerianische Marine vor Betrügern, die potentiellen Rekruten gegen die Bezahlung ihrer Anwerbungskosten den Eintritt in die Armee versprächen (Omonobi 2013). Die Umsetzung oder Einführung einer Wehrpflichtarmee scheint durch den Andrang an freiwilligen Bewerbern und die möglicherweise auftretenden Sicherheitsbedenken, was mit einer militärisch ausgebildeten Masse Arbeitsloser nach dem Dienst werden könnte, für einen Großteil der afrikanischen Staaten somit gar nicht in Frage zu kommen. Aber auch hier existieren Ausnahmen.

Nachdem Ägypten 1967 im "Sechs-Tage-Krieg" gegen Israel eine vernichtende militärische Niederlage erlitten hatte, verlor die Armee bis 1973 ihre Primärfunktion der Landesverteidigung:

> „[T]he reduced sense of threat allowed Cairo to begin using the army as a sort of social-welfare program, inducting far more young men than necessary to keep civilian unemployment under control" (Pollack 2002: 137).

Gleiches gilt prinzipiell auch noch im 21. Jahrhundert. Zwar haben in der Vergangenheit vor allem internationale Beobachter die ägyptische Verbindung von Militär und Wirtschaft in Form von Militäranteilen an Hotelketten oder dem produzierendem Gewerbe kritisiert. Nicht berücksichtigt wird dabei, dass die ägyptische Armee jedes Jahr rund 200.000 Wehrpflichtige der beinahe 700.000 jährlich neu auf den Arbeitsmarkt kommenden Jugendlichen absorbiert. In Ägypten ist die Armee somit der größte heimische Arbeitgeber (Springborg 2013: 95). Dies bedeutet jedoch nicht, dass die ägyptische Armee ausreichend Rekruten mit hoher Bildung bekommt. Allein 1996 seien trotz mehrerer hunderttausend Schul- bzw. Universitätsabsolventen zwei kostspielige Kampagnen gestartet worden, um Auslandsägypter für den Wehrdienst aufzuspüren. Scheinbar herrscht somit eine Dysbalance zwischen dem endemischen Bildungsniveau und der benötigten Qualifikation für die Bedienung moderner Waffentechniken (Frisch 2002: 101f). Die massive Rekrutierung von arbeitslosen Ägyptern ist demnach primär als Versuch der ägyptischen Regierung zu interpretieren, die Arbeitslosen zu beschäftigen und überwachen zu können. Ähnliches kann auch für die Einführung eines Wehrpflichtsystems im Benin gesagt werden. Hier wurde 2007 aufgrund der hohen Jugendarbeitslosigkeit ein Wehrpflichtprogramm mit militärischer und ziviler Komponente eingeleitet, das Schulabsolventen zumindest vorrübergehend aus der Arbeitslosigkeit holen soll (Kèkè 2011). Somit kann nicht per se gesagt werden, dass Staaten mit einem hohen Arbeitslosenanteil unbedingt zu Freiwilligenarmeen neigen. Ägypten und Benin zeigen, dass gerade der hohe Arbeitslosenanteil ein Faktor für ein Wehrpflichtsystem sein kann. Fehlende verlässliche Daten verhindern aber alle weiteren Berechnungen.

Im Falle Benins kommt jedoch eine weitere interessante Variable hinzu. In der Intention der Regierung soll der Wehrdienst zur Stärkung des Nationalgefühls und zur Verbindung der verschiedenen Ethnien und Regionen führen (Agence de Presse Africaine 2007). Es stellt sich demnach die Frage, ob auch andere Staaten mit einer großen ethnischen Fraktionalisierung die Wehrpflicht als „Nation-Building"-Instrument verwenden.

7.3 Ethnische Fraktionalisierung

Eine Grundannahme der Militärsoziologie lautet, dass die Wehrpflicht in vielen europäischen Staaten als „Schule der Nation" genutzt worden ist. Im Kalkül der politischen Herrscher sollte der verpflichtende Wehrdienst dazu dienen, junge Bürger aus allen Landesteilen, allen beruflichen Schichten und mit allen kulturellen Hintergründen in einer Armee zu vereinen und ein gestärktes Nationalgefühl zu schaffen (vgl. u. a. Dinter 2004: 118ff; Frevert 2004; Edmunds 2006: 1073f). Wie bereits erwähnt, spielt die ethnische Vielfalt auch bei der Bildung vieler afrikanischer Staaten eine große Rolle, mit dem Unterschied, dass unterschiedliche Ethnien zumeist gegen ihren Willen von einer äußeren Macht in einem begrenzten Territorium als „Staatsbürger" zusammengefasst worden sind. Collier/Hoeffler, die unter „ethnic dominance" eine Bevölkerungsstruktur definieren, deren größte ethnische Gruppe zwischen 45 und 90 Prozent ausmacht, geben an, dass in lediglich 40 Prozent der afrikanischen Staaten eine ethnisch dominante Gruppe vorherrscht (Collier/Hoeffler 2002: 17f). Der überwiegende Teil afrikanischer Staaten ist somit ein multiethnischer Komplex. Es ließe sich daher die Frage stellen, ob das Instrument der Wehrpflicht auch in Afrika als „Nation-building"-Instrument angewendet wurde. Sollte die Annahme auch auf afrikanische Staaten zutreffen, müsste ein positiver Zusammenhang zwischen dem Wehrpflichtsystem und der gesellschaftlichen Fraktionalisierung bestehen.

Die Überprüfung der These wird jedoch bereits durch eine fehlende Definition des Terminus „Ethnie" erschwert. Ethnien sind nämlich keine festen Kategorien, sondern vielmehr ein gesellschaftlich erschaffenes Konstrukt, eine „culturally based social organization". (Chazan u. a. 1999: 108) Dabei ist laut dem Anthropologisten Abner Cohen entscheidend, dass

„[African ethnicity is, T.K.] basically a political and not a cultural phenomenon, and it operates within contemporary political contexts and is not an archaic survival arrangement carried over into the present by conservative people" (zitiert nach: ebd.: 112).

Ethnizität entsteht somit primär durch äußere und politische Zuschreibung, die einem stetigen Wandel unterlegen ist. Ethnische Gruppen grenzen sich dabei für ihre gemeinsamen politischen, wirtschaftlichen und sozialen Interessen von anderen Gruppen durch den Glauben an eine gemeinsame Kultur, gemeinsame Vorfahren, gemeinsame Sprache, gemeinsame Werte und andere verbindende Eigenschaften ab (ebd.: 108f; Wimmer 2008: 973ff). Die Erhebung einer solchen Variablen gestaltet sich demnach sehr schwierig, besonders, wenn außenstehende Wissenschaftler fremde Gesellschaften kategorisieren sollen. Es stellt sich z.B. die Frage, wie Somalias Gesellschaft bezeichnet werden soll, die nach einhelliger Meinung zwar primär aus der Ethnie der Somalis besteht, deren Gesellschaft aber in zahlreiche Clans und Sub-Clans zersplittert ist (Fearon 2003: 197; vgl. auch Ghebresillasie 1999: 216; Krech 1996: 4ff). Hinzu kommt, dass nur die wenigsten Länder Volkszählungen durchgeführt haben und genaue Angaben über die Zusammensetzung ihrer eigenen Bevölkerung besitzen. Jegliche Erhebungen sind somit nur als Annäherung zu verstehen.

Für die vorliegende Analyse sollen zwei verschiedene Datensammlungen als Grundlage dienen. Die ausführlichste statistische Berechnung für alle Länder Afrikas liefern Alesina u. a., die aufgrund der primären Datenquelle der Encyclopaedia Britannica die ethnische, linguistische und religiöse Fraktionalisierung von 190 Staaten berechnen. Kritiker weisen jedoch darauf hin, dass nicht geklärt sei, wo die Trennung zwischen ethnischer und linguistischer Fraktionalisierung liegt (Fearon 2003: 196), dass Alesina u. a. fehlende Daten durch andere Quellen ergänzt und verschiedene Angaben des breitgefassten Zeitraums 1979 und 2001 zusammengefasst haben (Patsiurko u. a. 2012: 196). Als Abgleich zu dieser Auflistung soll daher das etwas weniger detailreiche Datenset des Politikwissenschaftlers James Fearon verwendet werden. Ausgehend von den Datenbeständen des CIA World Factbooks, der Encyclopaedia Britannica, der Library of Congress Country Studies, den Publikationen von Minorities at Risk und diversen anderen Literaturangaben, zählt Fearon für Anfang der 1990er Jahre 822 ethnische Gruppen in 160 Ländern, die mindestens ein Prozent der dortigen Gesellschaft ausmachten. Fearon entwickelt dabei einen Prototyp um ethnische Gruppen besser zu differenzieren, indem u. a. gemeinsame Sprache, gemeinsame Religion, gemeinsame und fortgelebte kulturelle Merkmale, eine gemeinsam bewahrte Geschichte oder eine bewusst wahrgenommene Gruppenzugehörigkeit erhoben werden (vgl. Fearon 2003: 201).

Aufgrund der unterschiedlichen Untersuchungswege und einer fehlenden bzw. nicht abschließenden Definition von Ethnie, weisen beide Datensets kleinere Unterschiede auf. So geben Alesina u. a. für die gesamtafrikanische ethnische Fraktionalisierung den Wert 0,66 an, während Fearon 0,67 berechnet. In beiden Fällen bedeutet dabei der Wert 0 keine und 1 eine maximale Fraktionalisierung der Bevölkerung.

Aufgrund der Berechnung ergibt sich, dass die afrikanischen Wehrpflichtstaaten im Durchschnitt eine niedrigere ethnische Fraktionalisierung besitzen (0,59 Alesina, 0,52 Fearon), als diejenigen Staaten mit einem Freiwilligensystem (mit Marokko 0,67 Alesina, 0,70 Fearon). Scheinbar ist die Annahme für Gesamtafrika somit gegenläufig zur Ausgangsthese, dass nämlich nicht gerade die fraktionalisiertesten Staaten zur Wehrpflicht tendieren, sondern eher die weniger fraktionalisierten.

Tabelle 11: Ethnische Fraktionalisierung in Afrika aufgeteilt nach Wehrsystemtypen

Freiwilligenarmeen

Rang Ethnische Frakt.	Land	Ethnische Frakt.	Rang Ethnische Frakt.	Land	Ethnische Frakt.
1	Uganda	0,93	1	Tansania	0,95
2	Liberia	0,91	2	DRK	0,93
4	DRK/Zaire	0,87	3	Uganda	0,93
5	Rep. Kongo	0,87	4	Liberia	0,90
6	Kamerun	0,86	5	Kamerun	0,89
8	Kenia	0,86	7	Südafrika	0,88
9	Nigeria	0,85	8	Rep. Kongo	0,88
11	Sierra Leone	0,82	10	Gabun	0,86
15	Djibouti	0,80	11	Kenia	0,85
19	Gambia	0,79	12	Ghana	0,85
20	Sambia	0,78	13	Malawi	0,83
21	Gabun	0,77	16	Nigeria	0,81
22	Südafrika	0,75	21	Gambia	0,76
24	Burkina Faso	0,74	22	Sierra Leone	0,76
25	Tansania	0,74	23	Äthiopien	0,76
26	Äthiopien	0,72	27	Sambia	0,73
32	Malawi	0,67	28	Namibia	0,72
33	Ghana	0,67	30	Burkina Faso	0,70
36	Namibia	0,63	36	Djibouti	0,61
40	Botswana	0,41	38	Simbabwe	0,37
41	Simbabwe	0,39	39	Botswana	0,35
44	Ruanda	0,32	40	Burundi	0,33
45	Burundi	0,30	42	Lesotho	0,26
46	Lesotho	0,26	43	Ruanda	0,18
47	Seychellen	0,20		Seychellen	k.A

		0,68
Mittelwert		0,68
Median		0,75
Standabw.		0,22
38	Marokko	0,48
Mittelwert		0,67
Median		0,74
Standabw.		0,22

Mittelwert		0,71
Median		0,78
Standabw.		0,23
37	Marokko	0,48
Mittelwert		0,70
Median		0,76
Standabw.		0,23

Gesetzliche Scheinwehrpflichten

Rang Ethnische Frakt. gesamt	Land	Ethnische Frakt.
3	Madagaskar	0,88
7	Tschad	0,86
10	ZAR	0,83
14	Guinea-Bissau	0,81
28	Togo	0,71
29	Senegal	0,69
31	Mali	0,69
37	Mauretanien	0,62
42	Äquatorialguinea	0,35
Mittelwert		0,71
Median		0,71
Standabw.		0,16

Rang Ethnische Frakt. gesamt	Land	Ethnische Frakt.
6	Togo	0,88
9	Madagaskar	0,86
14	Guinea-Bissau	0,82
17	ZAR	0,79
19	Tschad	0,77
25	Mali	0,75
26	Senegal	0,73
34	Mauretanien	0,63
	Äquatorialguinea	k.A.
Mittelwert		0,78
Median		0,78
Standabw.		0,08

Wehrpflichtarmeen

Rang Ethnische Frakt. gesamt	Land	Ethnische Frakt.	Rang Ethnische Frakt. gesamt	Land	Ethnische Frakt.
12	Côte d'Ivoire	0,82	18	Côte d'Ivoire	0,78
16	Libyen	0,79	20	Mosambik	0,77
17	Benin	0,79	24	Angola	0,76
18	Angola	0,79	29	Sudan	0,71
23	Guinea	0,74	31	Guinea	0,67
27	Sudan	0,71	32	Eritrea	0,65
30	Mosambik	0,69	33	Niger	0,64
34	Eritrea	0,65	35	Benin	0,62
35	Niger	0,65	41	Algerien	0,32
39	Kap Verde	0,42		Kap Verde	k.A.
43	Algerien	0,34	44	Ägypten	0,16
48	Ägypten	0,18	45	Libyen	0,15
49	Tunesien	0,04	46	Tunesien	0,04
Mittelwert		0,59	Mittelwert		0,52
Median		0,69	Median		0,64
Standabw.		0,26	Standabw.		0,27

Quelle: Eigene Darstellung nach Angaben von Alesina u. a. 2002: 27-32.

Quelle: Eigene Darstellung nach Angabe von Fearon 2003: 217f.

Grafik 9: Ethnische Fraktionalisierung nach Wehrsystemtyp

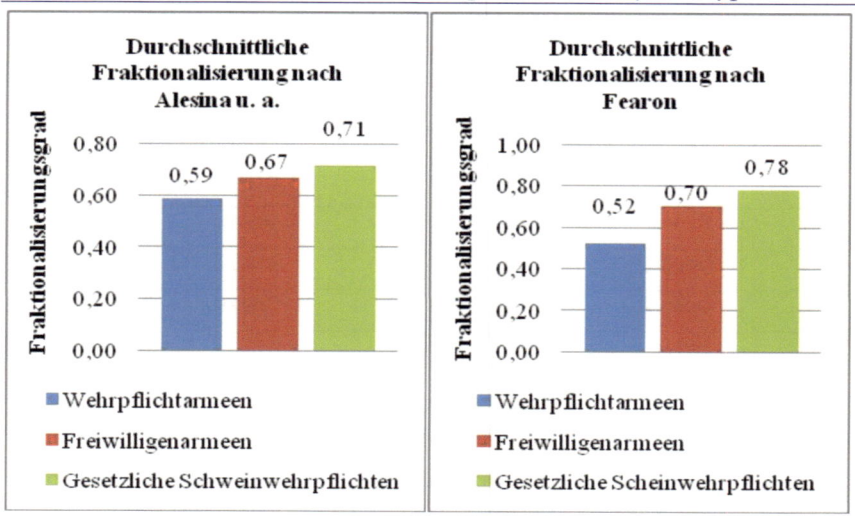

Quelle: Eigene Darstellung nach Angaben von Alesina u. a. und Fearon.

Bei genauerer Betrachtung fällt jedoch auf, dass dies wiederum nur an der Einbeziehung von Nordafrika liegt. Obwohl Libyen und Sudan bei Alesina einen Wert von über 0,7 erhalten, liegt die durchschnittliche Fraktionalisierung der nordafrikanischen Wehrpflichtstaaten mit 0,41 deutlich unter dem Gesamtdurchschnitt. Noch drastischer ist dies bei Fearon, wo die nordafrikanischen Wehrpflichtstaaten durchschnittlich nur eine Fraktionalisierung von 0,28 aufweisen. Für die restlichen Wehrpflichtstaaten in Subsahara-Afrika ergeben sich ähnliche Mittelwerte wie für Staaten mit Freiwilligenarmeen (Alesina 0,69, Fearon 0,70). Die GSWP-Staaten treten durchschnittlich mit der stärksten Fraktionalisierung hervor (0,71 Alesina, 0,78 Fearon). Im nordafrikanischen Kontext, vor allem in Ägypten und Tunesien, scheint die Durchmischung verschiedener Ethnien durch die Wehrpflicht somit augenscheinlich keine besondere Bedeutung zu haben. Wie auch das Beispiel Algeriens zeigt, dürfte hier die Zusammenführung verschiedener sozialer und regionaler Schichten wichtiger sein:

„By accommodation and socialising young Algerians from all parts of the country and all social backgrounds, the ANP [Armée Nationale Populaire, T.K.] performed the function of a melting-pot which complemented the other aspects of the regime's nation-building project, the development of a national sentiment and identity at the expense of the old regional and parochial identities and loyalties" (Roberts 2003: 274).

Die Durchmischung der Gesellschaft und der Aufbau eines Nationalgefühls liegt offiziell auch der Einführung der Wehrpflicht in Eritrea zugrunde, das mit einer von beiden Datensets errechneten Fraktionalisierung von 0,65 im Durchschnittsbereich Gesamtafrikas liegt. In der gesetzlichen Proklamation des Wehrdienstes von 1995 ist verankert, dass es Ziel sei: „To foster national unity among our people by eliminating sub-national feeling" (Proclamation on National Service No. 82/1995: Artikel 5). Kibreab schließt daraus, dass der Wehrdienst, der im Mai 2002 zur „Warsai-Yikaalo Development Campaign" (WYDC) umbenannt wurde,

„[…] were conceived and implemented as instruments for creating a cohesive national identity, as well as moulding a political community. In the Eritrean government's view, the danger of multi-ethnic and multi-faith 'chaos' can be avoided only by inculcating national values on the hundreds of thousands of conscripts who originate from disparate ethnolinguistic groups" (Kibreab 2009: 43).

Die Regierung erwartete somit durch den Wehrdienst die Zusammenführung der verschiedenen Religionen, Ethnien und sozialen Schichten und die Indoktrination der politisch geforderten Werte. Kibreab zitiert Präsident Isaias Afwerki 2006 mit den Worten:

„Sawa [WYDC, T.K.] symbolises a permanent symbol for our continued existence as a people and nation. Nationalism is not a matter of automatic phenomenon (that occurs naturally; Kibreab) but one that needs to be deliberately nurtured (fostered; Kibreab)" (zitiert nach ebd.: 45).

Der Wehrdienst sei laut Afwerki daher „the school of the nation" (zitiert nach ebd.: 46).

Ein ähnlicher Ansatz lässt sich auch im Sudan erkennen, wo die Regierung Gaafar Nimeirys die Wehrpflicht 1972 nach Beendigung des ersten sudanesischen Bürgerkriegs einführte. Unter den

Putschisten um Omar al Bashir wurde das Wehrdienstgesetz 1989 revidiert (HRW/Africa 1996: 368), bevor 1992 im neuen „National Service Law" das Ziel festgelegt wurde: „To encourage the desire for attachment and association to the group, the country and religion, and to overcome being fanatic to family, sector or region" (The National Service Act 1992: Artikel 4c). Die jugendlichen Wehrdienstleistenden sollten somit die Prinzipien und Werte der Regierung vermittelt bekommen und als nationale Gemeinschaft eingeschworen werden. Wie viele Bürger den Dienst durchliefen und wie die genauen Ausbildungsinhalte aussahen ist zwar nicht bekannt, jedoch lassen sich Parallelen zum verpflichtenden Dienst in der paramilitärischen „Popular Defence Force" (PDF) ziehen. Laut Human Rights Watch (HRW) soll die dortige Ausbildung nicht nur aus militärischem Drill, sondern vor allem in der Vermittlung des islamischen Glaubens bestanden haben, unabhängig davon, ob die Rekruten dem Christentum oder einer traditionellen Religion nachgingen. Der Dienst in der PDF habe demnach die Islamisierung der Nation, vor allem aber der Bildungselite, zum Ziel gehabt (HRW/Africa 1996: 368). Vermutlich existierte diese Intention auch beim Dienst in der regulären Armee. Für Nordafrika bedeutet dies, dass die Funktion einer „Schule der Nation" durchaus berücksichtigt worden ist, hier allerdings primär regionale, soziale und religiöse Unterschiede beseitigt werden sollten.

Für die durchschnittlich stärker fraktionalisierten Staaten Subsahara-Afrikas lassen sich aber wiederum Beispiele finden, in denen gerade aufgrund ihrer Diversität von der Einführung der Wehrpflicht Abstand genommen wurde. Dabei wirkte sich die Annahme aus, dass politisch marginalisierte Gruppen durch eine militärische Ausbildung zu potentiellen Rebellen und zur Bedrohung der Regierungselite werden könnten.[64] Für Nigeria gelte daher: „Compulsory national service has always been considered too costly and

---

[64] Im wissenschaftlichen Diskurs herrscht eine Meinung, dass ethnisch marginalisierte Gruppen, die einen direkten Machtverlust erleiden und bereits über Erfahrungen mit Rebellionen verfügen, eher zu Aufständen tendieren (vgl. u. a. Cederman u. a. 2010: 114). Gegenläufig dazu erkennen Collier und Fearon/Laitin letztendlich keine signifikant ansteigende Konfliktgefahr durch die ethnische Diversität einer Gesellschaft (vgl. Collier 2001; Fearon/Laitin 2003: 83f).

potentially dangerous in a sociopolitical sense, and so the armed forces are a volunteer force" (Wright 1991: 189). Die starke monoethnische Rekrutierung in Togo oder anderen Staaten unterstützt die gegenläufige These, dass stark fraktionalisierte Staaten aus Sicherheitsbedenken Abstand von einer gesamtgesellschaftlichen Wehrpflicht nehmen. Die Angst des Machtverlustes von bestimmten ethnischen Gruppen oder die Furcht vor Oppositionellen einer anderen Ethnie lässt sich vor allem in der Transformation vieler Armeen nach erfolgreichen Militärputschen erkennen, die nicht selten zur Ethnisierung der Streitkräfte beigetragen. Im Folgenden muss daher analysiert werden, ob erfolgreiche Militärputsche eine Auswirkung auf die Wehrsysteme haben.

7.4 Putsche und Militärinterventionen

Im westeuropäischen und nordamerikanischen Verständnis dienen Streitkräfte als Instrument des Staates und sollen den Schutz der Bevölkerung sowie die territoriale Integrität und Souveränität eines Landes vor äußeren Angriffen garantieren. In der Theorie der Militärsoziologie stehen Armeen unterhalb der politischen Macht, idealerweise unter der Kontrolle einer frei und fair gewählten Regierung aus zivilen Politikern (vgl. Janowitz 1964: 3f; siehe auch Born 2003). In vielen afrikanischen Staaten kann von einer solchen zivilmilitärischen Beziehung jedoch nicht gesprochen werden (vgl. u. a. Howe 2001: 53-58; Agbese 2004; Kandeh 2004). Ein Gros der afrikanischen Länder erlebte seit ihrer Unabhängigkeit missglückte oder erfolgreiche Staatsstreiche von Teilen ihrer Streitkräfte. In vielen Fällen blieb es nicht bei einem Putsch. Nach den Angaben von Patrick McGowan erfolgten in den 48 unabhängigen Staaten Subsahara-Afrikas[65] zwischen dem 1. Januar 1956 und dem 31. Dezember 2001 139 Verschwörungen („plots"), 108 gescheiterte Putschversuche sowie 80 erfolgreiche Staatsstreiche. Unter Putsch summiert McGowan dabei Ereignisse

> „in which existing regimes are suddenly and illegally displaced by the action of a relatively small group, in which members of the military, police or security forces of the state play a key role, either on their own or in conjunction with civilian elites such as civil servants, politicians and monarchs" (McGowan 2003: 343).

Als erfolgreich gilt ein Umsturz, wenn die Putschisten mindestens sieben Tage an der Macht bleiben, andernfalls wurde dies von McGowan als gescheiterter Putschversuch gewertet (ebd.: 343). Aufgrund dieser Terminologie stechen Benin, Burkina-Faso und Nigeria mit jeweils sechs erfolgreichen Putschen aus der Betrachtung hervor (vgl. ebd.: 367f). Während in Malawi drei Verschwörungen aufgedeckt wurden, sind von den Staaten in dieser Analyse bislang ledig-

---

[65] Auf die hier nicht betrachteten Staaten fallen folgende Ereignisse: Komoren (Putsch: 3; Putschversuche: 6; Verschwörungen: 0); São Tomé und Príncipe (Putsch: 0; Putschversuche: 1; Verschwörungen 0); Swasiland (Putsch: 1; Putschversuch: 1; Verschwörung: 1). Mauritius erfuhr keine militärische Intervention (McGowan 2003: 367).

lich die gefestigten Demokratien in Botswana und auf den Kap Verden von jeglicher militärischer Intervention in die Innenpolitik verschont geblieben. Gleiches gilt zwar auch für Namibia, Eritrea und Südafrika, jedoch etablierten sich diese Staaten erst zum Beginn der 1990er Jahre (ebd.: 345). Ob Eritrea noch zu dieser Liste zählen kann, ist seit dem Frühjahr 2013 ungewiss, da verschiedene Medien über eine Militärmeuterei berichteten, die als Putschversuch gewertet werden könnte (vgl. Maasho 2013; Gettleman 2013; ICG 2013a: 4 u. Fußnote 14).

Obwohl der Trend der Staatsstreiche rückläufig ist, da im Zeitraum von 1971 bis 1990 42 und zwischen 1990 bis 2008 nur noch 17 erfolgreiche Militärputsche geschahen (Basedau 2008: 2), zeigen die militärischen Interventionen in Mali (vgl. u. a. Whitehouse 2012) bzw. Guinea-Bissau (BBC 2012; Hirsch 2012; ICG 2012; Stahnke 2012) im Frühjahr 2012, dass die Thematik für afrikanische Staaten weiterhin aktuell bleibt. Unabhängig, ob Militärs oder wie in Benin 1990 (Kandeh 2004: 147) bzw. 1962 im Senegal, zivile Politiker die Drahtzieher von Putschen bzw. Putschversuchen sind (Powell/Thyne 2011: 251), bleibt festzuhalten, dass seit 1956 von den 49 zu betrachtenden Staaten über 67 Prozent Erfahrungen mit mindestens einem und über 44 Prozent mit mehreren erfolgreichen Militärputschen gemacht haben.

Dass diese militärischen Interventionen in der Innenpolitik nicht nur politische Folgen für die jeweiligen Länder, sondern auch Folgen für die Organisation des Militärs haben, zeigen die Beispiele in Ghana nach den Putschen 1966 und 1972, in Mali 1968 oder in Liberia 1980. So sollen die jeweiligen Militärjuntas unverzüglich die Löhne für Soldaten erhöht haben (Mohammed 1998: 64). Collier/Hoeffler sprechen gar davon, dass die neuen afrikanischen Machthaber gegenläufig zum Verhalten im Rest der Welt, versuchten, die Loyalität der Armee zu kaufen: "In Africa coup risk is high enough for governments to buy off the risk of coup plots and such payments work" (Collier/Hoeffler 2007: 19).

Zum Anderen lassen sich nach erfolgreichen Putschen oder Putschversuchen auch Veränderungen in der Rekrutierung oder Beförderung innerhalb der Armeen erkennen. Der erste erfolgreiche westafrikanische Putsch in Togo, der allerdings nicht von aktiven togolesischen Soldaten vollzogen wurde, führte 1963 zur Vergrößerung der Armee von 250 auf rund 1.200 Soldaten. 80 Prozent der Truppen kamen dabei aus dem Norden bzw. aus der Ethnie der Kabré, der der neue Präsident Gnassingbé Eyadéma angehörte (Decalo 1976: 97ff). Nachdem sich Idi Amin 1971 in Uganda an die Macht geputsch hatte, präferierte dieser die Rekrutierung von Muslimen und im Speziellen aus der kleinen Ethnie der Kakwa, von Nubiern und Sudanesen. Obwohl Muslime in der Bevölkerung nur 5 Prozent stellten, gehörten 1977 rund 80 Prozent der Soldaten zum islamischen Glauben (Lindemann 2011: 20). Zur weiteren Absicherung seiner Macht ließ Amin Anhänger der Ethnien der Acholi und Langi vertreiben oder ermorden, da der ehemalige Präsident Milton Obote zu den Langi gehörte (Mazrui 1976: 261). Mit dem erfolgreichen Putsch 1980 in Liberia (Ellis 1999: 53ff; Gberie 2005b: 51) beendete Stabsfeldwebel (Master Sergeant) Samuel Doe nicht nur die politische Herrschaft der ethnischen Gruppe der „Americo-Liberians". Fortan stützte Doe sich auch auf seine eigene Krahn-Ethnie, die trotz ihres geringen Bevölkerungsanteiles von rund fünf Prozent primär in die Armee rekrutiert wurde und den Großteil der Kommandopositionen hielt (vgl. Sesay 1996: 415; Ellis 1999: 60f; Pham 2006: 80). Ähnliches lässt sich für die Folgezeit des ersten erfolgreichen Putsches in Ghana sagen. Die führenden Militärs der rund 500 Soldaten, die im Februar 1966 putschten (Baynham 1992), gehörten alle zur Ethnie der Ewe (Harkness 2012: 161). Da die meisten Soldaten der Nzimi-Ethnie loyal zum Präsidenten Kwame Nkrumah geblieben waren, rekrutierte bzw. beförderte die Junta in der Folgezeit überwiegend Ewe und Ga. Obwohl die Ethnien der Ewe nur rund dreizehn Prozent der Bevölkerung bzw. die Ga nur 8 Prozent stellten, bestand das Offizierskorps ab dem Rang Oberst [Colonel] aufwärts im April 1967 zu 65 Prozent aus Ewe oder Ga (ebd.: 162).

In Kamerun führte im April 1984 ein Putschversuch zur Ethnisierung der Sicherheitskräfte. Nachdem Präsident Paul Biya angekündigt hatte, die „Republican Guard" reformieren zu wollen, versuchten Teile dieser paramilitärischen Einheit Biya gewaltsam zu stürzen. Weil die durch Biyas loyale Truppen niedergeschlagenen Putschisten offiziell alle nördliche Muslime gewesen sein sollen (ebd.: 145) ließ Biya in der Folge vorwiegend Soldaten und Sicherheitskräfte aus dem Süden, speziell aus seiner Ethnien der Bulu- und der Beti-Gruppe rekrutierte (ebd.: 146).

Diese Beispiele verdeutlichen, dass in vielen Fällen nicht nur erfolgreiche Putsche, sondern auch Putschversuche zu einer verstärkten Ethnisierung der Armeen führen können, um zukünftige Putsche zu vermeiden. Neben den ökonomischen Veränderungen stellt sich somit die Frage, in wie weit erfolgreiche Putsche oder Putschversuche auf Gesamtafrika bezogen Auswirkungen auf das Wehrsystem haben. Aus den Beispielen lässt sich die Annahme aufstellen, dass Staaten, in denen bereits geputscht bzw. die mit Putschversuchen konfrontiert wurden, eine Rekrutierung eher aufgrund ethnischer oder politischer Zugehörigkeit vollzogen wird, anstatt ein Wehrpflichtsystem für alle Bevölkerungsteile durchzusetzen. Die These, die es zu überprüfen gilt, lautet daher, ob die Wahrscheinlichkeit für eine Berufsarmee mit der Anzahl der erfolgreichen Putsche bzw. Putschversuche steigt.

Als Berechnungsgrundlage sollen hierfür die von McGowan gesammelten Daten herangezogen werden. Da McGowan nur Subsahara-Afrika analysiert und Verschwörungen im Gegensatz zu Putschen oder Putschversuchen in Nordafrika nicht gleichwertig nachvollzogen werden konnten, wird die in dieser Arbeit verwendete Einteilung auf erfolgreiche Staatsstreiche und misslungene Putschversuche reduziert. Der hier berechnete „Total Military Intervention Score" (TMIS), in dem McGowan erfolgreiche Putsche mit dem Faktor 5 und Putschversuchen mit dem Faktor 3 multipliziert, unterscheidet sich daher von McGowans Analyse. Aufgrund verschiedener Quellen und aktueller Zeitungsartikel konnten erfolgreiche Putsche bis zum Frühjahr 2013 nachgetragen werden. Für Nordafrika wurden die Werte durch Angaben von Kristen Harkness (2012), David Zounmenou (2009) und eigenen Literaturrecherche vervollständigt. Dabei kam es häufig zu widersprüchlichen Angaben, da keine allgemeingültige Definition existiert, wann eine militärische Intervention als Putsch und wann als erfolgreiche Rebellion angesehen wird. Beispielsweise wertet Zoumenou im Gegensatz zu McGowan den Sturz des tschadischen Präsidenten Hissène Habrés im Dezember 1990 als Putsch. Zoumenous Entscheidung ist verständlich, da Habrés Nachfolger Idriss Déby bereits im April 1989 versucht hatte, zu putschen. Erst als dieser Putschversuch missglückte und Déby gezwungen wurde zu fliehen, startete dieser eine Rebellion, die Habré acht Monate später aus der Hauptsdatdt N'Djamena vertrieb (Gershoni 1996: 239; Atlas/Licklider 1999: 43-47). Die erfolgreiche Rebellion kann somit als Fortführung des Putsches gewertet werden.

Im Gegensatz zu diesem Beispiel und der Meinung verschiedener Medien, sind die jüngsten Ereignisse in der ZAR, die am 24. März 2013 zum Sturz des Präsidenten François Bozizé führten, eher weniger als Putsch denn als Rebellion zu werten, da der dortigen Rebellion kein Putschversuch vorrausging und die Rebellen rund 5.000 Kämpfer umfassten, die nicht aus den Kreisen der Armee stammten (vgl. u. a. BBC 2013a; BBC 2013b; Ngoupana 2013; RFI 2013). Die genaue Abgrenzung ist somit je nach Definition von Putsch verschieden und einige Ereignisse durchaus diskutabel, sodass die nachstehende Auflistung keinen Anspruch auf Vollständigkeit erhebt.

Tabelle 12: Militärische Interventionen von 1952 bis 2001/2013

Land	Erfolgreiche Putsche bis 2013	Putschversuche bis 2001	TMIS[a]	Jahr der ersten Intervention	Unabhängigkeit
Sudan	4	11	53	1958x	1956
Uganda	5	9	52	1966x	1962
Burundi	6	7	51	1965	1962
Ghana	5	6	43	1964	1957
Sierra Leone	5	6	43	1967	1961
Benin/ Dahomey	6	4	42	1963x	1960
Nigeria	6	2	36	1966x	1960
ZAR	4[1]	5	35	1966x	1960
Burkina Faso/ Obervolta	6	1	33	1966x	1960
Togo	3[2]	6	33	1963x	1960
Mauretanien	5[3]	1	28	1978x	1960
Republik Kongo	3	4	27	1963x	1960
Äthiopien	4	2	26	1960	k.A.
Niger	4[4]	2	26	1974x	1960
Guinea-Bissau	3[5]	2	21	1980x	1968
Tschad	3	2	21	1975x	1960
Guinea	2[6]	3	19	1970	1958
DRK/Zaire	3	1	18	1960x	1960
Madagaskar	2[7]	2	16	1972x	1960
Mali	3[5]	0	15	1968x	1960
Liberia	1	3	14	1980x	1847
Äquatorialguinea	1	3	14	1979x	1968
Libyen	1	k.A. (3)	14	1969x	1951
Lesotho	2	1	13	1958x	1966
Côte d'Ivoire	1	2	11	1999x	1960
Gambia	1	2	11	1981	1965
Somalia	1	2	11	1961	1960
Algerien	2	k.A.	10	1965x	1962
Sambia	0	3	9	1961	1964
Marokko	0	k.A. (2)	6	1971	1956
Ruanda	1	0	5	1973x	1962
Seychellen	1	0	5	1977x	1976
Tunesien	1	k.A.	5	1987x	1956
Ägypten	1	k.A.	5	1952x	1922
Angola	0	1	3	1977	1975
Djibouti	0	1	3	1991	1977
Gabun	0	1	3	1964	1960
Kamerun	0	1	3	1984	1960
Kenia	0	1	3	1982	1963

Land	Erfolgreiche Putsche bis 2013	Putschversuche bis 2001	TMIS[a]	Jahr der ersten Intervention	Unabhängigkeit
Mosambik	0	1	3	1975	1975
Senegal	0	1	3	1962	1960
Simbabwe	0	1	3	1982	1980
Tansania	0	1	3	1964	1961
Botswana	0	0	0	k.A.	1966
Eritrea	0	0	0	k.A.	1993
Kap Verde	0	0	0	k.A.	1975
Malawi	0	0	0	k.A.	1964
Namibia	0	0	0	k.A.	1990
Südafrika	0	0	0	k.A.	1931
Total	96	106	798		
Mittelwert	1,96	2,30	16,29		

Quelle: Eigene Darstellung, geordnet nach TMIS 2011, adaptiert von McGowan 2003: 363-368. Erweitert nach Angaben von Zounmenou 2009; Harkness 2012: 203.
TMIS = Total Military Intervention Score = Summe aus Putsch x 5 und Putschversuch x 3
k.A.: keine Angaben

1: Letzter Putsch 2003
3: Letzte Putsche 2005 und 2009
5: Letzter Putsch 2012
7: Letzter Putsch 2009

2: Letzter Putsch 2005
4: Letzter Putsch 2010
6: Letzter Putsch 2008
x = erfolgreicher Putsch

Aus der Analyse ergibt sich, dass in Staaten mit einem Wehrpflichtsystem durchschnittlich 1,69 erfolgreiche Putsche vollzogen wurden. Nur geringfügig mehr, 1,88 Putsche, erfolgten in Staaten mit einer derzeitigen Freiwilligenarmee. Allein aufgrund dieser Daten lässt sich demnach keine Tendenz ausmachen. Auffällig ist jedoch, dass in Staaten mit einer gesetzlichen Scheinwehrpflicht durchschnittlich 2,67 erfolgreiche Putsche vollzogen wurden. Mit Mali und Guinea-Bissau fallen in diese Kategorie auch zwei der jüngsten Ereignisse. Es könnte daher die These aufgestellt werden, dass Staaten der letzten Kategorie gerade aufgrund der hohen Putscherfahrung Abstand von der Durchsetzung der Wehrpflicht nahmen.

Grafik 10: Mittelwerte erfolgreicher Putsche (1952-2013) und Putschversuche (1952-2001)

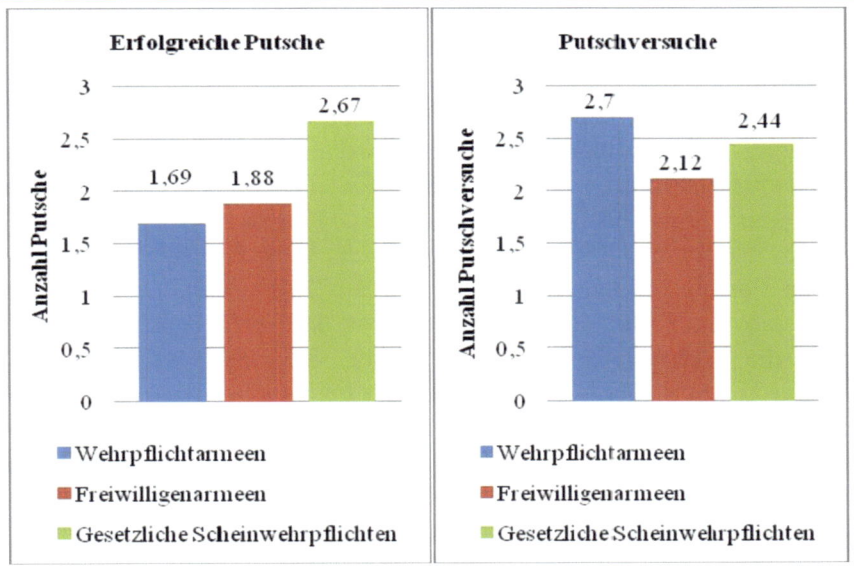

Quelle: Eigene Darstellung; Daten vgl. Tabelle 12.

Bei der Betrachtung der Putschversuche ragen die Wehrpflichtstaaten deutlich mit durchschnittlich 2,7 Putschversuchen heraus. Dies liegt jedoch nur am Sudan, der mit elf versuchten Staatsstreichen die größte Anzahl in Gesamtafrika aufweist. Ohne den Sudan kommen die Wehrpflichtstaaten nur noch auf einen durchschnittlichen Wert von 1,77 Putschversuchen, auch wenn in den nordafrikanischen Staaten Algerien, Tunesien und Ägypten nicht aufgelöst werden konnte, wie viele Interventionsversuche es dort gegeben hat. Ohne die Einbeziehung des Sudan bei den Wehrpflichtstaaten, liegt der Durchschnittswert der Freiwilligenarmeen im Vergleich mit 2,12 Putschversuchen erneut etwas höher. Am stärksten betroffen waren allerdings die Scheinwehrpflichtstaaten mit durchschnittlich 2,44 Putschversuchen. Es scheint sich demnach die Annahme zu bewahrheiten, dass in diesen Staaten aufgrund der hohen Putscherfahrung auf die Durchsetzung der Wehrpflicht verzichtet wurde.

Einen Hinweis hierzu liefert der Fall Guinea-Bissau. Obwohl gesetzlich eine Wehrpflicht festgeschrieben ist, gibt es keine Anzeichen, dass seit den 1980er Jahren Wehrpflichtige eingezogen worden sind. Dies deckt sich mit der Aussage des Verteidigungsministers von 2006, der ankündigte die Wehrpflicht erst ab 2007 durchzusetzen. Nach dem erfolgreichen Unabhängigkeitskampf waren jedoch 1974 gesetzliche Grundlagen geschaffen worden, eine „People's Army", als Wehrpflichtarmee zu etablieren. Wie Decalo beschreibt, sei es aber gerade ein Teil der neu ernannten „People's Army" gewesen, die im November 1980 den Präsidenten Luis Almeida Cabral im ersten Putsch des Landes stürzte (Decalo 1989: 559). Es ließe sich demnach die These aufstellen, dass mit dem erfolgreichen Putsch auch die Wehrpflicht ausgesetzt wurde. Für die ostafrikanischen Länder Uganda, Kenia und Tansania ist festzuhalten, dass den dortigen Regierungen relativ früh nach der Unabhängigkeit durch Meutereien der Soldaten die Gefahr eines Putsches aufgezeigt wurde. Im kenianischen Kontext bedeutete dies, dass der Präsident Jomo Kenyatta aufgrund seiner Putsch-Paranoia verstärkt die Absicherung durch die ehemalige Kolonialmacht Großbritannien suchte (Hornsby 2012: 98f). Bis 1969 kommandierte ein britischer General die kenianische Armee, während die Marine sogar bis 1972 und die Luftwaffe bis 1973 von britischen Offizieren geführt wurde. Andere Spitzenpositionen wurden dagegen lange Zeit nur von Angehörigen der Kamba-Ethnie eingenommen (vgl. ebd.: 180). Die Einführung der Wehrpflicht schien somit sehr unwahrscheinlich.

Im Gegensatz dazu lässt sich jedoch das Beispiel Burundi anführen. Die Einführung der dortigen Wehrpflicht für Abgänger der weiterführenden Schulen, folgte fünf Monate nach dem erfolgreichen Militärputsch vom 25. Juli 1996. Die regierenden Militärs, die die Armee innerhalb eines Jahres von ca. 20.000 auf 40.000 Soldaten aufstockten, ließen bis Juli 1997 rund 4.000 Wehrpflichtige einziehen. Hierbei handelte es sich jedoch um eine sehr selektive Rekrutierung, da lediglich Angehörige der Tutsi-Gruppierung in die Armee aufgenommen wurden, um die Tutsi-Herrschaft zu sichern (HRW 1998: 171f; Daley 2007: 95). Während Kenia, wie beschrieben, aufgrund einer Militärmeuterei die Absicherung durch Großbritannien suchte, schlug die Regierung Tansanias mit der verpflichtenden Ableistung des „National Service" einen anderen Weg ein. Zwar wird die Meuterei in Tansania wie auch in Kenia nicht als Putschversuch gewertet, da nie die Intention bestand, den Staat zu übernehmen (Lupogo 2001: 78; Hornsby 2012: 98). Der Vorfall zeigte Präsident Julius Nyerere jedoch die Gefahr einer militärischen Intervention in die Innenpolitik auf. Die Absolvierung des „Jeshi la Kujenga Taifa" und die Verbindung von Armee und Gesellschaft durch die Partizipation tausender Tansanier an diesem Wehrpflichtsystem sollte daher zukünftige Putsche unterbinden. Laut van den Berghe habe Nyerere 1964 erklärt:

> „I do not want it [the Tanzania National Defence Forces, T.K.] to be an elite force, but an army integrated with the national life and attuned to our own political system. … The task is to insure that the officers and men are integrated into the government and party so that they become no more of a risk then, say, the civil service" (zitiert nach Berghe 1970: 261).

In diesem Fall hätte eine Militärmeuterei zur Einführung eines verbindlichen Wehrdienstes geführt, der die „Entprofessionalisierung" der Armee und eine Vermischung von Soldat und Staatsbürger erreichen sollte.

Zusammenfassend lässt sich sagen, dass zwischen Wehrpflicht- und Freiwilligenarmeen bezüglich der Häufigkeit von Putschen und Putschversuchen nur sehr geringe Unterschiede zu erkennen sind. Die hohen Durchschnittswerte der Scheinwehrpflichten lassen jedoch darauf schließen, dass in diesen Ländern die Putscherfahrung zu einer wichtigen Determinante der Entscheidung gegen die Durchsetzung der Wehrpflicht geworden ist, womit sich die anfangs aufgestellte These, dass Staaten mit großer Putscherfahrung eher zu Freiwilligenstreitkräften tendieren, zumindest in Teilen bestätigt.

8 Fazit und Schlussbetrachtung

In dieser Arbeit sollte untersucht werden, in wie weit es sich bei der wissenschaftlichen Fachrichtung der Militärsoziologie um eine eher europäisch-nordamerikanische oder doch universell anwendbare Disziplin handelt. Hierzu wurde analysiert, ob die von Karl Haltiner und Ines-Jaqueline Werkner für Europa untersuchten Entwicklungen von Wehrsystemen nach dem Ende des Kalten Krieges auch auf dem afrikanischen Kontinent Gültigkeit besitzen. Haltiner/Werkner arbeiteten für Europa heraus, dass seit 1990/91 ein kontinuierlicher Wandel von Wehrpflicht- zu Freiwilligenarmeen erkennbar ist. In diesem Zuge wurde der Personalumfang der meisten Armeen reduziert, was gleichbedeutend war mit dem Ende der Massenarmeen in Europa. Die kleineren, technisch besser ausgestatteten Freiwilligenarmeen wurden jedoch tendenziell häufiger in Auslandseinsätzen der NATO oder anderen Bündnissen eingesetzt, sodass in Europa vom neuen Phänomen der Interventionsarmeen gesprochen werden kann.

Beim Vergleich dieser europäischen Entwicklungsstränge mit denen des afrikanischen Kontinents ist zu beachten, dass aufgrund fehlender Informationen und einer unterschiedlichen historischen Entwicklung der meisten afrikanischen Streitkräfte, eine vollständige Theorieübernahme nicht durchführbar ist und die europäischen Ansätze für die Analyse afrikanischer Wehrsysteme eher als Anhaltspunkte dienen. Zum Einen erlauben die ungenauen und teilweise fehlenden Daten keine multivariate statistische Berechnung, sodass die Unterschiede und Gemeinsamkeiten der afrikanischen Wehrsysteme jeweils nur bivariat analysiert werden können. Zum Anderen entstanden die meisten afrikanischen Armeen anders als in Europa nicht durch Kriege zur Nationalstaatsbildung, sondern gingen aus den Überresten ehemaliger Kolonialarmeen hervor. Die Ausgangslage der Untersuchung bezüglich der in Afrika vorherrschenden Wehrsysteme unterscheidet sich demnach grundlegend von der in Europa. So ist in Afrika die Wehrpflicht nie das dominierende Wehrsystem gewesen und aufgrund der relativ geringen Personalstärke der Mehrzahl der afrikanischen Streitkräfte von meist unter 20.000 Soldaten, kann auch von keiner Existenz von Massenarmeen gesprochen werden. Im afrikanischen Kontext muss dagegen neben den Kategorien Wehrpflicht- und Freiwilligenarmee eine dritte Kategorie hinzugefügt werden. Neun der in dieser Arbeit untersuchten 48 Staaten verfügen nämlich per Gesetz oder per Verfassung über die Wehrpflicht, ohne in der Praxis Wehrpflichtige zum Dienst einzuziehen.

Die vergleichende Analyse ergab somit, dass auf dem afrikanischen Kontinent sowohl Parallelen als auch Unterschiede zu den europäischen Trends und Annahmen existieren. Aufgrund der unterschiedlichen Ausgangslage lässt sich in Afrika kein Trend von Wehrpflicht- und Massenarmeen hin zu kleineren Freiwilligenarmeen erkennen. Seit 1990/91 haben lediglich sechs Länder die Wehrpflicht durch eine Freiwilligenrekrutierung ersetzt, wobei 2011 nur 13 Staaten als Wehrpflichtstaat bezeichnet werden können. Im afrikanischen Kontext ist der Begriff Wehrpflichtarmee zudem nicht mit den europäischen Vorstellungen von Massenarmeen gleichzusetzen, da Massenarmeen mit über 500.000 Soldaten in Afrika nie existierten. Zwar ist in Afrika gegenläufig zu Europa eine durchschnittlich moderate Vergrößerung der Streitkräfte im Zeitraum 1990/91 bis 2011 zu erkennen, aufgrund des rapiden Bevölkerungswachstums auf dem Kontinent ist jedoch eher von einer rückläufigen Militarisierung in Afrika zu sprechen.

Entsprechend der eurozentristischen Annahme der Militärsoziologie verfügen jedoch diejenigen afrikanischen Staaten die im Durchschnitt größten Streitkräfte, die eine Wehrpflichtarmee besitzen. Ebenso nehmen afrikanische Wehrpflichtstaaten durchschnittlich in deutlich geringerem Umfang an internationalen Auslandseinsätzen teil, als Staaten mit einer Freiwilligenarmee. Gegenläufig zu den europäischen Annahmen der Militärsoziologie, ist in Gesamtafrika aber kein Zusammenhang zwischen der Wirtschaftsleistung eines Staates und einem Wehrsystem zu erkennen, wobei Werkner für Europa die Debatte zugespitzt formuliert hatte, dass „ärmere" Länder eher zur Wehrpflicht bzw. „reichere" eher zur Freiwilligenarmee tendierten. Aufgrund des hohen Pro-Kopf-Bruttoinlandsproduktes der nordafrikanischen Staaten, die 2011 fast ausschließlich über eine Wehrpflichtarmee verfügten, kann für Gesamtafrika sogar von der gegenläufigen These gesprochen werden, dass gerade reichere Staaten eine Wehrpflichtarmee besitzen. Im Bezug auf Subsahara-Afrika ist allerdings ein gewisser Zusammenhang von ärmeren Staaten und der Wehrpflicht zu erkennen. Die geographische Lage ist dabei scheinbar einer der bedeutendsten Faktoren, die eine Regierung bei der Wahl ihres Wehrsystems und der Personalausstattung ihrer Armee beeinflusst. So ergab die Analyse, dass in Nordafrika nicht nur fast alle Länder die Wehrpflicht besitzen, sondern diese somit auch tendenziell die größten Armeen und gemessen an den Soldaten pro Einwohnern die höchste Militarisierung aufweisen. Im Bezug auf die Militarisierung verfügt nur die Region am Horn von Afrika ähnlich hohe Werte, wodurch resümiert werden kann, dass vor allem regionale, außenpolitische Sicherheitsinteressen die Beibehaltung der Wehrpflicht und den Unterhalt von vergleichsweise großen Armeen rechtfertigen. Die Wehrpflichtsysteme in Nordafrika sind somit ähnlich wie im europäischen Kontext während des Kalten Krieges primär mit der Aufgabe der Landesverteidigung zu erklären. Im Gegensatz zu dem meist durch die Medien verbreiteten Bild des Krisen- und Konflikt-Kontinents Afrika, liegt die generelle Militarisierung jedoch weit unterhalb der vormaligen und aktuellen europäischen Werte. Die am wenigsten militarisierte Region Afrikas ist dabei Westafrika, das gleichzeitig die höchste Rate von Gesetzlichen Scheinwehrpflichten aufweist, also Staaten, die Wehrpflichtige gesetzlich einziehen könnten, hiervon aber keinen Gebrauch machen.

Die grundlegende Entscheidung für ein Freiwilligen- oder ein Wehrpflichtsystem steht dabei in direktem Bezug zur Vergangenheit als französische oder britische Kolonie. Erstere tendieren aufgrund der langen französischen Wehrpflichttradition und der Tatsache, dass Frankreich von 1912 bis 1960 auch in seinen Kolonien die Wehrpflicht einforderte, zur gesetzlichen Übernahme der Wehrpflicht. Die enge militärische Kooperation Frankreichs mit seinen ehemaligen Kolonialgebieten, die sich in geheimen militärischen Hilfs- und Verteidigungsabkommen ausdrückt, wirkte ebenso auf die Entscheidung für die Wahl der Wehrpflicht ein. Dies erklärt, wieso eine Vielzahl der westafrikanischen Staaten zumindest gesetzlich die Wehrpflicht besitzt. Ob diese jedoch umgesetzt wird oder in einem Land nur eine Gesetzliche Scheinwehrpflicht herrscht, hängt wiederum mit einzelstaatlichen, politischen, wirtschaftlichen, sozialen und geostrategischen Aspekten zusammen. Außer in Südafrika scheinen in Subsahara-Afrika Wehrpflichten primär eingeführt worden zu sein, um in einer Bürgerkriegssituation kurzfristig mehr Rekruten einziehen zu können. Dies gilt für Angola, Äthiopien, Burundi, Mosambik und Somalia sowie für den nordafrikanischen Sudan. Bürgerkriege und Konflikte sind dabei auch ein entscheidender Faktor, der die Größe der Armeen bestimmt. So ergab die Untersuchung, dass gerade diejenigen Staaten ihre Armeen um durchschnittlich mehr als 55 Prozent vergrößerten, die zwischen 1990/91 und 2011 eine „Power-Sharing"-Vereinbarung mit einer Rebellengruppe eingingen und entweder Rebellen in eine bestehende Armee integrierten oder eine vollkommen neue Armee aufbauten. Dieser Teil der Untersuchung ist dabei hochaktuell und von großer Bedeutung für die Analyse gegenwärtiger afrikanischer Streitkräfte, da derzeit Libyen und die Zentralafrikanische Republik sowie wahrscheinlich auch Mali, dessen neue Armee von europäischen Ausbildern geschult wird, eine ähnliche Transformation erleben.

Diese Semi-Rebellenarmeen verdeutlichen zugleich am besten, dass die europäischen Annahmen bezüglich der Umstrukturierung von Wehrpflicht- zu Freiwilligenarmeen, einer Personalreduzierung und einer stärkeren Beteiligung an internationalen Einsätzen, nur als Anhaltspunkte für Afrika dienen können. Zwar ist auch für afrikanische Streitkräfte seit 1990/91 und vor allem nach 2000 der Trend zu erkennen, verstärkt an Missionen der Vereinten Nationen (VN) und somit an Auslandseinsätzen teilzunehmen. Jedoch wurde hierfür in keinem der Fälle explizit das Wehrsystem eines Staates reformiert. Wie beschrieben, besaßen 2011 die meisten afrikanischen Staaten noch genau das gleiche Wehrsystem, wie zur Zeit ihrer Unabhängigkeit. Neben der angesprochenen Kolonialvergangenheit ist dabei scheinbar auch die Fläche eines Landes ein Faktor, der die Beibehaltung oder Durchsetzung der Wehrpflicht mitbestimmt, da die durchschnittlich größten Länder zu diesem Wehrsystem tendieren. Ohne Auswirkung sind dagegen die Bevölkerungsgröße und deren ethnische Zusammensetzung, die in den Staaten mit Wehrpflicht- und Freiwilligenarmeen ungefähr gleich sind. Bei diesen afrikanischen Variablen zeichnet sich jedoch deutlich ab, wann ein Staat eher zu Gesetzliche Scheinwehrpflicht gezählt werden kann. Tendenziell verfügen diese über die kleinste Fläche, die wenigsten Einwohner, ein geringeres Pro-Kopf-Einkommen als Staaten mit Freiwilligenstreitkräften, eine französische Kolonialvergangenheit und die mit Abstand größte Putscherfahrung. Im Bezug auf die letzte Variable ergab die Analyse, dass gerade Wehrpflichtstaaten über die geringste Putscherfahrung verfügen. Es kann daher die These aufgestellt werden, dass sich Regierungen mit einer größeren Putscherfahrung gegen die Beibehaltung bzw. die gesetzliche Durchsetzung der Wehrpflicht entschieden.

Auch wenn in dieser Untersuchung nur bivariate Berechnungen durchgeführt wurden, ließe sich für die Frage zusammenfassen, welche Aspekte die politische Entscheidung für die Wehrpflicht bestimmen, dass ehemalige französische Kolonien, die über eine große Fläche, wenig Putsch-, dafür aber Bürgerkriegserfahrung und ein hohes Pro-Kopf-Einkommen verfügen, tendenziell eher zur Wehrpflicht neigen. Keine Rolle spielten dagegen die Bevölkerungsgröße und die ethnische Fraktionalisierung. Die in dieser Arbeit herausgearbeiteten Fallbeispiele weisen jedoch deutlich daraufhin, dass vor allem die regionale Lage sowie individuelle innen- und außenpolitische Umstände die Wahl eines Wehrsystems so stark beeinflussen, dass die obige Zusammenfassung durchweg mit Abweichungen konfrontiert ist. Eine endgültige Antwort durch das hier ausgewertete Material ist daher nicht möglich.

Die Frage, ob die Militärsoziologie eine rein eurozentristische Fachrichtung ist, deren Annahmen nicht auf andere Kontinente übertragbar sind, kann ebenso wenig einwandfrei verneint oder bejaht werde. So ist z.B. der Trend, dass Staaten mit Wehrpflichtarmeen tendenziell weniger Soldaten in Auslandseinsätze entsenden, Wehrpflichtarmeen dagegen im Personalumfang deutlich größer sind als Freiwilligenstreitkräften, auf beiden Kontinenten deckungsgleich. Klar ist jedoch, wie der zweite Teil der Arbeit zeigt, dass im afrikanischen Kontext weitere Variablen zu untersuchen sind, die in Europa kaum eine Rolle spielen und daher von der Militärsoziologie ohne Beachtung blieben. Die militärsoziologischen Annahmen für Europa sind im Hinblick auf Afrika somit nicht vollständig zu relativieren, sondern müssen lediglich um zusätzliche Aspekte erweitert werden.

Die hier dargestellten afrikanischen Variablen sind dabei nicht nur auf Afrika beschränkt, sondern sollten generell verstärkt in den Fokus der Militärsoziologie rücken. Durch die Erweiterung der bereits existierenden eurozentristischen Annahmen und die in dieser Arbeit aufgestellten Thesen können mögliche Parallelen zwischen Afrika, Asien und Lateinamerika aufgezeigt werden. Gerade die Erkenntnisse über die Semi-Rebellenarmeen sind bedeutend, da Friedensverträge mit militärischer Machtteilung nicht nur in Afrika zu beobachten sind. Weitere Parallelen zwischen diesen drei Kontinenten bestehen zudem darin, dass es sich auch in Asien und Lateinamerika um überwiegend post-koloniale Staaten handelt, die ähnlich wie afrikanische in der Vergangenheit häufig mit Militärputschen konfrontiert wurden. Um die dortigen militärischen Strukturen zu analysieren, kann die Einbeziehung der hier aufgestellten Annahmen von Nutzen sein. Zum Anderen ließen sich auch aus der Analyse der Zusammenführung von Rebellen und afrikanischen Armeen Ansätze für europäische Streitkräfte ableiten. Gerade vor dem Hintergrund der stetigen Zusammenlegung und fortschreitenden Multinationalisierung europäischer Armeen, könnte die Betrachtung erfolgreicher Vereinigungen wie in Burundi oder Südafrika Anhaltspunkte zu einer vertiefenden Kooperation geben. Zwar wurde die Aufstellung der afrikanischen Semi-Rebellenarmeen vielfach von europäischen, vor allem von britischen Soldaten, betreut, festzuhalten ist jedoch, dass die Multinationalisierung auf dem europäischen Kontinent oftmals auf ähnliche Probleme stößt wie die Semi-Rebellenarmeen in Afrika (vgl u. a. Haltiner/Klein 2004; Gareis 2012). Im Gegensatz zum afrikanischen Kontinent sollen in Europa jedoch keine Armeen vereint werden, die sich zuvor aktiv militärisch bekämpften, was die Kooperation eigentlich erleichtern müsste. Sprachprobleme, unterschiedliche kulturelle Vorstellungen und vor allem verschiedene religiöse Glaubensrichtungen, die eine europäische Multinationalisierung beeinträchtigen, herrschen jedoch auch in den meisten afrikanischen Gesellschaften. Hinzu kommt, dass für eine Vielzahl der afrikanischen Staaten im Gegensatz zu europäischen und nordamerikanischen, die gemeinsame, multinationale Ausbildung im Ausland als ungebrochener Pfad seit ihrer Unabhängigkeit anzusehen ist. Vor allem seit dem 11. September 2001 hat sich dieses multinationale

Training weiter verstärkt, da Länder wie die USA, Frankreich, Großbritannien oder Deutschland jeweils ihr eigenes Ausbildungsprogramm für afrikanische Soldaten aufgebaut haben.[66] Hinsichtlich der Ausbildung afrikanischer Streitkräfte müsste gar untersucht werden, ob der 11. September 2001 nicht sogar eine größere Zäsur für afrikanische Streitkräfte darstellte als das Ende des Kalten Krieges. Die Erfahrungen der afrikanischen Staaten im Bezug auf die Ausbildung im Ausland und der Umgang mit ihrer ethnischen Fraktionalisierung im Bezug auf die Kohäsion ihrer Streitkräfte, ist jedoch nicht nur ein lohnenswerter Untersuchungsgegenstand für die eurozentristische Militärsoziologie, sondern auch generell für viele europäische Streitkräfte. Gerade im Bezug auf diesen Themenkomplex ist es geboten nicht nur europäische Konzepte auf Afrika übertragen zu wollen, sondern afrikanische Lösungsansätze auch für europäische Streitkräfte nutzbar zu machen.

Zusammenfassend kann diese Arbeit somit nur als Anstoß verstanden werden, der aufzeigt, dass die Militärsoziologie im Bezug auf Afrika noch vielen unbekannten Variablen gegenüber steht, die durch tiefergehende Recherche vor Ort erschlossen werden müssen. Aufgrund der oftmals unvollständigen oder überhaupt nicht vorhandenen Daten kann demzufolge auf keine der oben aufgeworfenen Fragen eine abschließende und allumfassende Antwort gegeben werden. Hinzu kommt, dass andere, bereits bekannte Entwicklungsstränge, wie die auch in Afrika fortschreitende Multinationalisierung durch die Aufstellung regionaler schneller Eingreiftruppen, den „Standby Forces" oder die vor allem im afrikanischen Kontext untersuchte Privatisierung von militärischen Aufgaben (vgl. u. a. Shearer 1998; Cilliers/Mason 1999; Mills/Stremlau 1999; Musah/Fayemi 2000; Howe 2001: 187-241), nur in einer größeren wissenschaftli-

---

[66] Bereits sei den 1990er Jahren verfügen Großbritannien mit ihren "British Military Assistance Training Teams" (BMATT) und Frankreich mit ihrem "Reinforcement of African Peace-Keeping Capacities " (RECAMP) sowie seit 2003 auch die USA mit ihrem "Africa Contingency Operations Training & Assistance" (ACOTA), über jeweils eigene Programme, die zur Stärkung der Peacekeepingfähigkeiten afrikanischer Soldaten beitragen sollen. Die Bundesrepublik Deutschland bietet afrikanischen Offizieren im Rahmen der Militärischen Ausbildungshilfe (MAH) Lehrgänge in Deutschland an.

chen Arbeit untersucht werden kann, da dies den Rahmen gesprengt hätte. Die vorliegende Arbeit sollte aber aufzeigen, wie lohnenswert die Analyse afrikanischer Armeen für die Weiterentwicklung der eurozentristischen Militärsoziologie ist und plädiert dafür, die afrikanischen Erfahrungen vermehrt in die europäische Forschungsrichtung zu integrieren.

9 Literaturverzeichnis

Literatur

Abdullah, Ibrahim; Muana, Patrick (1998): The Revolutionary United Front of Sierra Leone. A Revolt of the Lumpenproletariat, in: African Guerillas, hrsg. von Christopher Clapham, Oxford, S. 172-193.

Abdullah, Ibrahim (Hrsg.) (2004): Between Democracy and Terror. The Sierra Leone Civil War, hrsg. von Ibrahim Abdullah, Dakar.

Abdullah, Ibrahim; Rashid, Ishmail (2004): 'Smallest Victims; Youngest Killers': Juvenile Combatants in Sierra Leone's Civil War, in: Between Democracy and Terror. The Sierra Leone Civil War, hrsg. von Ibrahim Abdullah, Dakar, S. 238-253.

Adam, Hussein M. (1995): Somalia: A Terrible Beauty Being Born?, in: Collapsed States. The Disintegration and restoration of Legitimate Authority, hrsg. von I. William Zartman, Boulder / London, S. 69-89.

Adam, Hussein M. (1998): Somalia: Personal Rule, Military Rule and Militarism, in: The Military and Militarism in Africa, hrsg. von Eboe Hutchful, Abdoulaye Bathily, Dakar, S. 355-397.

Adebajo, Adekeye (2002): Building Peace in West Africa. Liberia, Sierra Leone, and Guinea-Bissau, Boulder / London.

Adebajo, Adekeye (2004): Pax West Africana? Regional Security Mechanisms, in: West Africa's Security Challenges. Building Peace in a Troubled Region, hrsg. von Adekeye Adebajo, Ismail Rashid, Boulder / London, S. 291-318.

Adebajo, Adekeye (2008): Mad dogs and glory. Nigeria's intervention in Liberia and Sierra Leone, in: Gulliver's Troubles. Nigeria's Foreign Policy after the Cold War, hrsg. von Adekeye Adebajo, Abdul Raufu Mustapha, Cape Town, S. 177-202.

Adekson, J. 'Bayo (1976): Army in a Multi-Ethnic Society: The Case of Nkrumah's Ghana, 1957-1966, in: Armed Forces & Society, Vol. 2, Nr. 2, S. 251-272.

Africa Research Bulletin (2012): Africa – US: Djibouti Base, in: Africa Research Bulletin, Vol. 49, Nr. 10, S. 19466A-19466C.

Africa Watch (1991): Evil Days. 30 Years of War and Famine in Ethiopia, September 1991, New York.

Agbese, Pita Ogaba (2004: Democrativ and Constitutional Control of the Military in Africa, in: The Military and Politics in Africa, hrsg. von George Klay Kieh, Jr., Pita Ogaba Agbese, Aldershot, S. 183-211.

Alden, Chris; Thakur, Monika; Arnold, Matthew (2011): Militias and the challenges of post-conflict peace: silencing the guns, London / New York.

Amnesty International (1991): Conscientious Objection to Military Service, AI Index: POL 31/01/91 Distr: SC/CO/P, London.

Amnesty International (2000): Sierra Leone. Childhood – a casualty of conflict, AFR 51/69/00, London.

Amnesty International (2006): Democratic Republic of Congo: Children at war, creating hope for the future, AFR 62/017/2006, London.

Amnesty International (2007): Democratic Republic of Congo: Disarmament, Demobilization and Reintegration (DDR) and Reform of the Army, AFR 62/001/2007, London.

Amnesty International (2013): Côte d'Ivoire: The Victors' Law. The Human Rights Situation after the Post-Electoral Crisis, London.

Apt, Wenke (2009): Trends in Demographie und Gesellschaft: Auswirkungen auf Streitkräfte und militärische Rekrutierung, in: Streitkräfte unter Anpassungsdruck. Sicherheits- und militärpolitische Herausforderungen Deutschlands in Gegenwart und Zukunft, hrsg. von Gerhard Kümmel, Baden-Baden, S. 127-155.

Arlinghaus, Bruce E.; Baker, Pauline H. (Hrgs.) (1986): African Armies: Evolution and Capabilities, Boulder / London.

Assensoh, Akwasi B.; Alex-Assensoh, Yvette Marie (2002): African Military History and Politics. Coups and Ideological Incursions, 1900-Present, New York.

Atlas, Pierre M.; Licklider, Roy (1999): Conflict among Former Allies after Civil War Settlement: Sudan, Zimbabwe, Chad and Lebanon, in: Journal of Peace Research, Vol. 36, Nr. 1, S. 35-54.

Aus Politik und Zeitgeschichte (APuZ) (2011): Wehrpflicht und Zivildienst, 61. Jahrgang, Nr. 48.

Batchelor, Peter; Kingma, Kees (Hrsg.) (2004): Demilitarisation and Peace-Building in Southern Africa. Volume I – Concepts and Processes, hrsg. von Peter Batchelor, Kees Kingma, Aldershot / Burlington.

Bangoura, Dominique (2011): Guinea, in: Security Sector Governance in Francophone West Africa: Realities and Opportunities, hrsg. von Alan Bryden, Boubacar N'Diaye, Genf, S. 95-123.

Barnett, Michael N. (1992): Confronting the Costs of War. Military Power, State, and Society in Egypt and Israel, Princetown.

Barthel, David (2011): Die neue Sicherheits- und Verteidigungsarchitektur der Afrikanischen Union, Berlin / Heidelberg.

Basedau, Matthias (2008): Die innenpolitische Rolle des Militärs im subsaharischen Afrika, in: GIGA Focus, 12.

Behnke, Joachim; Bauer, Nina; Behnke, Nathalie (2006): Empirische Methoden der Politikwissenschaft, Paderborn u. a. (=Grundkurs Politikwissenschaft hrsg. von Hans-Joachim Lauth, Ruth Zimmerling).

Bellamy, Alex J.; Williams, Paul; Griffin, Stuart (2004): Understanding Peacekeeping, Cambridge.

Berghe, Pierre L. van den (1970): The Military and Political Change in Africa, in: Soldier and State in Africa. A comparative analysis of military intervention and political change, hrsg. von Claude Welch, Jr., Evanston, S. 254-266.

Bergstresser, Heinrich; Tull, Denis (2008): Nigeria als regionale Ordnungsmacht in Westafrika, SWP-Studie, Berlin.

Berman, Eric G.; Sams, Katie E. (2000): Peacekeeping in Africa: Capabilities and Culpabilities, Genf / Pretoria.

Berman, Eric G.; Krause, Keith (2005): Small Arms Survey 2005. Weapons at War, Genf.

Berman, Eric G.; Lombard, Louisa N. (2008): The Central African Republic and Small Arms, Genf.

Berman, Eric G.; Krause, Keith (2011): States of Security. Small Arms Survey 2011, Genf.

Biene, Henry Samuel (1965): National Security in Tanganyika after the Mutiny, in: Transition, Nr. 21, S. 39-46.

Bienen, Henry (1978): Armies and Parties in Africa, New York.

Bond, Briand (1994): The British Experience of National Service, 1947-1963, in: Die Wehrpflicht. Entstehung, Erscheinungsformen und politisch-militärische Wirkung, hrsg. von Roland G. Foerster, München, S. 205-215. (=Beiträge zur Militärgeschichte, hrsg. vom MGFA, Bd. 43)

Born, Hans (2003): Democratic Control of Armed Forces. Relevance, Issues, and Research Agenda, in: Handbook of the Sociology of the Military, hrsg. von Giuseppe Caforio, New York, S. 151–165.

Botha, Anneli (2008): Terrorism in the Maghreb. The Transnationalisation of Domestic Terrorism. ISS Monograph Series, Nr. 144, Pretoria.

Bryden, Alan; N'Diaye, Boubacar; Olonisakin, 'Funmi (Hrsg.) (2008): Challenges of Security Sector Governance in West Africa, Genf.

Bührer, Tanja (2011): Die Kaiserliche Schutztruppe für Deutsch-Ostafrika. Koloniale Sicherheitspolitik und transkulturelle Kriegführung, 1885 bis 1918, München.

Campbell, Horace (1998): The Dismantling of the Apartheid Military Machine and Problems of Conversion of the Military-Industrial Complex, in: The Military and Militarism in Africa, hrsg. von Eboe Hutchful, Abdoulaye Bathily, Dakar, S. 541-587.

Cann, John P. (1997): Counterinsurgency in Africa. The Portugese Way of War, 1961-1974, Westport / London. (=Contributions in Military Studies, Number 167)

Carey, Sabine C.; Mitchell, Neil J.; Lowe, Will (2012): States, the security sector, and the monopoly of violence: A new database on pro-government militias, in: Journal of Peace Research, Vol. 50, Nr. 2, S. 249-258.

Cawthra, Gavin; Chachiua, Martinho (2004): Internal Security in Mozambique and South Africa, in: Demilitarisation and Peace-Building in Southern Africa. Volume II – National and Regional Experiences, hrsg. von Peter Batchelor, Kees Kingma, Aldershot / Burlington, S. 105-131.

Cederman, Lars-Erik; Wimmer, Andreas; Min, Brian (2010): Why Do Ethnic Groups Rebel? New Data and Analysis, in: World Politics, Vol. 62, Nr. 1, S. 87-119.

Chabal, Patrick (1994): Power in Africa. An Essay in Political Interpretation, Houndmills u. a.

Chafer, Tony (2002): Franco-African Relations: No Longer so Exceptional?, in: African Affairs, Vol. 101, S. 343-363.

Chazan, Naomi u. a. (1999): Politics and Society in Contemporary Africa. Third Edition, Boulder.

Chipman, John (1989): French Power in Africa, Oxford.

Cilliers, Jakkie (Hrsg.) (1995): Dismissed: Demibilisation and reintegration of former combatants in Africa, hrsg. von Jakkie Cilliers, Pretoria.

Cilliers, Jakkie; Mason, Peggy (Hrsg.) (1999): Peace, Profit or Plunder? The Privatisation of Security in War-torn African Societies, Pretoria.

Cilliers, Jakkie (2008): The African Standby Force. An update on progress, ISS Paper 160.

Clapham, Christopher (2001): Rethinking African States, in: African Security Review, Vol. 10, Nr. 3, S. 6-16.

Clark, John F. (2007): The Decline of the African Military Coup, in: Journal of Democracy, Vol. 18, Nr. 3, S. 141-155.

Clayton, Anthony (1999): Frontiersmen. Warfare in Africa since 1950, London.

Coalition to Stop the Use of Child Soldiers (CSI) (2001): Global Report on Child Soldiers 2001, London.

Coalition to Stop the Use of Child Soldiers (CSI) (2004): Child Soldiers. Global Report 2004, London.

Coalition to Stop the Use of Child Soldiers (CSI) (2008): Child Soldiers. Global Report 2008, London.

Collier, Paul; Hoeffler, Anke (2002): On the Incidence of Civil War in Africa, in: The Journal of Conflict Resolution, Vol. 46, Nr. 1, S. 13-28.

Collier, Paul (2001): Implications of ethnic diversity, in: Economic Policy, Vol. 16, Nr. 32, S. 128-166.

Compagnon, Daniel (1998): Somalia Armed Movements. The Interplay of Political Entrepreneurship & Clan-Based Factions, in: African Guerillas, hrsg. von Christopher Clapham, Oxford, S. 73-90.

Colletta, Nat J.; Kostner, Markus; Wiederhofer, Ingo (1996): Case Studies in War-to-Peace Transition. The Demobilization and Reintegration of Ex-Combatants in Ethiopia, Namibia, and Uganda, World Bank Discussion Paper No. 331, Washington.

Cornwell, Richard (2003): Madagascar, in: African Security Review, Vol. 12, Nr. 1, S. 40-53.

Daadaoui, Mohamed (2008): The Western Sahara conflict: towards a constructivist approach to self-determination, in: The Journal of North African Studies, Vol. 13, Nr. 2, S. 143-156.

Daley, Patricia O. (2007): Gender & Genocide in Burundi. The Search for Space of Peace in the Great Lakes Region, Oxford u. a.

Decalo, Samuel (1976): Coups and Army Rule in Africa. Studies in Military Style, New Haven / London.

Decalo, Samuel (1989): Modalities of Civil-Military Stability in Africa, in: The Journal of Modern African Studies, Vol. 27, Nr. 4, S. 547-578.

Deresso, Solomon A. (2010): The Role and place of the African Standby Force within the African Peace and Security Architecture, ISS Paper 209, Pretoria.

Derouen, Karl JR; Lea, Jenna; Wallensteen, Peter (2009): The Duration of Civil War Peace Agreements, in: Conflict Management and Peace Science, Vol. 26, Nr. 4, S. 367-387.

Des Forges, Alison (2002): Kein Zeuge darf überleben. Der Genozid in Ruanda, Hamburg 2002.

Dinter, Henrik (2004): Wehrpflicht, Freiwilligenarmee und allgemeine Dienstpflicht – Aktuelle Argumentationslinien, in: Die Wehrpflicht und ihre Hintergründe. Sozialwissenschaftliche Beiträge zur aktuellen Debatte, hrsg. von Ines-Jacqueline Werkner, Wiesbaden, S. 109-129. (=Schriftenreihe des Sozialwissenschaftlichen Instituts der Bundeswehr Band 2)

Dunn, D. Elwood (1999): The Civil War in Liberia, in: Civil Wars in Africa. Roots and Resolution, hrsg. von Taisier M. Ali, Robert O. Matthews, London u. a., S. 88-121.

Dzinesa, Gwinyayi; Rupiya, Martin (2005): Promoting national reconciliation and regional integration: The Namibian Defence Force from 1990-2005, in: Evolutions & Revolutions. A Contemporary History of Militaries in Southern Africa, hrsg. von Martin Rupiya, Pretoria, S. 198-233.

Ebenga, Jacques; N'Landu, Thierry (2005): The Congolese National Army: In search of an identity, in: Evolutions & Revolutions. A Contemporary History of Militaries in Southern Africa, hrsg. von Martin Rupiya, Pretoria, S. 62-83.

Ebo, Adedeji (2006): The challenges and lessons of security sector reform in post-conflict Sierra Leone, in Conflict, Security & Development, Vol. 6, Nr. 4, S. 481-501.

Echenberg, Myron (1991): Colonial Conscripts. The Tirailleurs Sénégalais in French West Africa, 1857-1960, Portsmouth / London.

Edgerton, Robert B. (2002): Africa's Armies. From Honor to Infamy. A History from 1791 to the Present, Boulder.

Edmonds, Martin; Mills, Greg, McNamee, Terence (2009): Disarmament, Demobilization, and Reintegration and Local Ownership in the Great Lakes: The Experience of Rwanda, Burundi, and the Democratic Republic of Congo, in: African Security, Vol. 2, Nr. 1, S. 29-58.

Edmunds, Timothy (2006): What are armed forces for? The changing nature of military roles in Europe, in: International Affairs 82, Nr. 6, S. 1059-1075.

Ellis, Stephen (1999): The Mask of Anarchy: The Destruction of Liberia and the Religious Dimension of an African Civil War, London.

Ero, Comfort (2000): Sierra Leone's Security Complex. The Conflict, Security & Development Group Working Paper, London.

Farsoun, Karen; Paul, Jim (1976): War in the Sahara: 1963, in: MERIP Reports, No. 45, S. 13-16.

Fearon, James D. (2003): Ethnic and Cultural Diversity by Country, in: Journal of Economic Growth, Vol. 8 (2003), S. 195-222.

Fearon, James D.; Laitin, Davin D. (2003): Ethnicity, Insurgency, and Civil War, in: Americal Political Science Review, Vol. 97, Nr. 1, S. 75-90.

Finer, Samuel E. (1962): The Man on Horseback: The Role of the Military in Politics, New York.

Florquin, Nicolas; Pézard, Stéphanie: (2007) Armed Violence in Burundi: Conflict and Post-Conflict Bujumbura, in: Guns and the City. Small Arms Survey 2007, hrsg. von Eric G. Berman u. a., Genf, S. 197-225.

Foltz, William J.; Bienen, Henry S. (Hrsg.) (1985): Arms and the African: Military Influences on Africa's International Relations, New Haven.

Forrest, Alan (2002): Conscription as Ideology: Revolutionary France and the Nation in Arms, in: The Comparative Study of Conscription in the Armed Forces, hrsg. von Lars Mjøset, Stephen van Holden, Amsterdam u. a., S. 95-115.

Franke, Benedikt (2006): A Pan-African army: The evolution of an idea and its eventual realisation in the African Standby Force, in: African Security Review, Vol. 15, Nr. 4, S. 2-16.

Frevert, Ute (2004): Bürgersoldaten – Die allgemeine Wehrpflicht im 19. und 20. Jahrhundert, in: Die Wehrpflicht und ihre Hintergründe. Sozialwissenschaftliche Beiträge zur aktuellen Debatte, hrsg. von Ines-Jacqueline Werkner, Wiesbaden, S. 45-62. (=Schriftenreihe des Sozialwissenschaftlichen Instituts der Bundeswehr Band 2)

Frisch, Hillel (2002): Guns and Butter in the Egyptian Army, in: Armed Forces in the Middle East. Politics and Strategy, hrsg. von Barry Rubin, Thomas A. Keaney, London / Portland, S. 93-112.

Gaanderse, Miranda; Valaske, Kristin (Hrsg.) (2011): The Security Sector and Gender in West Africa, Genf.

Gareis, Sven Bernhard (2012): Militärische Multinationalität, in: Militärsoziologie. Eine Einführung, hrsg. von Nina Leonhard, Ines-Jacqueline Werkner, 2. Auflage, Wiesbaden, S. 342-366.

Gaub, Florence (2013): The Libyan Armed Forces between Coup-proofing and Repression, in: Journal of Strategic Studies, S. 1-24.

Gberie, Lansana (2005a): A dirty War in West Africa. The R.U.F. and the destruction of Sierra Leone, London.

Gberie, Lansana (2005b): Liberia's War and Peace process. A Historical Overview, in: A Tortuous Road to Peace, hrsg. von Festus Aboagye, Alhaji M S Bah, Pretoria, S. 51-71.

Gbla, Osman (2006): Security sector reform under international tutelage in Sierra Leone, in International Peacekeeping, Vol. 13, Nr. 1, S. 78-93.

Komission „Gemeinsame Sicherheit und Zukunft der Bundeswehr" (Hrsg.) (2002): Bericht der Kommission an die Bundesregierung, 23. Mai 2000, Berlin / Bonn.

Gershoni, Yekutiel (1996): The Changing Pattern of Military Takeovers in Sub-Saharan Africa, in: Armed Forces & Society, Vol. 23, Nr. 235, S. 235-248.

Ghebresillasie, Girma (1999): Kalter Krieg am Horn von Afrika. Regional-Konflikte: Äthiopien und Somalia im Spannungsfeld der Supermächte 1945-1991, Baden-Baden. (=Nomos Universitätsschriften Politik Band 83)

Gregory, Shaun (2000): The French Military in Africa: Past and Present, in: African Affairs, Vol. 99, S. 435-448.

Gutteridge, William (1969): The Military in African Politics, London.

Haltiner, Karl W. (1985): Milizarmee – Bürgerleitbild oder angeschlagenes Ideal?, Frauenfeld.

Haltiner, Karl W. (1999): Westeuropas Massenheere am Ende? , in: Wehrpflicht und Miliz – Ende einer Epoche?, hrsg. von Karl W. Haltiner, Andreas Kühner, Baden-Baden, S. 21-27. (=Militär und Sozialwissenschaften, hrsg. vom Arbeitskreis Militär und Sozialwissenschaften (AMS) und von Chance Schweiz – Arbeitskreis für Sicherheitsfragen, Bd. 25)

Haltiner, Karl W.; Klein, Paul (2002): Europas Streitkräfte im Umbruch – Trends und Gemeinsamkeiten, in: Europas Armeen im Umbruch, hrsg. von Dies. Baden-Baden, S. 7-22. (=Militär und Sozialwissenschaften, hrsg. vom Arbeitskreis Militär und Sozialwissenschaften (AMS) und von Chance Schweiz – Arbeitskreis für Sicherheitsfragen, Bd. 29)

Haltiner, Karl W. (2003): The Decline of the European Mass Armies, in: Handbook of the Sociology of the Military, hrsg. von Giuseppe Caforio, New York, S. 361–384.

Haltiner, Karl W.; Klein, Paul (Hrsg.) (2004): Multinationalität als Herausforderung für die Streitkräfte, Baden-Baden. (=Militär und Sozialwissenschaften, hrsg. vom Arbeitskreis Militär und Sozialwissenschaften (AMS) und von Chance Schweiz – Arbeitskreis für Sicherheitsfragen, Bd. 37)

Hashim, Ahmed S. (2011a): The Egyptian Military, Part One: From the Ottomans Through Sadat, in: Middle East Policy, Vol. 18, Nr. 3, S. 63-78.

Hashim, Ahmed (2011b): The Egyptian Military, Part Two: From Mubarak Onward, in: Middle East Policy, Vol. 18, Nr. 4, S. 106-128.

Hauge, Wenche (2011): Madagascar between peace and conflict – domestic capabilities for peaceful conflict management, in: Conflict, Security & Development, Vol. 11, Nr. 5, S. 509-531.

Hederson, Simon (1982): The Seychelles National Youth Service: An Experiment in Socialist Education, in: Community Development Journal, Vol. 17, Nr. 3, S. 234-241.

Heidelberger Institute for International Conflict Research (Hrsg.) (2011): Conflict Barometer 2010, Heidelberg.

Henk, Dan (2004): The Botswana Defence Force, in: African Security Review, Vol. 13, Nr. 4, S. 85-99.

Heggoy, Alf Andrew (1970): Colonial Origins of the Algerian-Maroccan Border Conflict of October 1963, in: African Studies Review, Vol. 13, Nr. 1, S. 17-22.

Hoddie, Matthew; Hartzell, Caroline (2005): Power Sharing in Peace Settlements: Initiating the Transition from Civil War, in: Sustainable Peace. Power and Democracy after Civil Wars, hrsg. von Philip G. Roeder, Donald Rotchild, Ithaca / London, S. 83-106.

Hodges, Tony (2001): Angola from Afro-Stalinism to Petro-Diamond Capitalism, Oxford u. a.

Hornsby, Charles (2012): Kenya. A History since Independence, New York.

Howe, Herbert M. (2001): Ambiguous Order. Military Forces in African States, London.

Human Rights Watch/Africa (1994): Mauritania's Campaign of Terror. State-Sponsored Repression of Black Africans, New York u. a.

Human Rights Watch/Africa (1996): Behind the Red Line: Political Repression in Sudan, New York u. a., unter: http://www.hrw.org/reports/pdfs/s/sudan/sudan965.pdf, [30.03.2013].

Human Rights Watch (1998): Proxy Targets. Civilians in the War in Burundi, New York u. a.

Human Rights Watch (1999): Angola Unravels. The Rise and Fall of the Lusaka Peace Process, unter: http://www.hrw.org/reports/1999/angola/Angl998-07.htm#P1027_176307, [08.03.2013].

Human Rights Watch (2004): How to Fight, How to Kill: Child Soldiers in Liberia, February 2004, Vol. 16, No. 2 (A), New York.

Human Rights Watch (2009): Service for Life. State Repression and Indefinite Conscription in Eritrea, New York.

Human Rights Watch (2012): „A Long Way from Reconciliation". Abusive Military Crackdown in Response to Security Threats in Côte d'Ivoire, New York.

Hutchful, Eboe (2003): Pulling Back from the Brink. Ghana's Experience, in: Governing Insecurity. Democratic Control of Military and Security Establishments in Transitional Democracies, hrsg. von Gavin Cawthra, Robin Luckham, London / New York, S. 78-101.

International Crisis Group (2000): Scramble for the Congo: Anatomy of an Ugly War, Africa Report N°26 – 20 December 2000, Nairobi / Brüssel.

International Crisis Group (2004): Côte d'Ivoire: No Peace in Sight, 12 July 2004, Africa Report N°82, Dakar/ Brüssel.

International Crisis Group (2005): Islamist Terrorism in the Sahel: Fact or Fiction? Africa Report N°92 – 31 March 2005, Dakar / Brüssel.

International Crisis Group (2006): Security Sector Reform in the Congo, Africa Report N°104 – 13 February 2006, Nairobi / Brüssel.

International Crisis Group (2009a): Liberia. Uneven Progress in Security Sector Reform, Africa Report N°148 – 13 Januar 2009, Dakar / Brüssel.

International Crisis Group (2009b): Guinea-Bissau: Beyond Rule of the Gun. Africa Briefing N°61 – 25 June 2009, Dakar / Brüssel.

International Crisis Group (2011): Holding Libya Together Security Challenges after Qadhafi, Middle East/North Africa Report N°115 – 14 December 2011, Tripolis / Brüssel.

International Crisis Group (2012): Beyond Turf Wars: Managing the Post-Coup Transition in Guinea- Bissau. Africa Report N°190 – 17 August 2012, Dakar / Brüssel.

International Crisis Group (2013a): Eritrea: Scenarios for Future Transition, Africa Report N°200 – 28 March 2013, Brüssel.

International Crisis Group (2013b): Mali: Security, Dialogue and Meaningful Reform, Africa Report N°201 – 11 April 2013, Dakar / Brüssel.

International Institute for Strategic Studies (IISS) (1976): The Military Balance 1976/77, London.

International Institute for Strategic Studies (IISS) (1990): The Military Balance 1990/91, London.

International Institute for Strategic Studies (IISS) (2000): The Military Balance 2000, London.

International Institute for Strategic Studies (IISS) (2011): The Military Balance 2011, London.

Janowitz, Morris (1964): The Military in the Political Development of New Nations. An Essay in Comparative Analysis, Chicago / London.

Jaster, Robert S. (1985): South African Defense Strategy and the Growing Influence of the Military, in: Arms and the African. Military Influences on Africa's International Relations, hrsg. von William J. Foltz, Henry S. Bienen, New Haven / London, S. 121-152.

Jaye, Thomas (2008): Liberia's Security Sector Legislation. Geneva Centre for the Democratic Control of Armed Forces (DCAF), Genf.

Jentleson, Bruce W.; Whytock, Christopher A. (2006): Who "Won" Libya?: The Force-Diplomacy Debate and Its Implications for Theory and Policy, in: International Security, Vol. 30, Nr. 3, S. 47-86.

Joffe, George (1995): The Conflict in the Western Sahara, in: Conflict in Africa, hrsg. von Oliver Furley, London / New York, S. 110-133.

Jütersonke, Oliver; Kartas, Moncef (2011): Ethos of Exploitation. Insecurity and Predation in Madagascar, in: Small Arms Survey 2011, hrsg. von Eric G. Berman, Keith Krause, Genf, S. 167-191.

Kandeh, Jimmy D. (2004): Civil-Military Relations, in: West Africa's Security Challenges. Building Peace in a Troubled Region, hrsg. von Adekeye Adebajo, Ismail Rashid, Boulder / London, S. 145-168.

Keen, David (2005): Conflict & Collusion in Sierra Leone, New York.

Keenan, Jeremy (2009): The Dark Sahara. America's War on Terror in Africa, London / New York.

Kestnbaum, Meyer (2002): Citizen-Soldiers, National Service and the Mass Army: The Birth of Conscription in Revolutionary Europe and North America, in: The Comparative Study of Conscription in the Armed Forces, hrsg. von Lars Mjøset, Stephen van Holden, Amsterdam u. a., S. 117-144.

Kibreab, Gaim (2009): Forced labour in Eritrea, in: Journal of Modern African Studies, Vol. 47, Nr. 1, S. 41-72.

Killingray, David (1982): Military and Labour Recruitment in the Gold Coast during the Second World War, in: Journal of African History, Vol. 23, Nr. 1, S. 83-95.

Kingma, Kees (1997): Demobilization of combatans after civil wars in Africa and their reintegration into civilian life, in: Policy Sciences, Vol. 30, S. 151-165.

Kingma, Kees (Hrsg.) (2000): Demobilization in Sub-Saharan Africa. The Development and Security Impacts, hrsg. von Kees Kingma, Bonn.

Kingma, Kees; Gehyigon, Garry (2000): Trends in Armed Forces and Demobilization in Sub-Saharan Africa, in: Demobilization in Sub-Saharan Africa. The Development and Security Impacts, hrsg. von Kees Kingma, Bonn, S. 78-92.

Kinzel, Wolf (2007): Afrikanische Sicherheitsarchitektur – ein aktueller Überblick, in: GIGA Focus, Nr. 1.

Kinzel, Wolf (2008): Die African Standby Force der Afrikanischen Union, SWP-Studie, Berlin.

Kiyaga-Nsubuga, John (1999): Managing Political Change: Uganda under Museveni, in: Civil Wars in Africa. Roots and Resolution, hrsg. von Taisier M. Ali, Robert O. Matthews, London u. a., S. 13-34.

Klein, Paul (1999): Begriffswelt: Wehrpflicht, Miliz, Massenheer, Freiwilligenarmee, Stehendes Heer, u.a.m., in: Wehrpflicht und Miliz – Ende einer Epoche?, hrsg. von Karl W. Haltiner, Andreas Kühner, Baden-Baden, S. 13-18. (=Militär und Sozialwissenschaften, hrsg. vom Arbeitskreis Militär und Sozialwissenschaften (AMS) und von Chance Schweiz – Arbeitskreis für Sicherheitsfragen, Bd. 25)

Klein, Paul (2004): Wehrysteme und Wehrformen im Vergleich, in: Die Wehrpflicht und ihre Hintergründe. Sozialwissenschaftliche Beiträge zur aktuellen Debatte, hrsg. von Ines-Jacqueline Werkner, Wiesbaden, S. 9-27. (=Schriftenreihe des Sozialwissenschaftlichen Instituts der Bundeswehr Band 2)

Koepf, Tobias (2011): Kein Abschied vom »Gendarm«. Warum Frankreichs jüngstes militärisches Engagement in Subsahara-Afrika problematisch ist, in: SWP-Aktuell 32.

Kohnert, Dirk (2005): Togo: Ein Lehrstück fehlgeleiteter Demokratisierung, in: Afrika im Blick, Nr. 1.

Krumeich, Gerd (1994): Zur Entwicklung der »nation armée« in Frankreich bis zum Ersten Weltkrieg, in: Die Wehrpflicht. Entstehung, Erscheinungsformen und politisch-militärische Wirkung, hrsg. von Roland G. Foerster, München, S. 133-145. (=Beiträge zur Militärgeschichte, hrsg. vom MGFA, Bd. 43)

Krech, Hans (1996): Der Bürgerkrieg in Somalia (1988-1995). Ein Handbuch, Berlin. (=Bewaffnete Konflikte nach dem Ende des Ost-West-Konfliktes, hrsg. von Hans Krech, Band 1)

Kümmel, Gerhard (2012): Die Hybridisierung der Streitkräfte: Militärische Aufgaben im Wandel, in: Militärsoziologie, hrsg. von Nina Leonhard, Ines-Jacqueline Werkner, Wiesbaden, S. 117-138.

Kuperman, Alan J. (2004): Provoking genocide: a revised history of the Rwandan Patriotic Front, in: Journal of genocide Research, Vol. 6, Nr. 1, S. 61-84.

Larémont, Ricardo René (2005): Borders, States, and Nationalism, in: Borders, Nationalism, and the African State, hrsg. von Ricardo René Larémont, London, S. 1-31.

Law, Robin (1976): Horses, Firearms, and Political Power in Pre-Colonial West Africa, in: Past & Present, No. 72, S. 112-132.

Leander, Anna (2004): Drafting Community: Understanding the Fate of Conscription, in: Armed Forces & Society, Vol. 30, Nr. 4, S. 571-599.

Le Vine, Victor T. (2004): Politics in Francophone Africa, Boulder / London.

Lindemann, Stefan (2011): The Ethnic Politics of Coup Avoidance: Evidence from Zambia and Uganda, in: Africa Spectrum, Vol. 46, Nr. 2, S. 3-41.

Luanda, Nestor (1998): The Tanganyika Rifles and the Mutiny of January 1964, in: The Military and Militarism in Africa, hrsg. von Eboe Hutchful, Abdoulaye Bathily, Dakar, S. 175-209.

Luanda, Nestor (2005): A changing conception of defence: A historical perspective of the military in Tanzania, in: Evolutions & Revolutions. A Contemporary History of Militaries in Southern Africa, hrsg. von Martin Rupiya, Pretoria, S. 294-310.

Luckham, Robin (1985a): Französischer Militarismus in Afrika, in: Die Militarisierung Afrikas Geschichte und Gegenwart, hrsg. von Militärpolitik Dokumentation e.V., Frankfurt a. M., S. 43-73.

Luckham, Robin (1985b): Militarisierung in Afrika, in: Die Militarisierung Afrikas Geschichte und Gegenwart, hrsg. von Militärpolitik Dokumentation e.V., Frankfurt a. M., S. 74-107.

Luckham, Robin; Hutchful, Eboe (2010): Democratic and War-to-Peace Transitions and Security Sector Transformation in Africa, in: Security Sector Transformation, hrsg. von Alan Bryden, 'Funmi Olonisakin, Genf, S. 27-54.

Lundin, Iraê Baptista (2004): Reflections on Conflict Resolution and 'Provention': The State and Citizens in Mozambique, in: Demilitarisation and Peace-Building

Lupogo, Herman (2001): Tanzania. Civil-military relations and political stability, in: African Security Review, Vol. 10, Nr. 1, S. 75-86.

Malache, Adriano; Macaringue, Paulino; Coelho, Joao-Paulo Borges (2005): Profound transformations and regional conflagrations: The history of Mozambique's armed forces from 1975-2005, in: Evolutions & Revolutions. A Contemporary History of Militaries in Southern Africa, hrsg. von Martin Rupiya, Pretoria, S. 154-197.

Mamdani, Mahmood (2001): When Victims Become Killers. Colonialism, Nativism, and the Genocide in Rwanda, Princetown.

Markakis, John (1988): The Nationalist Revolution in Eritrea, in: The Journal of Modern African Studies, Vol. 26, Nr. 1, S. 51-70.

Markakis, John (2011): Ethiopia. The Last Two Frontiers, Rochester.

Marriage, Zoë (2007): Flip-flop rebel, dollar soldiers: demobilization in the Democratic Republic of Congo, in: Conflict, Security & Development, Vol. 7, Nr. 2, S. 281-309.

Martin, Phyllis M.; O'Meara, Patrick (Hrsg.) (1995): Africa. Third Edition, Bloomington / London.

Martin, Pablo San (2004): Briefing: Western Sahara Road to Perdition? in: African Affairs, Vol. 103, Nr. 413, S. 651-660.

Matthies, Volker (1971): Militärische Staatsstreiche und Militärregime in Afrika Südlich der Sahara, in: Africa Spectrum, Vol. 6, Nr. 1, S. 5-33.

Matthies, Volker (2005): Krieg am Horn von Afrika. Historischer Befund und friedenswissenschaftliche Analyse, Berlin. (=Bewaffnete Konflikte nach dem Ende des Ost-West-Konfliktes, hrsg. von Hans Krech, Bd. 19)

Mazrui, Ali A. (1976): Soldiers as Traditionalizers: Military Rule and the Re-Africanization of Africa, in: World Politics, Vol. 28, Nr. 2, S. 246-272.

McGowan, Patrick J. (2003): African military coups d'état, 1956–2001: frequency, trends and distribution, in: The Journal of Modern African Studies, Vol. 41, Nr. 3, S. 339-370.

McGowan, Patrick J. (2006): Coups and Conflicts in West Africa, 1955-2004. Part II, Empirical Findings, in: Armed Forces & Society, Vol. 32, Nr. 2, S. 234-253.

McQuinn, Brian (2012): After the Fall. Libya's Evolving Armed Groups, Working Paper of the Small Armes Survey, Nr. 12, Genf.

Meinken, Arno (2005): Militärische Kapazitäten und Fähigkeiten afrikanischer Staaten, SWP-Studien, Berlin.

Merkel, Angela (2003): Position der CDU/CSU-Fraktion zum Thema „Wehrpflicht", in: Hat die allgemeine Wehrpflicht in Deutschland eine Zukunft? Zur Debatte um die künftige Wehrstruktur, hrsg. von Andreas Prüfert, Baden-Baden, S. 97-98. (=Forum Innere Führung, hrsg. von Andreas Prüfert im Auftrag der Karl-Theodor-Molinari-Stiftung (KTMS), Bd. 21)

Merton, Robert K. (1949): Social Theory and Social Structure: Toward the Codification of Theory and Research, Glencoe.

Mesfin, Beroul (2008): The Eritrea-Djibouti Border Dispute, ISS Situation Report 15 September 2008, Pretoria.

Michels, Stefanie (2009): Schwarze deutsche Kolonialsoldaten, Bielefeld.

Mills, Greg; Stremlau, John (Hrsg.) (1998): The Privatisation of Security in Africa, Braamfontein.

Mobekk, Eirin (2009): Security Sector Reform and the UN Mission in the Democratic Republic of Congo: Protecting Civilians in the East, in: International Peacekeeping, Vol. 16, Nr. 2, S. 273-286.

Mohammed, Nadir A. L. (1998): Trends, Determinants and the Economic Effect of Military Expenditure in Sub-Saharan Africa, in: The Military and Militarism in Africa, hrsg. von Eboe Hutchful, Abdoulaye Bathily, Dakar, S. 47-104.

Møller, Bjørn (2003): Raising armies in a rough neighbourhood: the military and militarism in Southern Africa, Development Research Series Research Center on Development and International Relations (DIR), Working Paper No. 118, Aalborg.

Mondo, Emilio (1995): Uganda's Experience in National Management of Demobilisation and Reintegration, in: Dismissed. Demobilisation and Reintegration of Former Combatants in Africa, hrsg. von Jakkie Cilliers, Pretoria, S. 90-103.

Mjøset, Lars; Holde, Stephen Van (2002): Killing For The State, Dying For The Nation: An Introductory Essay On The Life Cycle Of Conscription Into Europe's Armed Forces, in: The Comparative Study Of Conscription in the Armed Forces, hrsg. von Lars Mjøset, Stephen Van Holde, Amsterdam u. a., S. 3-94. (=Comparative Social Research Vol. 20)

Musah, Abdel-Fatau; Fayemi, J. 'Kayode (Hrsg) (2000): Mercaneries. An African Security Dilemma, London.

Ngaruko, Floribert; Nkurunziza, Janvier D. (2000): An Economic Interpretation of Conflict in Burundi, in: Journal of African Economies, Vol. 9, Nr. 3, S. 370-409.

Ngaruko, Floribert; Nkurunziza, Janvier D. (2005): Civil War and Its Duration in Burundi, in: Understanding Civil War. Evidence and Analysis, hrsg. von Paul Collier, Nicholas Sambanis, Washington, S. 35-61.

Ndikumana, Léonce (1998): Institutional Failure and Ethnic Conflicts in Burundi, in: African Studies Review, Vol. 1, No. 1, S. 29-47.

Ndikumana, Léonce; Emizet, Kisangani F. (2005): The Economics of Civil War: The Case of the Democratic Republic of Congo, in: Understanding Civil War. Evidence and Analysis, hrsg. von Paul Collier, Nicholas Sambanis, Washington, S. 63-87.

Nichols, Ryan (2011): DDR in Sudan: Too Little, Too Late? Small Armes Survey HSBA for Sudan and South Sudan Working Papers, Nr. 24, Genf.

Nohlen, Dieter (2010): Art. Vergleichende Methode, in: Lexikon der Politikwissenschaft. Theorien, Methoden, Begriffe, 4., aktualisierte und ergänzte Aufl., Bd. 2 N-Z, hrsg. von Dieter Nohlen, Rainer-Olaf Schultze, München, S. 1151-1161.

Ochoche, Sunday Abogonye (1998): The Military and National Security in Africa, in: The Military and Militarism in Africa, hrsg. von Eboe Hutchful, Abdoulaye Bathily, Dakar, S. 105-127.

Ogbazghi, Petros B. (2011): Personal Rule in Africa: The Case of Eritrea, in: African Studies Quarterly, Vol. 12, Nr. 2, S. 1-25.

Omari, Abillah H. (2002): Civil-military relations in Tanzania, in: Ourselves to Know. Civil-Military Relations and Defence Transformation in Southern Africa, hrsg. von Rocky Williams, Gavin Cawthra, Diane Abrahams, Pretoria, S. 89-106.

Omoigui, Nowamagbe A. (2004): Military Defense Pacts in Africa, in: The Military and Politics in Africa, hrsg. von George Klay Kieh, Jr., Pita Ogaba Agbese, Aldershot, S. 131-182.

Omitoogun, Wuyi (2003): Military Expenditure Data in Africa. A Survey of Cameroon, Ethiopia, Ghana, Kenya, Nigeria and Uganda, SIPRI Research Report No. 17, New York.

Omitoogun, Wuyi; Oduntan, Tunde (2006): Nigeria, in: Budgeting for the Military Sector in Africa. The Processes and Mechanism of Control, hrsg. von Wuyi Omitoogun, Eboe Hutchful, Oxford, S. 154-179.

Osadolor, Osarhieme Benson (1997): Von der Kolonialtruppe zur Nationalarmee. Die Entstehung nigerianischer Streitkräfte 1952-1965, in: Militärgeschichtliche Beiträge, Heft 11, S. 57-63.

Parsons, Timothy H. (1999): The African Rank-And-File. Social Implications of Colonial Military Service in the King's African Rifles, 1902-1964, Portsmouth u. a.

Patsiurko, Natalka; Campbell, John L.; Hall, John A. (2012): Measuring cultural diversity: ethnic, linguistic and religious fractionalization in the OECD, in: Ethnic and Racial Studies, Vol. 35, Nr. 2, S. 195-217.

Pesek, Michael (2005): Koloniale Herrschaft in Deutsch-Ostafrika. Expeditionen, Militär und Verwaltung seit 1880, Frankfurt a. M.

Pézard, Stéphanie; Glatz, Anne-Kathrin (2010): Arms in and around Mauritania. National and Regional Security Implications, Small Arms Survey Occasional Paper 24, Genf.

Pham, J. Peter (2006): The Sierra Leonean Tragedy. History and Global Dimensions, New York.

Pickering, Jeffrey (2011): Dangerous Drafts? A Time-Series, Cross-National Analysis of Conscription and the Use of Military Force, 1946-2001, in: Armed Forces & Society, Vol. 37, Nr. 1, S. 119-140.

Podder, Sukanya (2011): Child Soldier Recruitment in the Liberian Civil Wars: Individual Motivations and Rebel Group Tactics, in: Child Soldiers: From Recruitment to Reintegration, hrsg. von Alpaslan Özerdem, Sukanya Podder, Basingstoke u. a., S. 50-75.

Pollack, Kenneth M. (2002): Arabs at War. Military Effectiveness, 1948-1991, Lincoln / London.

Poutvaara, Panu; Wagener, Andreas (2011): The Political Economy of Conscription, in: The Handbook on the Political Economy of War, hrsg. von Christopher J. Coyne, Rachel L. Mathers, Cheltenham / Northampton, S. 154-174.

Powell, Jonathan M.; Thyne, Clayton L. (2011): Global instance of coups from 1950 to 2010: A new dataset, in: Journal of Peace Research, Vol. 48, Nr. 2, S. 249-259.

Prüfert, Andreas (Hrsg.) (2003): Hat die allgemeine Wehrpflicht in Deutschland eine Zukunft? Zur Debatte um die künftige Wehrstruktur, hrsg. von Andreas Prüfert, Baden-Baden. (=Forum Innere Führung, hrsg. von Andreas Prüfert im Auftrag der Karl-Theodor-Molinari-Stiftung (KTMS), Bd. 21)

Prunier, Gérard (1998a): The Rwanda Crisis. 1959-1994. History of a Genocide, 3. Aufl.

Prunier, Gérard (1998b): The Rwandan Patriotic Front, in: African Guerillas, hrsg. von Christopher Clapham, Oxford, S. 119-133.

Prunier, Gérard (2009): From Genocide to Continental War. The "Congolese" Conflict and the Crisis of Contemporary Africa, London.

Rands, Richard (2010): In Need of Review: SPLA Transformation in 2006-10 and Beyond. Small Arms Survey HSBA for Sudan and South Sudan Working Papers, Nr. 23, Genf.

Reed, Michael C. (1987): Gabon: A Neo-Colonial Enclave of Enduring French Interest, in: The Journal of Modern African Studies, Vol. 25, Nr. 2, S. 283-320.

Reichmuth, Philipp (2007): Marokko, in: Die Außenpolitik der Staaten Afrikas. Ein Handbuch: Ägypten bis Zentralafrikanische Republik, hrsg. von Wolfgang Gieler, Paderborn, S. 257-270.

Reid, Richard (2005): Caught in the headlights of history: Eritrea, the EPLF and the post-war nation, in: Journal of Modern African Studies, Vol. 43, Nr. 3, S. 467-488.

Reid, Richard (2007): War in pre-colonial eastern Africa. The patterns and meanings of state-level conflict in nineteenth century, Oxford.

Renou, Xavier (2002): A New French Policy for Africa?, in: Journal of Contemporary African Studies, Vol. 20, Nr. 1, S. 5-27.

Reyntjens, Filip (2004): Rwanda, Ten Years On: From Genocide to Dictatorship, in: African Affairs, Vol. 103, Nr. 411, S. 177-210.

Reyntjens, Filip (2009): The Great African War. Congo and Regional Geopolitics, 1996-2006, New York.

Richards, Paul (1996): Fighting for the Rain Forest. War, Youth & Resources in Sierra Leone, Oxford.

Richards, Paul (2002): Military Conscription in Sierra Leone: Recruitment of Young Fighters in an African War, in: The Comparative Study of Conscription in the Armed Forces, hrsg. von Lars Mjøset, Stephen Van Holde, Amsterdam u. a., S. 255-276.

Roberts, Hugh (2003): The Battlefield Algeria 1988-2002. Studies in a Broken Polity, London / New York.

Robinson, Colin (2012): Army reconstruction in the Democratic Republic of the Congo 2003-2009, in: Small Wars & Insurgencies, Vol. 23, Nr. 3, S. 474-499.

Ronen, Yehudit (2008): Qaddafi's Libya in World Politics, Boulder / London.

Rotberg, Robert I. (2004): The Failure and Collapse of Nation-States. Breakdown, Prevention, and Repair, in: When States Fail. Causes and Consequences, hrsg. von Robert I. Rotberg, Princeton / Oxford, S. 1-45.

Rupiya, Martin (Hrsg.) (2005): Evolutions & Revolutions. A Contemporary History of Militaries in Southern Africa, Pretoria.

Saine, Abdoulaye S. M. (1996): The Coup d'Etat in The Gambia, 1994: The End of the First Republic, in: Armed Forces & Society, Vol. 23, Nr. 1, S. 97-111.

Schäfers, Bernhard (2013): Felder des Sozialen, in: Einführung in die Soziologie, hrsg. von Bernhard Schäfers, Wiesbaden, S. 95-147.

Seegers, Annette (1996): The Military in the Making of Modern South Africa, London / New York.

Sesay, Max Ahmadu (1996): Politics and Society in Post War Liberia, in: The Journal of Modern African Studies, Vol. 34, Nr. 3, S. 395-420.

Sharp, Paul; Fisher Louis (2005): Inside the 'crystall ball': Understanding the evolution of the military in Botswana and the challenges ahead, in: Evolutions &

Revolutions. A Contemporary History of Militaries in Southern Africa, hrsg. von Martin Rupiya, Pretoria, S. 42-60.

Shearer, David (1998): Private Armies and Military Intervention, Oxford.

Springborg, Robert (2013): Learning from Failure. Egypt, in: The Routledge Handbook of Civil-Military Relations, hrsg. von Thomas C. Bruneau, Florina Christina Matei, London / New York, S. 93-109.

Tareke, Gebru (2004): From Af Abet to Shire: the defeat and demise of Ethiopia's 'Red' Army 1988-89, in: The Journal of Modern African Studies, Vol. 42, Nr. 2, S. 239-281.

Tessières, Savannah de (2011): Reforming the Ranks: Public Security in a Divided Côte d'Ivoire, in: States of Security. Small Arms Survey 2011, hrsg. von Eric G. Berman, Keith Krause, Genf, S. 193-227.

Tetzlaff, Rainer (1997): Staat und Gesellschaft in Afrika: ein prekäres Verhältnis im Wandel, in: Entwicklung. Die Perspektive der Entwicklungssoziologie, hrsg. von Manfred Schulz, Opladen, S. 127-152.

Theiler, Olaf (2003): Die NATO im Umbruch. Bündnisreform im Spannungsfeld konkurrierender Nationalinteressen, Baden-Baden. (=Schriften der Akademie der Bundeswehr für Information und Kommunikation, Bd. 26)

Thom, William G. (2010): African Wars. A Defense Intelligence Perspective, Calgary.

Tilly, Charles (1985): War Making and State Making as Organized Crime, in: Bringing the State Back In, hrsg. von Peter Evans, Dietrich Rueschemeyer, Theda Skocpol, Cambridge, S. 169-191.

Tronvoll, Kjetil (2009): War & the Politics of Identity in Ethiopia. Making Enemies & Allies in the Horn of Africa, Woodbridge / Rochester.

Tull, Denis M.; Mehler, Andreas (2005): The hidden costs of power-sharing: Reproducing insurgent violence in Africa, in: African Affairs, Vol. 104, Nr. 416, S. 375-398.

Tungaraza, Casta (1998): The Transformation of Civil-Military Relations in Tanzania, in: The Military and Militarism in Africa, hrsg. von Eboe Hutchful, Abdoulaye Bathily, Dakar, S. 291-314.

Utley, Rachel (2002): 'Not to do less but to do better...': French military policy in Africa, in: International Affairs, Vol. 78, Nr. 1, S. 129-146.

Vandewalle, Dirk (2006): A History of Modern Libya, Cambridge.

Vasset, Philippe (1997): The Myth of Military Aid: The Case of French Military Cooperation in Africa, in: SAIS Review, Vol. 17 Nr. 2, S. 165-180.

Waltz, Kenneth Neal (1979): Theory of International Politics, Boston u. a.

Welch, Claude E., Jr. (1970a): Soldier and State in Africa: A Comparative Analysis of Military Intervention and Political Change, Evanston.

Welch, Claude E., Jr. (1970b): The Roots and Implications of Military Intervention, in: Soldier and State in Africa. A comparative analysis of military intervention and political change, hrsg. von Claude Welch, Jr., Evanston, S. 1-59.

Welch, Claude E., Jr. (1975): Continuity and Discontinuity in African Military Organisation, in: The Journal of Modern African Studies, Vol. 13, Nr. 2, S. 229-248.

Welch, Claude E., Jr. (1991): The Military and Social Integration in Ethiopia, in: Ethnicity, Integration, and the Military, hrsg. von Henry Dietz, Jerrold Elkin, Maurice Roumani, IUS Special Editions on Armed Forces and Society No. 3, Boulder u. a., S. 151-178.

Weldemichael, Awet T. (2009): The Eritrean Long March: The Strategic Withdrawal of the Eritrean People's Liberation Front (EPLF), 1978-1979, in: The Journal of Military History, Vol. 73, Nr. 4, S. 1231-1271.

Werkner, Ines-Jacqueline (2003): Allgemeine Trends und Entwicklungslinien in den europäischen Wehrsystemen, Strausberg.

Werkner, Ines-Jacqueline (Hrsg.) (2004): Die Wehrpflicht und ihre Hintergründe. Sozialwissenschaftliche Beiträge zur aktuellen Debatte, Wiesbaden.

Werkner, Ines-Jaqueline (2006): Wehrpflicht oder Freiwilligenarmee? Wehrstrukturentscheidungen im europäischen Vergleich, Frankfurt a. M.

Werkner: Ines-Jaqueline (2012): Wehrsysteme, in: Militärsoziologie, hrsg. von Nina Leonhard, Ines-Jaqueline Werkner, 2. Aufl., Wiesbaden, S. 176-199.

Wessells, Michael (2002): Recruitment of Children as Soldiers in Sub-Saharan Africa: An Ecological Analysis, in: The Comparative Study of Conscription in the Armed Forces, hrsg. von Lars Mjøset, Stephen Van Holde, Amsterdam u. a., S. 237-254.

Westle, Bettina (2009): Grundlagen der quantitativen Datenanalyse, in: Methoden der Politikwissenschaft, hrsg. von Bettina Westle, Baden-Baden, S. 283-296.

Wheeler, Douglas L. (1976): African Elements in Portugal's Armies in Africa (1961-1974), in: Armed Forces & Society, Vol. 2, Nr. 2, S. 233-250.

White, Luise (2004): Civic Virtue, Young Men, and the Family: Conscription in Rhodesia, 1974-1980, in: The International Journal of African Historical Studies, Vol. 37, Nr. 1, S. 103-121.

Whiteman, Kaye; Yates, Douglas (2004): France, Britain, and the United States, in: West Africa's Security Challenges. Building Peace in a Troubled Region, hrsg. von Adekeye Adebajo, Ismail Rashid, Boulder/London, S. 349-379.

Whitehouse, Bruce: The Force of Action (2012): Legitimizing the Coup in Bamako, Mali, in: Africa Spectrum, Vol. 47, Nr.2-3, S. 93-110.

Williams, Rocky; Cawthra, Gavin; Abrahams, Diane (Hrsg.) (2002): Ourselves to Know. Civil.Military Relations and Defence Transformation in Southern Africa, Pretoria.

Williams, Paul D. (2011): War & Conflict in Africa, Cambridge / Malden.

Wimmer, Andreas (2008): The Making and Unmaking of Ethnic Boundaries: A Multilevel Process Theory, in: American Journal of Sociology, Vol. 113, Nr. 4, S. 970-1022.

Wright, Stephen (1991): State-Consolidation and Social Integration in Nigeria: The Military's Search for the Elusive, in: Ethnicity, Integration, and the Military, hrsg. von Henry Dietz, Jerrold Elkin, Maurice Roumani, IUS Special Editions on Armed Forces and Society No. 3, Boulder u. a., S. 179-207.

Young, Eric T. (1997): Chefs and Worried Soldiers: Authority and Power in the Zimbabwe National Army, in: Armed Forces & Society, Vol. 24, Nr. 13, S. 133-149.

Young, John (2006): The South Sudan Defence Force in the Wake of the Juba Decleration. Small Arms Survey HSBA for Sudan and South Sudan Working Papers, Nr. 1, Genf.

Zewde, Bahru (1998): The Military and Militarism in Africa: The Case of Ethiopia, in: The Military and Militarism in Africa, hrsg. von Eboe Hutchful, Abdoulaye Bathily, Dakar, S. 257-289.

Zewde, Bahru (2009): The History of the Red Terror. Context & Consequences, in: The Ethiopian Red Terror Trails. Transnational Justoce Challenged, hrsg. von Kjetil Tronvoll, Charles Schaefer, Girmanchew Alemu Aneme, Woodbridge/Rochester, S. 17-32.

Zoubir, Yahia H. (1990): The Western Sahara Conflict: Regional and International Dimensions, in: The Journal of Modern African Studies, Vol. 28, Nr. 2, S. 225-243.

Zounmenou, David (2009): Coups d'etat in Africa between 1958 and 2008, in: African Security Review, Vol. 18, Nr. 3, S. 71-73.

Zeitungs- und Internetartikel

Abbas, Mohammed (2013): Arms Embargo Lifted, but Somalia Cannot Afford Weapons – Minister, in: Reuters, vom 8. Mai 2013, unter: http://www.reuters.com/article/2013/05/08/us-somalia-army-britain-idUSBRE9470ZI20130508, [10.05.2013].

Abiodun, Alao (2000): Security Reform in Democratic Nigeria. The Conflict, Security & Development Group Working Papers, London, unter: http://www.securityanddevelopment.org/pdf/work2.pdf, [27.02.2013].

African Economic Outlook (2011a), unter: http://www.africaneconomicoutlook.org/en/data-statistics/table-1-basic-indicators-2011/, [05.04.2013].

African Economic Outlook (2011b), unter: http://www.africaneconomicoutlook.org/en/data-statistics/table-20-employment-and-remittances/, [05.04.2013].

Agence de Presse Africaine (APA) (2006a): Bissau va instaurer le service militaire obligatoire en 2007, in APA, vom 16. September 2006, unter: http://www.apaphoto.net/spip.php?article10693, [18.04.2013].

Agence de Presse Africaine (APA) (2006b): Entre doute et réserves sur l'instauration d'un service militaire obligatoire à Bissau, in: APA, vom 22. September 2006, unter: http://www.apaphoto.net/spip.php?article11204, [18.04.2013].

Agence de Presse Africaine (APA) (2007): Le Bénin recrute 3 000 jeunes pour la première édition du service militaire d'intérêt national, in: APA, vom 20. Oktober 2007, unter: http://www.apaphoto.net/spip.php?article45412, [20.04.2013].

Agence de Presse Sénégalaise (2012a): Mandiaye Gaye plaide pour l'instauration du service militaire obligatoire, in: Agence de Presse Sénégalaise, vom 25. Mai 2012, unter: http://www.aps.sn/articles.php?id_article=96584, [25.05.2013].

Agence de Presse Sénégalaise (2012b): Un écrivain préconise l'élargissement du service militaire à tous les jeunes Sénégalais, in: Agence de Presse Sénégalaise, vom 29. Juli 2012, unter: http://www.aps.sn/articles.php?id_article=100408, [25.05.2013].

Agence de Presse Sénégalaise (2013): Pierre Goudiaby Atépa propose le service militaire et civique obligatoire, in: Agence de Presse Sénégalaise, vom 19. Januar 2013, unter: http://www.aps.sn/articles.php?id_article=108091, [25.05.2013].

Agência de Informação de Moçambique (2012): Military Reistration Extended, vom 29. Februar 2012, unter: http://allafrica.com/stories/201202291124.html, [08.02.2013].

Albrecht, Peter; Malan, Mark (2006): Post-Conflict Peacebuilding and National Ownership: Meeting the Challenges of Sierra Leone, Report of the Second Annual ZIF/KAIPTC Seminar Accra, Ghana, 1–3 December 2005, Accra, unter: http://www.ssrnetwork.net/uploaded_files/4032.pdf, [17.03.2013].

Alesina, Alberto u. a. (2002): Fractionalization. National Bureau of Economic Research Working Paper 9411, Cambridge, unter: http://www.nber.org/papers/w9411.pdf?new_window=1, [06.05.2013].

Ancer, Jonathan (2008): 'Hell no, we won't go!', in: Mail&Guardian, vom 25. August 2008, unter: http://mg.co.za/article/2008-08-25-hell-no-we-wont-go, [18.03.2012].

Baynham, Simon (1992): Civil-Military Relations in Post-Independent Africa, in: South African Defence Review, Nr. 3, unter: http://www.iss.org.za/Pubs/ASR/SADR3/Baynham.html, [16.01.2013].

BBC (1999): World: Africa: Algeria sticks by Morocco allegation, vom 4. September 1999, unter: http://news.bbc.co.uk/2/hi/africa/438393.stm, [05.02.2014].

BBC (2009a): Africa border opens for Gaza aid, in: BBC, vom 21. Februar 2009, unter: http://news.bbc.co.uk/2/hi/africa/7903953.stm, [05.02.2014].

BBC (2009b): Suicide blast hut Somalia base, in: BBC, vom 17. September 2009, unter: http://news.bbc.co.uk/2/hi/8260687.stm, [02.03.2013].

BBC (2012): Guinea-Bissau military attack parts of capital, in: BBC vom 13. April 2012, unter: http://www.bbc.co.uk/news/world-africa-17698853, [22.01.2013].

BBC (2013a): Central African Republic: President Bozize flees Bangui, in: BBC, vom 24. März 2013, unter: http://www.bbc.co.uk/news/world-africa-21915901, [24.03.2013].

BBC (2013b): Central African Republic coup leaders 'must remain calm', in: BBC, vom 24. März 2013, unter: http://www.bbc.co.uk/news/world-africa-21919716, [25.03.2013].

BBC (2013c): Canada expels Eritrea envoy over expat fees claims, in: BBC, vom 29. Mai 2013, unter: http://www.bbc.co.uk/news/world-us-canada-22708711, [30.05.2013].

Balile, Deodatus (2012): Tanzania set to revive National Service programme, in: Sabahi Online, vom 21. Juni 2012, unter: http://sabahionline.com/en_GB/articles/hoa/articles/features/2012/06/21/feature-02, [04.05.2013].

Black, Ian (2007): Mass trial of Islamists accused of terror plot begins in Morocco, in: The Guardian, vom 22. März 2007, unter: http://www.guardian.co.uk/world/2007/mar/22/ianblack.international, [30.01.2013].

Charbonneau, Louis (2013): Up to 3,000 African peacekeepers killed in Somalia since 2007: U.N., in: Reuters, vom 9. Mai 2013, unter: http://www.reuters.com/article/2013/05/09/us-somalia-peacekeepers-deaths-idUSBRE94812020130509, [10.05.2013].

CIA World Factbook (2013), unter: https://www.cia.gov/library/publications/the-world-factbook/rankorder/2129rank.html?countryName=Algeria&countryCode=ag&regionCode=afr&rank=110#ag, [24.04.2013].

CIGI (2010): Security Sector Reform Monitoring, Burundi October 2010, No. 4, unter: http://www.cigionline.org/sites/default/files/SSRM%20Burundi%20v4_October%208.pdf, [03.02.2013].

Commander, Navy Installations Command (2013): Camp Lemonnier, Djibouti, unter: http://www.cnic.navy.mil/cldj/, [18.02.2013].

Collier, Paul; Hoeffler, Anke (2007): Military Spending and the Risks of Coups d'Etat, Oxford, unter: http://users.ox.ac.uk/~econpco/research/pdfs/MilitarySpendingandRisksCoups.pdf, [10.04.2013].

Denkler, Thorsten (2010): Guttenberg missioniert die CDU, in: Süddeutsche Zeitung, vom 15. November 2010, unter: http://www.sueddeutsche.de/politik/cdu-stimmt-fuer-aussetzung-der-wehrpflicht-guttenberg-missioniert-die-cdu-1.1024216, [02.06.2013].

Department of Peace and Conflict Research (2012a): Peace Agreement Dataset v. 2.0, 1975-2011, unter: http://www.pcr.uu.se/research/ucdp/datasets/ucdp_peace_agreement_dataset/, [06.07.2013].

Department of Peace and Conflict Research (2012b): UCDP/PRIO Armed Conflict Dataset v.4-2012, 1946-2011, Uppsala 2012, unter: http://www.pcr.uu.se/research/ucdp/datasets/ucdp_prio_armed_conflict_dataset/, [23.03.2013].

European Union (2013): EU military mission to contribute to the training of the Somali Security Forces (EUTM Somalia), Januar 2013, unter: http://www.consilium.europa.eu/uedocs/cms_data/docs/missionPress/files/Fact%20sheet%20EUTM%20Somalia%20EN_January%202013.pdf, [01.03.3013].

FN (2012): Ça grogne contre les appelés du service militaire: Forces armées béninoises, in: Jolome News, vom 10. August 2012, unter: http://www.jolome.com/dir/article.php?i=51057&t=similar, [20.04.2013].

Fourt, Oliver (2014): La France «réarticule» ses forces militaires dans la zone sahélo-saharienne, in: RFI, vom 8. Januar 2014, unter: http://www.rfi.fr/afrique/20140108-france-reorganisation-forces-militaires-armee-zone-sahel-sahara, [09.01.2014].

Freedom House (2011): Freedom in the World 2011, Washington, unter: http://www.freedomhouse.org/report/freedom-world/2011/cape-verde, [05.05.2013].

Freedom House (2012): Freedom in the World 2013, Washington, unter: http://www.freedomhouse.org/report-types/freedom-world, [05.05.2013].

Gettleman, Jeffrey (2013): Coup Attempt by Rebel Soldiers Is Said to Fail in Eritrea, in: The Ney York Times vom 21. Januar 2013, unter: http://www.nytimes.com/2013/01/22/world/africa/coup-attempt-fails-in-eritrea.html?_r=0, [22.01.2013].

Gordon, Glenna (2007): Is compulsory military service the way to go?, in: Daily Monitor, vom 26. September 2007, unter: http://www.monitor.co.ug/Magazines/ThoughtIdeas/-/689844/784930/-/item/1/-/7et366z/-/index.html, [08.02.2013].

Government of Botswana (2013): Botswana Defence Force (BDF), unter: http://www.gov.bw/en/Ministries--Authorities/Ministries/State-President/Botswana-Defence-Force-BDF/About-the-BDF1/History-of-the-BDF/, [29.03.2013].

Guitta, Oliver (2006): The Islamization of Morocco, in: The Weekly Standard, vom 02. Oktober 2006, unter: http://www.weeklystandard.com/Content/Public/Articles/000/000/012/740boykt.asp, [29.01.2012].

Hanauer, Florian (2010): Hamburger kämpft für Erhalt der Wehrpflicht, in: Die Welt, vom 16. November 2010, unter: http://www.welt.de/print/die_welt/hamburg/article10957062/Hamburger-kaempft-fuer-Erhalt-der-Wehrpflicht.html, [02.06.2013].

Hansen, Andrew (2008): The French Military in Africa, vom 8. Februar 2008, unter: http://www.cfr.org/france/french-military-africa/p12578#p3, [19.05.2013].

Hassan, Omar (2008): Two dead in Djibouti, Eritrea border clash, in: Reuters, vom 11. Juni 2008, unter: http://www.reuters.com/article/2008/06/12/idUSL11187409, [18.02.2013].

Harkness, Kristen Angela (2012): The Origins of African Civil-Military relations: Ethnic Armies and the Development of Coup Traps. A Dissertation Presented to the Faculty of Princeton University in Candidacy for the Degree of Doctor of Philosophy, unter: http://dataspace.princeton.edu/jspui/bitstream/88435/dsp01b2773v72b/1/Harkness_princeton_0181D_10216.pdf, [23.03.2013].

Hendrickson, Dylan (2007): The Uganda Defence Review: Learning From Experience, London, unter: http://www.ssrnetwork.net/documents/Publications/UDR/Uganda%20Defence%20Review%20-%20Learning%20From%20Experience.pdf, [08.07.2013].

Hirsch, Afua (2012): Guinea-Bissau coup suspected as military seizes parts of capital, in: The Guardian vom 13. April 2012, unter: http://www.guardian.co.uk/world/2012/apr/13/guinea-bissau-coup-suspected, [23.01.2013].

Hughes, Howard (2004): Eine Volksarmee besonderer Art – der Militärkomplex in Eritrea, Dezember 2004, unter: http://www.connection-ev.de/pdfs/eri_militaer.pdf, [17.02.2013].

Human Security Report Project (2012): Human Security Report 2012. Sexual Violence, Education, and War: Beyond the Mainstream Narrative, Vancouver, unter: http://hsrgroup.org/docs/Publications/HSR2012/2012HumanSecurityReport-FullText-LowRes.pdf, [18.04.2013].

Ihou, David (2013): De la nécessité d'un service militaire obligatoire au Togo, vom 15. April 2013, unter: http://www.diastode.org/Echos/invit11722.html, [21.04.2013].

International Labour Organization (2011): Direct Request (CEACR) - adopted 2010, published 100th ILC session (2011) Abolition of Forced Labour Convention, 1957 (No. 105) - C105 - Abolition of Forced Labour Convention, 1957 (No. 105) Burundi (Ratification: 1963), unter: http://www.ilo.org/dyn/normlex/en/f?p=1000:13100:0::NO::P13100_COMMENT_ID:2333421, [28.04.2013].

IOL News (2006): Morocco scraps mandatory military service, in: IOL News, vom 1. Dezember 2006, unter: http://www.iol.co.za/news/africa/morocco-scraps-mandatory-military-service-1.305711#.UYM6xMouDjY, [03.05.2013].

IRIN (1999a): Mozambique: Mozambique: Opposition against return to compulsory army recruitment, in: IRIN, vom 20. April 1999, unter: http://www.irinnews.org/Report/6148/MOZAMBIQUE-MOZAMBIQUE-Opposition-against-return-to-compulsory-army-recruitment, [01.02.2013].

IRIN (1999b): Guinea-Bissau: War volunteers to be reintegrated, in: IRIN, vom 9. Dezember 1999, unter: http://www.irinnews.org/Report/11124/GUINEA-BISSAU-War-volunteers-to-be-reintegrated, [31.03.2013].

IRIN (2001): Cote d'Ivoire: Aide to former military strongman detained, in: IRIN, vom 22. Oktober 2001, unter: http://www.irinnews.org/Report/27831/COTE-D-IVOIRE-Aide-to-former-military-strongman-detained, [01.02.2013].

IRIN (2012): Cote d'Ivoire: Facing insecurity with unreformed army, in: IRIN, vom 17. Oktober 2012, unter: http://www.irinnews.org/report/96574/COTE-D-IVOIRE-Facing-insecurity-with-unreformed-army, [01.02.2013].

Kaplan, Robert D. (2003): A Tale of Two Colonies, in: The Atlantic Monthly, April 2003, unter: http://www.theatlantic.com/magazine/archive/2003/04/a-tale-of-two-colonies/302704/, [18.02.2013].

Kèkè, Cosme (2011): Service militaire d'intérêt national: Solution ou bombe à retardement?, in : Adjinakou, vom 1. Dezember 2011, unter: http://www.journal-adjinakou-benin.info/?id=4&cat=1&id2=10008&jour=01&mois=12&an=2011, [20.04.2013].

Kotey, Linda Akrasi (2010): Minority takes Minister to cleaners over army recruits, in: The Chronicle, vom 11. November 2010, unter:

http://thechronicle.com.gh/minority-takes-minister-to-cleaners-over-army-recruits/, [01.06.2013].

Koyambounou, Gabriel Jean Edouard (2011): Déclaration relative au règlement durable de la crise sécuritaire en République Centrafricaine, Vice-Président MLPC, vom 8. November 2011, unter: http://lemlpc.net/ezwebin_site/Information/Actualites/Archives-2011/Declaration-relative-au-reglement-durable-de-la-crise-securitaire-en-Republique-Centrafricaine, [21.04.2013].

Maasho, Aaron (2013): Dissident Eritrean troops seize ministry, in: Reuters vom 21. Januar 2013, unter: http://www.reuters.com/article/2013/01/21/us-eritrea-siege-idUSBRE90K0J320130121, [22.01.2013].

Malan, Mark (2008): Security Sector Reform in Liberia: Mixed Results from Humble Beginnings, unter: http://www.strategicstudiesinstitute.army.mil/pubs/display.cfm?pubID=855, [22.02.2013].

Marenah, Sainey M. K. (2010): I have no ambition to become a President - Lang Tombong tells court, in: The Point, vom 21. Mai 2010, unter: http://thepoint.gm/africa/gambia/article/i-have-no-ambition-to-become-a-president-lang-tombong-tells-court, [10.03.2013].

Metz, Steven (1996): Reform, Conflict, and Security in Zaire, SSI Monographie, unter: http://www.strategicstudiesinstitute.army.mil/pubs/display.cfm?pubID=203, [13.03.2013].

Mozambique News Online (1997) (11) - 12/01/97: Reintroduction of Conscription: RENAMO boycotts government's bill, unter: http://www.africa.upenn.edu/Newsletters/mozno11.html, [08.02.2013].

Muhanga, Kyomuhendo; Wasike, Alfred (2008): Ladies still shun the army, in: New Vision, vom 21. Januar 2008, unter: http://www.newvision.co.ug/D/8/12/607787, [24.02.2013].

Multi-country Demobilization and Reintegration Program (MDRP) (2010): Multi-country Demobilization and Reintegration Program: End of Program Evaluation. Final Report, Oslo 2010, unter: http://www.mdrp.org/PDFs/MDRP_ReportFinalScanteam.pdf, [17.03.2013].

Nathan, Laurie (2009): The enemy inside the laager, in: Mail&Guardian, vom 30. Oktober 2009, unter: http://mg.co.za/article/2009-10-30-the-enemy-inside-laager, [18.03.2012].

National Democratic Institute for International Affairs (1997): Report of the Civil-Military Relations Assessment Mission West and Central Africa, March 18 to April 19, 1997, unter: http://www.ndi.org/files/396_cewa_civmil97.pdf, [16.01.2013].

Nganda, Ssemujju Ibrahim; Tumusiime, James (2005): Shs 600bn lost to army ghosts, in: Weekly Observer, vom 26. Mai 2005, unter: http://www.mail-archive.com/ugandanet@kym.net/msg19939.html, [03.03.2013].

Ngoupana, Paul-Marin (2013): UPDATE 3-C.African Republic capital falls to rebels, Bozize flees, in: Reuters, vom 24. März 2013, unter: http://uk.reuters.com/article/2013/03/24/centralafrica-rebels-idUKL5N0CG07Y20130324, [24.03.2013].

New Democrat (2013): Compulsory Army Training Proposed, in: New Democrat, vom 12. Februar 2013, unter: http://www.newdemocratnews.com/index.php/news/national-news/item/1926-compulsory-army-training-proposed, [14.02.2013].

Nindorera, Willy (2007): Security Sector Reform in Burundi: Issues and Challenges for Improving Civilian Protection CENAP/NSI Working Paper, unter: http://www.reformedelapnc.org/documents/willie-nindorera_paper-re-burundi-ssr.pdf, [03.02.2013].

Omonobi, Kingsley (2013): Navy raises alarm over fake recruitment syndicate, in: Vanguard, vom 11. März 2013, unter: http://www.vanguardngr.com/2013/03/navy-raises-alarm-over-fake-recruitment-syndicate/, [11.03.2013].

Panapress (2006a): Gbagbo vows to build strong armed forces, in: Panapress, vom 26. Mai 2006, unter: http://www.panapress.com/Gbagbo-vows-to-build-strong-armed-forces--13-582027-18-lang1-index.html, [01.04.2013].

Panapress (2006b): Morocco abolishes compulsory military service, in: Panapress, vom 31. August 2006, unter: http://www.panapress.com/Morocco-abolishes-compulsory-military-service--13-478550-17-lang2-index.html, [03.05.2013].

Panapress (2006c): La Guinée-Bissau applique le service militaire obligatoire, in: Panapress, vom 19. September 2006, unter: http://www.panapress.com/La-Guinee-Bissau-applique-le-service-militaire-obligatoire--13-638460-18-lang1-index.html, [18.04.2013].

Reporters Without Borders (2012): 2011-2012 World Press Freedom Index, Paris, unter: http://en.rsf.org/IMG/CLASSEMENT_2012/C_GENERAL_ANG.pdf, [17.06.2013].

Reuters (2006): Morocco Scraps Mandatory Military Service, in: The Epoch Times, vom 30. November 2006, unter: http://www.theepochtimes.com/news/6-11-30/48792.html, [30.03.2013].

Radio France Internationale (RFI) (2013): Rebels claim seizing presidential palace in Central African Republic, in: RFI, vom 24. März 2013, unter: http://www.english.rfi.fr/africa/20130324-rebels-claim-seizing-presidential-palace-central-african-republic, [25.03.2013].

Samii, Cyrus (2010): Military integration in Burundi, 2000-2006, Department of Political Science Columbia University, unter: https://files.nyu.edu/cds2083/public/docs/samii_burundi_ssr100608.pdf, [02.03.2013].

Sanders, Edmund (2009): Suicide bomber kills 11 soldiers in Somalia, in: Los Angeles Times, vom 23. Februar 2009, unter: http://articles.latimes.com/2009/feb/23/world/fg-somalia-car-bomb23, [02.03.2013].

Sayagues, Mercedes (1998): Mozambique returns to conscription, in: Mail&Guardian, vom 13. Februar 1998, unter: http://mg.co.za/article/1998-02-13-mozambique-returns-to-conscription, [08.02.2013].

Scheen, Thomas; Wiegel, Michaela (2013): Mali: Im Krieg, in: FAZ, vom 17. Februar 2013, unter: http://www.faz.net/aktuell/politik/ausland/afrika/mali-im-krieg-12082900.html, [22.05.2013].

Stahnke, Jochen (2012): Störung im Betriebsablauf, in: Frankfurter Allgemeine Zeitung vom 18.04.2012, unter: http://www.faz.net/aktuell/politik/ausland/guinea-bissau-stoerung-im-betriebsablauf-11722631.html#Drucken, [22.01.2013].

Statistisches Bundesamt (2013): Zensus 2011: 80,2 Millionen Einwohner lebten am 9. Mai 2011 in Deutschland, Pressemitteilung Nr. 188 vom 31.05.2013, unter: https://www.destatis.de/DE/PresseService/Presse/Pressemitteilungen/2013/05/PD13_188_121.html;jsessionid=D9276AFD3106528CFD5503879EE9DB5E.cae4, [02.06.2013].

Süddeutsche Zeitung (SZ) (2010): Strucks Plädoyer für die Wehrpflicht, in: Süddeutsche Zeitung, vom 19. Mai 2010, unter: http://www.sueddeutsche.de/politik/bundeswehr-strucks-plaedoyer-fuer-die-wehrpflicht-1.886729, [02.06.2013].

Tanzania Daily News (2013): JKT Now Gets Ready to Absorb Form Six Leavers, in: Tanzania Daily News, vom 8. Januar 2013, unter: http://www.dailynews.co.tz/index.php/local-news/13435-jkt-now-gets-ready-to-absorb-form-6-leavers, [04.05.2013].

The Analyst: Liberia Needs 7,500 Army Size – Armed Forces Day Orator Recommends, vom 12. Februar 2013, unter: http://allafrica.com/stories/201302120607.html, [12.02.2013].

Tommy, Mohammad Al (2012): Some 5,000 militia men join new Libyan army, in: Reuters, vom 15. Februar 2012, unter: http://www.reuters.com/article/2012/02/15/us-libya-militias-idUSTRE81E23H20120215, [14.03.2013].

Unbekannter Autor (2009): The End Conscription Campaign and the power of refusal, in: Business Day, vom 30. September 2009, unter:

http://www.bdlive.co.za/articles/2009/09/30/the-end-conscription-campaign-and-the-power-of-refusal;jsessionid=CFED59AACB3145FBBB2CE7213F1CA3DA.present2.bdfm, [08.02.2013].

United Nations (2013): Peacekeeping Fatalities by Year up to 30 Apr 2013, unter: http://www.un.org/en/peacekeeping/fatalities/documents/stats_1.pdf, [07.06.2013].

World Bank (2011): Africa Development Indicators 2011, Washington 2011, unter: http://data.worldbank.org/sites/default/files/adi_2011-web.pdf, [23.04.2013].

World Bank (2013a): World DataBank. World Development Indicators, unter: http://databank.worldbank.org/data/views/variableSelection/selectvariables.aspx?source=world-development-indicators#s_p, [18.05.2013].

World Bank (2013b): World DataBank. Africa Development Indicators, unter: http://databank.worldbank.org/data/views/reports/tableview.aspx, [23.04.2013].

Offizielle Dokumente

African Union (2013): Report of the Chairperson of the Commission on the Operationalisation of the Rapid Deployment Capability of the African Standby Force and the Establishment of an "African Capacity for Immediate Response to Crises", vom 29./30. April 2013, RPT/Exp/VI/STCDCC/(i-a)2013, unter: http://www.peaceau.org/uploads/auc-report-cp-cdr-faa-26-04-2013-rev30.pdf, [01.06.2013].

Arusha Peace and Reconciliation Agreement for Burundi (2000), Arusha 28 August 2000, unter: https://peaceaccords.nd.edu/site_media/media/accords/Arusha_Peace_Accord____.pdf, [05.02.2013].

Constitution de Burundi, (1992), http://confinder.richmond.edu/admin/docs/Constiution_de_Burundi_%28French%29.pdf, [28.04.2013].

Constitution de la République du Burundi (2005), unter: http://www.assemblee.bi/Constitution-de-la-Republique-du, [25.02.2013].

Constitution de la Républiq ue Islamique de Mauritanie (2006), unter: http://democratie.francophonie.org/IMG/pdf/mauritanie.pdf, [29.01.2014].

Décret royal n° 137-66 du 20 safar 1386 (9 juin 1966) portant loi relatif à l'institution et à l'organisation du service militaire, unter:

http://adala.justice.gov.ma/production/html/Fr/liens/..%5C93248.htm, [21.05.2013].

Departement on Defence (1996): Defence in a Democracy. White Paper on National Defence for the Republic of South Africa, May 1996, unter: http://www.dod.mil.za/documents/WhitePaperonDef/whitepaper%20on%20defence1996.pdf, [08.03.2013].

Department of Defence (1998): South African Defence Review 1998, unter: http://www.dod.mil.za/documents/defencereview/defence%20review1998.pdf, [07.03.2013].

Constitution of the Federal Democratic Republic of Ethiopia, 8. Dezember 1994, unter: http://www.wipo.int/wipolex/en/text.jsp?file_id=193667, [29.03.2013].

Forces Technical Agreement (FTA) (2002), unter: http://www.peaceau.org/uploads/burundi-forces-technical-02-12-2003.pdf, [05.02.2013].

General Peace Agreement for Mozambique, Rom 7. August 1992. (=United Nations: Letter Dated 6 October 1992 From The Permanent Representative of Mozambique to the United Nations Addressed to the Secretary-General, 8. Oktober 1992, S/24635, unter: https://peaceaccords.nd.edu/site_media/media/accords/Mozambique_Peace_Agreement.pdf, [02.03.2013].

Grundgesetz für die Bundesrepublik Deutschland, Stand 11. Juli 2012, unter: http://www.bundestag.de/bundestag/aufgaben/rechtsgrundlagen/grundgesetz/gg_01.html, [01.05.2013].

La Constitution de la République de Madagascar (2007): Loi Constitutionnelle N°2007 - 001 Du 27 Avril 2007 Portant révision de la Constitution, unter: http://www.wipo.int/wipolex/en/text.jsp?file_id=177213, [30.03.2013].

Proclamation on National Service No. 82/1995, Oktober 1995, unter: http://www.unhcr.org/refworld/docid/3dd8d3af4.html, [17.02.2013].

The Constitution of Angola (1991): Law on the Amendment of the Constitution, März 1991, unter: http://www.politicsresources.net/docs/angola.pdf, [29.03.2013].

The Constitution of the Republic of Ghana (1992), unter: http://www.wipo.int/wipolex/en/text.jsp?file_id=222988, [25.04.2013].

The National Service Act 1992, Lt. Gen. Omar Hassan Ahmed al Bashir, Chairman of the National Salvation Revolutionary Command Council, 20 February 1992, unter: http://www.cicr.org/ihl-nat.nsf/0/9d58d31886fef99dc1257110003a88d1/$FILE/National%20Service%20Act%20-%20Sudan%20-%201992.pdf, [30.03.2013].

United Nations: Monthly Summary of Troops Contributions to Peacekeeping Operations as of 30 June and 31 December 1992-2012, unter:

http://www.un.org/en/peacekeeping/resources/statistics/contributors_archive.shtml, [26.04.2013].

United Nations (1994): Final Report of the Secretary-General on the United Nations Operation in Mozambique, 23. Dezember 1994, S/1994/1449, unter: http://daccess-dds-ny.un.org/doc/UNDOC/GEN/N94/515/76/PDF/N9451576.pdf?OpenElement, [21.02.2013].

United Nations Commission on Human Rights 1997 (1997): Report of the Secretary-General prepared pursuant to Commission resolution 1995/83, vom 16. Januar 1997, E/CN.4/1997/99, unter: http://www.unhchr.ch/Huridocda/Huridoca.nsf/TestFrame/a7d0cccd1226af02802566f6004ea36a, [05.07.2013].

United Nations (2002): Letter dated 15 October 2002 from the Secretary-General addressed to the President of the Security Council, vom 16. Oktober 2002, S/2002/1146, unter: http://www.pcr.uu.se/digitalAssets/96/96819_congo_20021031.pdf, [20.01.2014].

United Nations (2005a): Disarmament, Demobilization, and Reintegration (DDR) and Stability in Africa. Conference Report Freetown, 21-23 June 2005, New York, unter: http://www.un.org/africa/osaa/reports/DDR%20Sierra%20Leone%20March%202006.pdf, [03.03.2013].

United Nations (2005b): Eight progress report of the Secretary-General on the United Nations Mission in Liberia, 1. September 2005, S/2005/560, unter: http://www.un.org/ga/search/view_doc.asp?symbol=S/2005/560, [21.02.2013].

United Nations (2006): Seventh report of the Secretary-General on the United Nations Operation in Burundi, vom 21. Juni 2006, S/2006/429, unter: http://daccess-dds-ny.un.org/doc/UNDOC/GEN/N06/396/26/PDF/N0639626.pdf?OpenElement, [10.07.2013].

United Nations (2008): Letter dated 11 September 2008 from the Secretary-General addressed to the President of the Security Council, S/2008/602, unter: http://daccess-dds-ny.un.org/doc/UNDOC/GEN/N08/501/74/PDF/N0850174.pdf?OpenElement, [18.02.2013].

United Nations, Department of Economic and Social Affairs (2011a): World Population Prospects. The 2010 Revision. Highlights and Advance Tables. Working Paper No. ESA/P/WP.220, New York.

United Nations (2011b): World Population Prospects, New York.

Interviews und Schreiben auf Anfrage des Autors

Antwortschreiben des MilAttStab in der deutschen Botschaft in Kairo, vom 7. Juli 2012.

Antwortschreiben der nigrischen Militärabteilung in der Botschaft in Berlin, vom 15. Dezember 2012.

Antwortschreiben der namibischen Militärabteilung in der Botschaft in Berlin, vom 18. Dezember 2012.

Antwortschreiben der senegalesischen Militärabteilung in der Botschaft in Berlin, vom 2. April 2013.

Interview des Verfassers mit dem Botschafter der Republik Djibouti in Berlin, vom 20. Februar 2013.

Anhang

1. **Der an die Botschaften und die zuständigen Ministerien gerichtete Fragebogen**
   (Ausgehändigt in deutscher, englischer und französischer Sprache)
   1. Inwiefern hat sich der Personalumfang Ihrer Armee seit dem Ende des Kalten Krieges 1989/1991 verändert? Ist dieser angestiegen oder wurden die Streitkräfte personell reduziert? Existieren offizielle Daten über die Größe Ihrer Streitkräfte und wenn ja, welche Personalgröße besaß Ihre Armee 1989/90 bzw. 2011/2012?

   2. Wurde die Rekrutierungsform Ihrer Streitkräfte in den letzten zwanzig Jahren reformiert bzw. existiert oder existierte jemals eine allgemeine oder eine selektive Wehrpflicht? Wenn ja, wieso wurde die Rekrutierungsform geändert bzw. welche Personen sind oder waren verpflichtet, in den Streitkräften zu dienen und für wie lange?

   3. Wie hoch waren die Bewerberzahlen für die nationalen Streitkräfte in den vergangenen Jahren? Entsprach das Bewerberaufkommen dem quantitativen und qualitativen Bedarf Ihrer Streitkräfte?

   4. Inwieweit sind Ihre Streitkräfte, das Rekrutierungssystem und gegebenenfalls sonstige paramilitärische Einheiten in der Verfassung oder einem Gesetz verankert? Über welche Befugnisse verfügen jeweils Ihr Präsident, Ihre Regierung und Ihr Parlament, Streitkräfte einzusetzen, zu kontrollieren oder die Form der Rekrutierung (Wehrpflicht - Freiwilligenarmee) durchzuführen?

5. Wie lautet der Auftrag der Streitkräfte? Wann und wo wurde er festgeschrieben? Veränderte sich dieser Auftrag in den letzten zwanzig Jahren?

6. Inwieweit ist Ihr Land in internationale Beobachter- oder Kampfmissionen unter der Führung der Vereinten Nationen, der Afrikanischen Union oder einer anderen Regionalorganisation eingebunden? Hat sich Ihr Engagement eigene Truppen oder Ausrüstung für solche Missionen bereitzustellen nach dem Ende des Kalten Krieges erhöht oder ist dieses gesunken?

7. Kooperiert Ihr Land im Bereich der militärischen Ausbildung oder der Ausrüstung Ihrer Soldaten mit anderen Staaten und wenn ja, welche Staaten sind dies? Existiert eine Kooperation mit anderen Ländern im Bereich der Terrorismus-/Piratenbekämpfung etc.?

8. Inwiefern beeinflusst die Entscheidung der Afrikanischen Union für den Aufbau einer „African Standby Force" die Struktur, die Ausbildung und die Ausrüstung Ihrer Streitkräfte?

2. Schreiben des Auswärtigen Amtes bezüglich der Recherche des Verfassers, vom 10. Juli 2012.

Dear Mr. Konopka,

all our embassies and consulates abroad have a full workload and many of them our [sic!] understaffed. It is definitely not their job to support any research projects.

In any case: questions about African countries should be addressed to their missions in Germany and not our missions in the respective country.

with best regards

xxxx xxxxx

Index

Abacha, Sani	104	Derg	58, 107, 119
African Capacity for Immediate Response to Crises (ACIRC)	39	Doe, Samuel	36, 145
African Standby Force	19, 39	**E**COMOG	98
African Union/ Afrikanische Union (AU)	39, 83, 98	ECOWAS	98, 101
al-Gaddafi, Muammar	73, 81, 109, 119	End Conscription Campaign	57f
Ali, Muhammad	35	Eritrean People's Liberation Front (EPLF)	58, 108
Amin, Idi	145	Ethiopian People's Revolutionary Democratic Front (EPRDF)	77
Arab Maghreb Union (AMU)	83	EUSEC RD Congo	40
Afwerki, Isaias	140	Eyadéma, Gnassingbé	37, 145
Atépa, Pierre Goudiaby	63		
		Forces Armées Congolais (FAC)	40
Barre, Siad	36, 51	Forces Armées Rwandaise (FAR)	75
Bashir, Omar al	141		
Belgien	33, 108, 115f, 119	Forces Armées Zaïroises	38
Biya, Paul	145f	Forces Nouvelles	60
Botswana Defence Force (BDF)	34	Frankreich	14, 35, 38f, 60, 102, 108, 115-119, 157, 159
Bozizé, François	147		
Bundesrepublik Deutschland	13, 21, 44, 68, 124, 159	-Kolonialarmeen	32f, 117, 155
		-Verteidigungspakt	82, 85f, 114, 119-122
Cabral, Luis Almeida	151	-Wehrsystem	89, 114, 155
Conseil National Pour la Défense de la Démocratie – Forces pour la Défense de la Démocratie (CNDD-FDD)	59, 108	Frente de Libertação de Moçambique (FRELIMO)	61
		Front Patriotique Rwandais (FPR)	75
Danjuma, Theophilus	81	Front pour la Restoration de l'Unité et de la Démocratie (FRUD)	85
Déby, Idriss	147		

197

Gaye, Mandiaye	63	Movement (NRM)	
Gbagbo, Laurent	60	National Youth Service (NYS)	59f
Großbritannien	33f, 51, 108, 115f, 119, 122, 151, 155, 158f	Nimeriy, Gaafar	140
		Nkrumah, Kwame	102, 145
		North Atlantic Treaty Organization (NATO)	14, 96, 153
-Kolonialarmeen	32f	Nyerere, Julius	50, 152
-Verteidigungsabkommen	122		
-Wehrsystem	89, 114	**O**bote, Milton	145
		Ouattara, Alassane	60
Habré, Hissène	146f		
		POLISARIO	83, 108
Impuzamugambi	27	Popular Defence Force (PDF)	26, 141
Interahamwe	27	Portugal	108, 115f, 118
Italien	108, 114ff, 118f	Power-Sharing	76, 78ff, 82, 156
Kenyatta, Jomo	151	Preußen	89
King's African Rifles (KAR)	33f	Proença, Helder	62
		Rawlings, Jerry	102
Lord's Resistance Army (LRA)	63	Republic of Sierra Leone Armed Forces (RSLAF)	82
Lumumba, Patrice	33	Resistência Nacional Moçambicana (RENAMO)	61, 108
M'ba, Léon	120	Revolutionary United Front (RUF)	98
Mobutu Sese Seko	38		
Mouvement de Libération du Peuple Centrafricain (MLPC)	62	Royal West African Frontier Force	32
Movimento Popular de Libertação de Angola (MPLA)	52	Rwanda Patriotic Front (RPF)	75
		Sawa	42, 140
National Resistance	36	South African Defence	96f

Force (SADF)		(UdSSR)	
South African National Defence Force (SANDF)	105	United States of America (USA)	19, 38f, 86, 159
South West African People's Organization (SWAPO)	97, 108		
		Vereinte Nationen (VN)	14, 39, 60, 98-107, 109f, 115, 156
Tamba, Lang Tombong	20		
Taylor, Charles	55	**W**allace, George W.	62
Tirailleurs Sénégalais	33	Warsai-Yikaalo Development Campaign (WYDC)	140
União Nacional para a Independência Total de Angola (UNITA)	52, 108		
Union der Sozialistischen Sowjetrepubliken	28, 37f		

Carola Hartmann Miles-Verlag

Politik, Gesellschaft, Militär

Christian Walther, *Im Auftrag für Freiheit und Frieden. Versuch einer Ethik für Soldaten der Bundeswehr,* Berlin 2006.

Uwe Hartmann, *Innere Führung. Erfolge und Defizite der Führungsphilosophie für die Bundeswehr,* Berlin 2007.

Klaus M. Brust, *Söldner – Ausverkauf der Exekutive,* Berlin 2007.

Ingo Werners, *Fahren, Funken, Feuern. Hinweise für die Einsatzvorbereitung,* Berlin 2010.

Peter Heinze, *Bundeswehr „erobert" Deutschlands Osten,* Berlin 2010.

Reinhard Schneider, *Neuste Nachrichten aus unseren Kolonien. Pressemeldungen von den Aufständen in Deutsch-Ostafrika und Deutsch-Südwestafrika 1905-1906,* Berlin 2010.

Dieter E. Kilian, *Politik und Militär in Deutschland. Die Bundespräsidenten und Bundeskanzler und ihre Beziehung zu Soldatentum und Bundeswehr,* Berlin 2011.

Hans Joachim Reeb, *Sicherheitskultur als kommunikative und pädagogische Herausforderung – Der Umgang in Politik, Medien und Gesellschaft,* Berlin 2011.

Reiner Pommerin (ed.), *Clausewitz goes global. Carl von Clausewitz in the 21st Century,* Berlin 2011.

Hans-Christian Beck, Christian Singer (Hrsg.), *Entscheiden – Führen – Verantworten. Soldatsein im 21. Jahrhundert,* Berlin 2011.

Dieter E. Kilian, *Adenauers vergessener Retter – Major Fritz Schliebusch,* Berlin 2011.

Ingo Pfeiffer, *Gegner wider Willen. Konfrontation von Volksmarine und Bundesmarine auf See,* Berlin 2012.

Eberhard Birk, Heiner Möllers, Wolfgang Schmidt (Hrsg.), *Die Luftwaffe zwischen Politik und Technik. Schriften zur Geschichte der Deutschen Luftwaffe, Bd. 2,* Berlin 2012.

Eberhard Birk, Winfried Heinemann, Sven Lange (Hrsg.), *Tradition für die Bundeswehr. Neue Aspekte einer alten Debatte,* Berlin 2012.

Müller, Holger, *Clausewitz' Verständnis von Strategie im Spiegel der Spieltheorie,* Berlin 2012.

Kilian, Dieter E., *Kai-Uwe von Hassel und seine Familie,* Berlin 2013.

Jahrbuch Innere Führung

Uwe Hartmann, Claus von Rosen, Christian Walther (Hrsg.), *Jahrbuch Innere Führung 2009. Die Rückkehr des Soldatischen,* Eschede 2009.

Helmut R. Hammerich, Uwe Hartmann, Claus von Rosen (Hrsg.), *Jahrbuch Innere Führung 2010. Die Grenzen des Militärischen,* Berlin 2010.

Uwe Hartmann, Claus von Rosen, Christian Walther (Hrsg.), *Jahrbuch Innere Führung 2011. Ethik als geistige Rüstung für Soldaten,* Berlin 2011.

Uwe Hartmann, Claus von Rosen, Christian Walther (Hrsg.), *Jahrbuch Innere Führung 2012. Der Soldatenberuf im Spagat zwischen gesellschaftlicher Integration und sui generis-Ansprüchen,* Berlin 2012.

Einsatzerfahrungen

Kay Kuhlen, *Um des lieben Friedens willen. Als Peacekeeper im Kosovo,* Eschede 2009.

Sascha Brinkmann, Joachim Hoppe (Hrsg.), *Generation Einsatz, Fallschirmjäger berichten ihre Erfahrungen aus Afghanistan,* Berlin 2010.

Schwitalla, Artur, *Afghanistan, jetzt weiß ich erst… Gedanken aus meiner Zeit als Kommandeur des Provincial Reconstruction Team FEYZABAD,* Berlin 2010.

Monterey Studies

Uwe Hartmann, *Carl von Clausewitz and the Making of Modern Strategy,* Potsdam 2002.

Zeljko Cepanec, *Croatia and NATO. The Stony Road to Membership,* Potsdam 2002.

Ekkehard Stemmer, *Demography and European Armed Forces,* Berlin 2006.

Sven Lange, *Revolt against the West. A Comparison of the Current War on Terror with the Boxer Rebellion in 1900-01*, Berlin 2007.

Klaus M. Brust, *Culture and the Transformation of the Bundeswehr*, Berlin 2007.

Donald Abenheim, *Soldier and Politics Transformed*, Berlin 2007.

Michael Stolzke, *The Conflict Aftermath. A Chance for Democracy: Norm Diffusion in Post-Conflict Peace Building*, Berlin 2007.

Frank Reimers, *Security Culture in Times of War. How did the Balkan War affect the Security Cultures in Germany and the United States?*, Berlin 2007.

Michael G. Lux, *Innere Führung – A Superior Concept of Leadership?*, Berlin 2009.

Marc A. Walther, *HAMAS between Violence and Pragmatism*, Berlin 2010.

Frank Hagemann, *Strategy Making in the European Union*, Berlin 2010.

Ralf Hammerstein, *Deliberalization in Jordan: the Roles of Islamists and U.S.-EU Assistance in stalled Democratization*, Berlin 2011.

Ingo Wittmann, *Auftragstaktik*, Berlin 2012.

Neue Reihe: Standpunkte und Orientierungen

Daniel Giese, *Militärische Führung im Internetzeitalter – Die Bedeutung von Strategischer Kommunikation uns Social Media für Entscheidungsprozesse, Organisationsstrukturen und Führerausbildung in der Bundeswehr*, Berlin 2014.